教育部人文社会科学研究青年基金项目"环境物权的公法逻辑——以公共权力对环境物权品格之型塑为视角"（项目编号：11YJC820039）最终研究成果

环境物权及其规制研究

黄中显　著

武汉大学出版社

图书在版编目(CIP)数据

环境物权及其规制研究/黄中显著.—武汉:武汉大学出版社,2021.11(2022.4 重印)
 ISBN 978-7-307-22393-6

Ⅰ.环…　Ⅱ.黄…　Ⅲ.环境权—物权—研究—中国　Ⅳ.D922.684

中国版本图书馆 CIP 数据核字(2021)第 111037 号

责任编辑:田红恩　　责任校对:汪欣怡　　版式设计:马　佳

出版发行:武汉大学出版社　　(430072　武昌　珞珈山)
（电子邮箱:cbs22@whu.edu.cn　网址:www.wdp.com.cn）
印刷:武汉邮科印务有限公司
开本:720×1000　1/16　印张:16.5　字数:266 千字　插页:1
版次:2021 年 11 月第 1 版　　2022 年 4 月第 2 次印刷
ISBN 978-7-307-22393-6　　定价:59.00 元

版权所有,不得翻印;凡购我社的图书,如有质量问题,请与当地图书销售部门联系调换。

目　　录

绪论 ·· 1
  一、研究背景和意义 ·· 1
  二、国内外研究现状述评 ·· 6
  三、研究目标和基本内容 ·· 9
  四、研究思路和研究方法 ·· 14

第一章　环境物权的法律构造：内涵、结构和体系 ·································· 17
  第一节　环境物权的生成逻辑：传统物权的局限性 ······························· 17
    一、环境问题与物权生态化 ·· 18
    二、环境问题对物权的诉求：传统物权的内生性困境 ························ 23
  第二节　"环境物权"概念之证成 ··· 26
    一、"环境物权"的引入和构建路径 ··· 26
    二、"环境物权"建构方法：功能主义视角 ······································· 28
    三、"环境物权"概念法学构造基础：环境法语境下的环境物权 ········ 29
    四、环境物权的内涵和特征 ·· 34
    五、环境物权与环境权、传统物权的关系 ··· 37
  第三节　环境物权的结构和体系 ··· 42
    一、环境物权的结构：功能和要素二元结构 ····································· 42
    二、环境物权的体系和内容 ·· 48

第二章　环境物权规制的内在诉求 ·· 53
  第一节　物权及其限制机理 ·· 53

一、物权限制：内涵、特征和形态 …………………………… 53
　　二、物权限制的理论基础 …………………………………… 57
　　三、物权限制的维度和路径 ………………………………… 60
　　四、民法视野下物权限制的局限性：以物权社会化为视角 …… 66
　第二节　环境物权规制的内在诉求 ………………………………… 69
　　一、环境的公共性品格及其法律意义 ……………………… 69
　　二、公共权力介入环境物权的逻辑前提：合法性问题 ……… 75
　　三、公共权力介入环境物权的限度 ………………………… 82
　　四、公共权力调整环境物权的局限性——基于公共选择理论视角 …… 88
　　五、环境法视野下对私法视角物权限制的修正 …………… 93

第三章　环境物权规制的基本原则和路径选择 …………………… 98
　第一节　环境物权规制的基本原则 ………………………………… 98
　第二节　环境物权规制的路径选择 ………………………………… 105
　　一、环境物权规制路径的基本构想：权利确认下的规制 …… 106
　　二、环境物权规制法律切入点：环境和环境要素的国家所有权 … 107
　　三、环境物权规制的二元结构路径 ………………………… 110
　　四、我国环境物权规制的路径依赖问题：需要国家干预的供给机制 …… 119

第四章　功能性环境物权规制 ……………………………………… 123
　第一节　功能性环境物权规制基本问题 …………………………… 124
　　一、环境容量使用权的法律性质 …………………………… 124
　　二、环境容量使用权权利行使的特殊性 …………………… 129
　　三、环境容量使用权规制路径和方法：从浓度控制到总量控制 …… 131
　第二节　环境容量总量的确定 ……………………………………… 136
　　一、环境容量的影响要素和确定方法 ……………………… 136
　　二、我国的环境容量确定存在问题 ………………………… 137
　　三、我国环境容量总量确定规则构建 ……………………… 140
　第三节　环境容量权利的初始分配 ………………………………… 141

一、环境容量使用权初始分配方法 ………………………………… 142
　　二、我国环境容量使用权初始分配现状与问题 …………………… 144
　　三、环境容量使用权初始分配模式的选择：基于物权公平和效率 …… 146
　　四、环境容量使用权初始分配规则的建构 ………………………… 148
　第四节　环境容量使用权交易规制 …………………………………… 152
　　一、环境容量使用权交易基本原理 ………………………………… 152
　　二、我国环境容量使用权交易现状与问题 ………………………… 154
　　三、域外环境容量使用权交易市场规制的经验和启示：以美国为例 …… 157
　　四、环境容量使用权交易机制适用问题：基于我国的制度和技术背景 …… 160
　　五、交易市场构建路径：政府主导的二级容量交易市场 ………… 164
　　六、环境容量交易规制要素之确立 ………………………………… 165

第五章　环境要素物权规制 …………………………………………… 170
　第一节　自然资源物权形态规制：国家所有权 ……………………… 170
　　一、我国自然资源的物权形态 ……………………………………… 170
　　二、我国自然资源国家所有权的性质 ……………………………… 172
　　三、我国自然资源国家所有权的问题 ……………………………… 175
　　四、自然资源国家所有权完善途径：作为环境物权规制工具 …… 178
　第二节　自然资源物权规制思路：分类规制方法 …………………… 183
　　一、自然资源的分类和特点 ………………………………………… 183
　　二、自然资源分类的立法意义 ……………………………………… 185
　　三、我国自然资源分类用途规制问题 ……………………………… 187
　　四、土地用途分类管制基础上的自然资源分类规制 ……………… 190
　第三节　自然资源物权的取得规制：特许、许可和市场化 ………… 194
　　一、自然资源物权的取得方式 ……………………………………… 194
　　二、自然资源行政许可的功能：自然资源利用权利性质 ………… 195
　　三、我国自然资源许可制度主要问题：规制无序与生态问题 …… 199
　　四、自然资源取得之完善：许可制度的重构 ……………………… 204
　第四节　自然资源开发利用规制：社会性义务的确立和控制 ……… 212

一、自然资源开发利用规制社会性义务确立的基本问题 ·········· 212
二、自然资源开发利用社会性义务的宏观配置 ················ 216
三、自然资源开发利用社会性义务的微观确立 ················ 221
四、自然资源物权终止义务 ································ 227

结语：主要结论和展望 ······································ 231
一、主要观点 ·· 231
二、环境物权课题研究之展望 ····························· 241

参考文献 ·· 243

后记 ·· 255

绪　　论

一、研究背景和意义

（一）研究背景

随着我国社会经济的不断发展，对环境和环境要素的开发利用范围也在不断扩大和深入，科学技术水平的不断发展，更使得环境和环境要素的利用水平不断提高，利用方式也逐渐多样化。当前，对环境要素的开发利用，主要集中在自然资源上；而对环境功能的利用，主要体现在环境容量上。但是，不管对自然资源还是环境功能的开发利用，都面临着经济利用和生态保护之间的矛盾和冲突。随着生态利益诉求的加强，各种问题也日渐暴露出来。长期以来，不论是自然资源的开发利用还是环境容量的社会分配，都出现了较多的生态问题和社会问题，这严重制约了我国经济的可持续发展，使得环境资源的社会经济效益与生态效益难以得到兼顾和平衡。

在自然资源利用上，突出的问题是自然资源开发利用导致的资源枯竭和生态破坏问题。以煤炭资源开发利用为例。煤炭资源的开发和利用，长期以来处于粗放性开发模式。粗放性开发资源开发带来的不仅仅是生态问题，其引发的社会问题也影响巨大。煤炭资源开采导致的环境的污染已经严重影响到了矿区周边居民的生活，大面积的矿陷区也严重制约了地区其他产业及城市化的发展。

在环境容量开发利用上，目前我国主要体现为利用环境自净能力进行排污。当前我国排污控制，主要体现为污染排放标准限制下的污染排放控制，以及为了解决环境容量稀缺性问题进行的排污权交易试点。前者主要问题主要为排污标准较低，经济增长的同时也带来较为严重的环境污染。后者体现为当前试点工作并没有取得突破性进展。20世纪90年代，排污权许可和交易制度被引入中国，并逐渐通过试点的方式推广开来。从各地环境交易中心的数据来看，各地在总量控制的基础上，污染物交易价格及成交额不断增长，两级市场流转活跃。虽然排污权制度在近十年来得到了不断完善并取得了一定的成绩，但是其运行过程中仍然出现了一些问题。以北京市为例，北京市环境交易交易所碳排放交易价格长期低于50元/吨，而且波动的幅度较大，而欧盟碳的碳排放价格却曾长期稳定在25欧元到30欧元之间，而且近年来欧盟的碳排放交易价格已趋近于我国水平。除了交易市场的问题，环境容量的使用情况也不容乐观。以江苏省为例，该省作为全国经济强省，排污权交易的重点试点省份，排污权交易试点取得一定的进展，对环境污染控制具有一定的效果，但是，由于江苏经济体量巨大，工业化水平较高，其在环境容量使用的监管上显得捉襟见肘。

不论是自然资源开发利用活动，还是环境容量的社会分配，其实都是环境资源开发的组成部分。因此，环境和环境要素的开发，应该是整体性的，两者密不可分。两种形式开发利用不当，带来的是整体性的环境问题。2015年国家环保部发布的《2015年中国环境状况公报》数据显示，全国338个地级以上城市中，仅有73个城市环境空气质量达标，占所有统计城市的21.6%。在全国开展酸雨监测的480个城市（区、县）中，酸雨城市占到了统计城市总数的22.5%。在338个地级市开展了集中式饮用水水源地水质监测，未达标取水量约为10.31亿吨，占比达到2.9%。水质恶化之原因，其实是两种对环境资源开发利用形式复合因素的结果，既有水资源开发利用问题的诱因，又有水污染控制不当的诱因。环境和环境要素开发活动中的无序和失范，既严重制约了我国经济发展，又使得我国环境质量面临当下的拷问。

环境资源开发利用的质量和效能，必然与法律制度对环境问题的调控有关。长期以来，我国自然资源的开发活动一直具有浓厚的行政色彩，政府干预较多。对自然资源的开发利用，主要以刚性干预为主，注重禁止性和限制性行为的设定。但是，由于规制信息缺乏以及公共权力运行的固有局限，这种控制方法效率是低下的。由于自然资源管制不尊重社会主体对于自然资源物权权能的行使，使得自然资源开发利用具有投机性。自然资源权利人并没有把生态保护作为其内在的要求。而当前的政绩考评体系下,地方政府面临过多的政治压力,出于地方利益需要,在一定程度上,默许和默认了这些行为的发生,以致自然资源开发利用,出现监管真空。随着经济的不断发展和社会需求的不断变化,自然资源开发利用上的内在矛盾日益凸显:一方面,从经济利用看,自然资源的开发活动愈来愈市场化、开放化,要求更加重视环境资源的私权性质;另一方面,从环境保护看,自然资源毕竟具有公共物品的属性,其自身所承载的生态公共利益,要求更为有效的公共规制。因此,私权确认和公共权力干预这两个看似矛盾的问题,没有得到很好平衡,冲突更深入。当前的自然资源开发现状表明,公权力的介入并没有明确其应有的边界和原则,环境保护和资源开发相互兼顾发展的目标还没有实现。而环境容量的适用,也面临同样的问题:一方面,环境权的兴起,使得环境容量使用具有合法性和正当性,私权的确认和强化成为必然,另一方面,环境容量的整体性又要求对环境容量有更为有效的规制。

如果以法律制度确立的数量看,我国现已制定完善了20多部环境保护和资源管理方面的法律,一百余部由国务院制定的相关行政法规和行政规章,上千部地方性法规和地方政府规章。因此,从实际情况看来,虽然我国已基本形成了环境保护和资源开发的法律体系,实现了有法可依。但是,整个法律体系的结构和内容,问题却很多。以地方政府利益、部门利益失范角度看,当前环境法体系并没有解决环境公共权力配置科学化问题。环境资源的开发牵涉部门众多,涉及利益广泛。国家层面的法律,很多都是仅仅对资源开发和保护提出了总纲性的要求,并未对实际运行的操作规程做出明确化的规定,如此浩繁复杂的资源开发活动,只能依靠地方性法规和地方政府规章来进行规制。这样造成的后果是比较严重的,各个地方为了照顾自身经济发展的规划要求,难免会在制定规定和监管上留有余地。一些地区经济发展结构单一,经济的增长过于依赖资源的开发利用,对环境资源开发的高标准高要求往往会给地方经济带来重创。同时,环境资源过度依赖地方立法还会提高跨区域治理和监管的难度,再加上地方立法水平的局限,法律在环境资源的开发活动中往往难以发挥有效的规制作用。就目前的环境保护和自然资源管理体制而言,环境资源开发活动涉及环保、水利、交通、财政等多个部门,且影响范围广泛,各个地方需要相互协调。但是国家目前还没有相关综合性协调规定，缺乏各地方各部门的协同处理机制。以淮河流域污染治理为例，淮河流经河南、山东、江苏等中东部地区，其便利的水资源和水运条件为沿岸轻重工业发展提供了良好的条件，但是由于部门间和地方间的缺乏联动机制和法律协调，淮河的污染日趋加重。

当前，对于环境资源开发利用，逐渐采用产权化和市场化的方式。在环境容量总量控制和自然资源储量限度开发控制下，环境和生态得到更大的保护，也促进了经济的可持续发展。地方各地的环境资源许可数量和排污权交易额不断得到增长，但是过度的市场化和公权力干预导致了各地方的环境资源开发出现了畸形增长。例如，为贯彻国家海洋开发战略，我国的海域使用权制度自《海域使用管理法》颁布之后开始发展起来，其一级市场的流转经过多年的发展仍然还是以政府审批为主，在海域的定价和流转程序上不能完全符合其市场价值，上述北京市排污权交易的定价问题也是如此。国家将自然资源的开发置于市场经济之中，把环境资源当作市场经济的组成要素，符合当前自然资源开发利用的基本要求。但是由于政府缺乏准确的定位和完整的规范，导致了相关部门管理的混乱，自然资源开发的无序。

我国实行的是社会主义市场经济体制，充分发挥市场的作用，重视自然资源开发的私法属性，有利于最大限度地提高资源利用效率，创造更大的经济价值；但是，国家的干预能够有效地避免市场自身所带来无序性等诸多弊端。目前我国环境形势依然严峻，如何发挥好公权力在自然资源开发中的积极作用显得尤为重要。公权力如何准确有效介入成为当前环境保护与资源管理急需解决的问题。本书的研究，正式在这一背景下展开：在环境权利话语下，环境和环境要素的私权属性没有得到足够的重视，市场经济机制运用缺失；而公共权力在环境和环境要素开发利用过程中，运行失范，需要重新定位和建构。在这个背景下，本书的研究，侧重于一方面需要构建体系合理的私权性环境和环境要素的物权体系，一方面要对公共权力进行重新定位于规则重构，以实现环境和环境要素所承载的经济利益和生态利益新的协调和平衡。

(二) 研究意义

环境资源具有经济价值、生态价值、社会价值等，具有价值的多元性，已为社会普遍所认同。环境资源价值的多元化导致了社会利益诉求的多元化，社会利益冲突进入了一个更为复杂的形态，这需要社会构建一种更为高超的利益协调与平衡机制，尤其是法律机制。环境资源的开发类型有两种：一是实体性资源开发，表现为对环境构成要素——自然资源的开发利用；二是功能性资源开发，表现为对环境资源承载力——环境容量的开发利用。然而，在自然资源开发方面，表现出来的是无序、失范、生态破坏以及低效率利用的格局；在环境容量开发方面，目前主要体现为排污许可的环境容量使用。环境容量使用私权化进程，体现为排污权交易制度试点，但对于其初始权利如何分配、具体制度如何安排，还缺乏成熟的理性知识和经验的累积。就学术研究而言，环境法作为新生的法律部门，还在观望、探索、思考的阶段，需要不断成长，需要吸取不同学科的营养，与不同学科、不同法律部门进行对话，谋求制度合力、寻求制度创新。正如学者们揭示的那样，环境法逻辑本位已由义务本位向权利本位进行嬗变。环境权利（权益）既作为环境法思考的逻辑起点，也是环境法律制度构建的根基。而民法是权利基本法，人之尊严和基本利益的诉求无不赖于民法的确认。由此，环境法和民法之间的对话，显得尤为基础和重要。然而，在很多方面，原有的民法理论和逻辑对环境法解释乏力、规范适用有限。在此背景下，本书的研究具有重要的理论价值和现实价值：

1. 理论价值

本书的研究对民法物权法的基本逻辑和内容进行全面的反思，大大丰富了民法物权法原有的研究框架；对民法物权法局限性的一些思考，也为物权法应对环境问题提出了指引。本书研究和拓宽了自然资源物权研究的广度和深度，对自然资源的利用开发机制进行全面的反思与重构，有助于深入对自然资源法基础理论的认识。在方法论方面，本书试图弥补传统部门法研究方法的不足，为不同科方法的运用做出有效尝试。我国的法学研究寓于部门之间，法划江而治的研究之分可谓幽远，这种局面极不利于环境法研究以及环境法制的创新。本书研究试图将系统论方法、协同论方法移植运用，尝试突破部门法研究的屏障，从"功能""协同"的角度来审视环境法问题，为跨部门法研究做出一些有益的探索。

2. 现实价值

本书在充分调研的基础上，揭示公共权力在环境资源产权界定、环境资源开发利用上的运行现状与规律，探索公共权力和环境物权之间的关系。有助于公共权力在尊重民事物权配置规律基础上对环境资源开发利用的理性干预、有效干预。这对提高目前的环境资源利用、生态保护具有重要的作用：在环境资源的实体性开发方面，有助于自然资源开发过程中的生态保护；在环境资源的功能性开发方面，有助于环境容量的科学使用，有助于目前排污权交易制度的探索，为建立成熟的排污权交易制度以及其他环境物权制度提供必要的智识。

二、国内外研究现状述评

（一）国内外研究现状

国外发达国家相关研究相对较为成熟，环境物权研究只要集中于排污权交易和自然资源开发利用的问题。研究的切入点，大多以经济学作为研究基本工具。在学术视角上，把环境资源由公共资源转换为稀缺资源，从而可以在环境资源上确立经济学的分析范式，从外部性理论、产权理论出发，对环境和环境资源问题进行研究。克罗克（Crocker）提出在空气污染控制方面产权手段应用的可能性。戴尔（Dales）提出产权分割的概念，认为环境等共有资源是一种商品，政府是该商品的天然所有者。作为环境的所有者，政府可以创建一种环境资源的新产权——"污染权"。并允许这种权利在市场上进行交易，以此来进行污染物排放的总量控制。排污者之间根据其成本效益进行排污权交易。鲍莫尔（Baumol）和奥茨（Oates）首次从理论上严格证明了戴尔斯和克罗克所设想的结果，提出了许可证交易体系。蒙特格莫里（Montgomery）从理论上证明了基于市场的排污权交易系统明显优于传统的环境治理政策。这种思想后来被泰坦伯格（Tietenberg）进一步详细说明，认为可以通过对各污染源设置相互独立的排放许可证，并作为污染物浓度单位来衡量环境的被污染情况。

国内学者关于环境资源多元价值的法律协调以及环境物权的研究，目前主要集中在几个方面：

1. 自然资源产权制度研究

在自然资源产权制度改革方面，经济学领域的研究尤为丰富。经济学研究揭示了自然资源可交易的特性，通过经济学理论构建了较为成熟和完善的市场交易机制。在法学领域，学者们主要从私法角度，集中于自然资源物权化的研究，试图从民法物权法视角揭示自然资源的"私权性"，表明其可以通过法律理性构建清晰的产权，进而为民法调整打开通道。区别于传统的物权，学者们关注到了自然资源物权的特性。学者们关注到了自然资源的生态功能，并从不同角度探索了在自然资源开发中如何设定开发者的生态保护义务，以维护自然资源的可持续发展。对于自然资源多元价值的法律协调问题，学者主要从两个路径进行论证：一是强调在民事物权的架构下，尊重自然资源的生态功能，从开发主体外部设置强制性的自然资源开发利用的法定义务；二是从自然资源管理部门角度出发，论述管理部门生态保护职能，指出自然资源规划、管理，自然资源开发利用政府监管的重要性。

2. 环境容量使用的研究

环境容量使用研究，集中于排污权问题。学者们对排污权初始权利的配置、排污权交易的合同规则、排污权的法律性质、排污权交易市场的构建等都进行了充分的研究。此类文献较为丰富。有的学者系统地从私权角度对排污权进行了全面的解读，揭示了排污权的私权性质以及其可产权化、可交易性的特性。但是，针对环境容量总量控制、初始分配问题与环境容量使用管理的研究较少。

3. 自然资源生态补偿制度研究

对环境资源开发利用进行生态补偿，已经是经济学、管理学、社会学、法学等学者们的共识。生态补偿的研究成果应该说是很丰硕的。学者们就生态补偿主体、补偿的内容、补偿标准、补偿的本质进行了论证。有的学者进一步对生态补偿进行了类型化，深化了既有研究。但是，研究成果主要集中在经济学领域，法学领域具有研究深度的成果不多。法学领域的研究大部分集中在基本制度框架构建方面，未见有阐述生态补偿与环境物权关系的研究。

4. 环境物权的其他领域研究

不少学者从私法路径寻求环境法和民法之间的对话，探索民法物权在调整环境问题上的功能，从物权法基本原理论证了环境物权私法路径的可行性。一些学者探讨了相邻关系、地役权对环境保护的重要作用。

(二) 国内外研究现状之评述

应该说，目前的研究取得了丰硕的成果，为理性的法律制度构建提供的必要支撑。但是，对目前既有成果分析表明，相关研究尚存在有待深入的空间，主要体现在：

一是对自然资源开发利用和环境容量开发利用的同一性缺乏深刻认识。其实，两者是对环境资源多元价值不同层面的开发利用。由此，目前关于自然资源物权制度研究和排污权制度研究似乎没有任何关联。这种状况不利于环境物权的统一构建，也无法认清自然资源生态补偿的本质。

二是对环境资源的"公共性"认识局限。学者们致力于从私法路径将环境资源（自然资源要素和环境容量）私权化，对环境资源的"公共性"重视不够，因此，在环境资源私权化过程中问题重重。最后，很多学者只能将之归为环境资源的"特殊性"来解释和论证。在研究路径和研究方法方面，学者们过于集中于私法路径和个体主义方法论，这使得环境资源物权制度构建出现问题。

三是对公共权力与环境物权塑造关系关注不够。从自然资源研究方向出发，学者们关注到了自然资源物权不同于传统民事物权的地方，一些学者甚至认为自然资源物权是与传统物权迥然有异的、独立的物权形态。但是对之缺乏深刻揭示。对于公共权力对自然资源物权确权、分配、交易的干预，学者们主要从自然资源管理的国家职能视角出发进行研究，目的在于维持一种自然资源经济价值的保值增值，是"经济资源"视角的公共权力运用。没有注意到公共权力介入自然资源物权是环境资源"公共性"内在诉求，因此，对自然资源中的公共权力运用的社会合法性解释不够全面，多公共权力运用的逻辑论证不够缜密，对公共权力运用的规则构建必然不够全面和深入。

四是对环境物权理论和体系研究不够。由于我国环境管理上被分割为环境管理和自然资源管理，这种分割性思维研究也同样延伸到环境物权的研究上。学者们要么从自然资源产权角度出发研究，要么集中于排污权研究。从环境同一性和整体性构建环境物权理论框架的很少，探索环境物权理论体系的更少。即使有涉及环境物权研究，也主要从环境权理论出发进行研究，或者从物权社会化、民法社会化角度来定义、解释环境物权，把环境物权等同于物权之生态化。

三、研究目标和基本内容

（一）研究目标

在充分对我国自然资源产权制度、环境容量使用管理制度、排污交易制度运行现状做充分研究的基础上，本书将从揭示环境资源的多元化价值和功能，从环境资源的生态性论证其"公共性"特性。以"公共性"为逻辑基点，揭示环境物权和行政公共权力之间关联性。在此基础上，详细探讨公共权力在自然资源物权界定、权能分配、物权交易等开发利用过程中的角色和功能，探索公共权力在排污权交易制度初始权利配置、排污权交易市场中的角色和功能，揭示公共权力在其中的运行原理、运行机制、运行规则。对其合理性和合法性进行重新的界定和阐释，划定公共权力对环境物权实现过程中的干预的基本、边界和原则。进而，最终揭示行政公共权力对环境物权的形塑。最后，回归民法物权法的基本理论，在民法既有的框架下，构建合理的环境物权制度。为我国环境资源管理体制和公共权力运行机制创新，以及环境物权立法构建提供可供参考的建议。

（二）研究内容

本书从公法视角出发，研究公共权力干预下的环境物权构建，研究将从以下几个方面展开：

1. 环境物权的法律构造：内涵、结构和体系

主要研究内容有：一是从传统物权的局限性出发，研究环境物权的生成逻辑。指出传统物权具有四个方面的局限性；二是从理论上阐述"环境物权"之一概念的证成。着重分析了"环境物权"这一概念的引入和构建路径，重点解读在环境法语境下，环境物权的应有之义。其中分析了环境物权所具有的自然科学基础和社会科学基础；进而分析环境物权的内涵和特征，从功能主义方法论出

发,指出环境物权为"环境和环境要素"之物权,是指权利人针对环境以及环境要素进行占有、使用、收益和处分的一种权利形态。并分析了环境物权与环境权、环境物权与传统物权之间的区别和关系;三是构建环境物权的结构和体系。提出功能性环境物权这一原创性概念之后,对其进入法律体系的可能性进行分析,并对环境要素物权的构建也做研究。在此基础上,最终确立环境物权的体系和内容。阐明环境物权体系为环境功能性物权体系和环境要素物权体系二元结构。从权利构造视角,每一种环境物权都至少包含所有权和用益物权基本权能形态。

2. 环境物权规制的内在诉求

重在分析公共权力对环境物权的影响原理、方法和路径。主要研究内容包括:一是分析物权及其限制的一般机理。从物权限制的内涵、特征和形态出发,分析物权限制之形态展现的所有权社会化情形。研究物权社会化,旨在揭示民法物权法发展的基本逻辑,揭示公共性、社会公益诉求下民法物权法的基本走向以及对物权基本规则构造的影响。阐明物权社会化对环境物权构建的影响。对物权限制的理论基础进行分析,指出物权限制的本质是对私有财产权所负载的自由价值的减损。对于私有财产权限制的理论依据问题,代表性的理论分析有权利冲突理论、外部性理论、交易成本理论、权利禁止滥用理论。对相关物权限制理论进行基本评价,并分析物权限制的内在机理。研究物权限制的公法、私法维度和路径;以物权社会化为视角,重点指出民法视野下物权限制的局限性;二是研究环境物权规制的内在诉求。研究环境的公共性品格及其法律意义,指出环境具有的自然公共性、社会公共性两个层面上的公共性品格,其所产生的法律意义在于对环境法制度构建的具有重大价值。从生态学、经济学、法学以及社会学等角度出发,揭示环境资源具有环境价值、生态价值、社会价值、文化价值等多元化的价值形态。从社会运行基本理论角度看,这些价值形态在社会运行机制中必然内化为不同的利益诉求。其中,生态利益和经济利益诉求为基本诉求形态,对环境资源特性的研究重在揭示环境资源"生态性"特性背后所表征的社会"公共性"诉求。本书还对环境资源"公共性"的法律意义进行深入研究。分析公共权力介入环境物权的逻辑前提和限度,即合法性与合理性问题。研究环境公共利益在公共权力介入环境物权上的合理逻辑,从社会利益诉求出发,研究政府环境职能实现的路径、机制和基本规则。并指出"公共性"是环境资源保护和政府公共权力的连接点，为政府公共权力介入环境物权问题找到逻辑生长点。指出公共权力介入环境物权的限度在于环境利益中经济利益的实现约束以及环境利益实现的差异性。基于公共选择理论视角，研究了公共权力调整环境物权的局限性，这种局限性体现在公共权力的有限理性和公共权力异化两个层面。研究环境法视野下对私法视角物权限制的修正，比较环境法和民法视角下的物权限制的不同之处体现为物权限制目标、限制内容、限制路径上存在差异。环境法视野下对私法视角物权限制的修正在于从限制和规制两方面的转变。本章研究行政公共权力对环境物权制度建构的影响研究。从理论上系统研究行政公共权力对环境物权制度建构影响的内在机理、路径以及具体体现。本研究指出，物权社会化以及传统基于社会需要而对物权权能的限制，是基于社会利益需要的控制，是一种外部限制。但是，环境物权权能的限制以及环境物权权能谨慎行使，是基于环境资源内在"公共性"所体现的社会利益诉求，这种利益诉求不是一种外在限制的他律，而是一种内在约束的自律。

3. 环境物权规制的基本原则和路径选择

主要研究环境物权规制应该遵循的基本原则和主要规制的路径和方向。主要研究内容包括：一是环境法和民法一些基本原则，主要是风险预防原则、环境公平原则和公序良俗原则和权利禁止滥用原则，在环境物权规制问题上的基本运用；二是环境物权规制的路径选择问题。指出环境物权规制路径的基本构想是权利确认下的规制，环境物权规制具有二元性，一方面是确认环境和环境要素的经济利益内容，并通过环境物权形态进行确认，另外一方面是对环境物权进行规制，以实现其中的生态利益。研究环境物权规制法律切入点问题，确认了环境和环境要素的国家所有权作为逻辑切入点。研究环境物权规制的二元结构路径，指出环境物权规制以二元要素划分为前提和基础，包括区分环境功能和环境要素、区分环境要素和自然资源、区分稀缺性资源和非稀缺性资源、区分生存性环境要素和发展性环境要素；在环境物权取得上，是自由取得和行政许可二元规制；在公共权力运用手段上，是刚性规制与柔性规制的二元结构；在权利义务关系上，是权利确认和公法规制的二元结构；在义务设定上，是社会性义务的宏观规制和微观设定二元结构。

4. 功能性环境物权规制

主要内容包括：一是功能性环境物权规制基本问题。包括环境容量使用权的法律性质，功能性环境物权的法律表达究竟是环境容量使用权还是排污权、环境容量使用权的法域归属和权利性质问题。研究了环境容量使用权权利行使的特殊性，指出其具有权利主体、客体利用的特殊性和权利内容的三方面的特殊性。研究了环境容量使用权规制目标、路径和方法，整体上是从浓度控制到总量控制。二是环境容量总量的确定问题。研究环境容量的类型和确定方法，明确了环境容量的影响要素和确定方法，整体上确定方法包括容量总量核算法和目标总量核算法。分析了我国的环境容量确定存在问题，指出我国的环境容量确定主要问题包括污染源监测基础薄弱、核算方式方法缺陷、总量核算的环境统计工作滞后、地方政府和企业的自利行为导致总量确定偏差。对我国环境容量总量确定规则进行构建，主要分析我国环境容量总量确定的管理体制规则以及我国环境容量总量确定的方法选择。三是环境容量权利的初始分配问题。研究了环境容量使用权初始分配方法，考察域外国家和地区环境容量使用权初始分配方法，在此基础上，分析我国环境容量使用权初始分配现状与问题，这些问题研究有免费分配模式带来的问题、有偿分配方式带来的问题以及无偿模式下的排污许可证取得方式存在问题。从物权公平和效率角度，研究了环境容量使用权初始分配模式的选择，对环境容量使用权初始分配规则的进行建构，整体上这种规则包括环境容量使用权初始分配的总量的宏观分割宏观配置，以及环境容量使用权初始分配的分配模式选择的微观配置。指出应该实现以拍卖为主，其他方式为辅的初始分配方式。但是作为过渡，为了保持制度的连续性，应该以无偿方式为主，拍卖的有偿方式为辅。四是环境容量使用权交易规制。研究环境容量使用权交易基本原理。分析我国环境容量使用权交易现状与问题，指出这些问题包括排污权交易制度法律体系的不完善、排污权交易市场机制的不完善及交易主体错位、交易成本较高，并分析了其中主要原因，以美国为例，考察了域外环境容量使用权交易市场规制的经验和启示。从我国的制度和技术背景条件出发，分析环境容量使用权交易机制适用性问题。然后研究我国环境容量使用权交易制度目标定位，当前值目标，应该为排污许可局限性之克服而不是全面的交易市场确立。最后研究在政府主导下的市场交易建构路径和建构规则，这些规则包括交易主体、交易客体、交易指标、交易种类、交易范围、信息规制、交易方式和基本交易程序等各种要素。

在研究中贯穿着这样一条主线，即环境容量开发利用过程中行政公共权力干预影响。从我国环境容量使用管理、排污权交易制度运行的情况出发，考察我国相关部门在环境容量开发利用过程中行政权力运行的基本情况，研究其对环境容量分配、权能实现中的作用和影响，指出其基本问题与症结所在。尤其从公共权力介入环境容量使用权能的实现角度，分析在权力运行过程中对环境资源生态功能保护的问题与不足，揭示其内在的机理。

5. 要素性环境物权规制

主要研究内容包括：一是自然资源物权国家所有权形态规制。研究了我国自然资源的物权形态、我国自然资源国家所有权性质的争论和分析。指出我国自然资源国家所有权的问题，这些问题包括主体虚位与抽象化、对自然资源利用权的不当限制以及自然资源国家所有权未能实现自然资源生态价值的要求。从作为环境物权规制工具视角出发，分析自然资源国家所有权完善途径。二是研究自然资源物权分类规制方法的规制思路。研究了自然资源的分类和特点、自然资源分类的立法意义。分析我国自然资源分类用途规制问题，主要分析了自然资源和土地资源分离立法带来的问题、我国土地分类管制问题，指出分类管制存在目的生态性诉求不足、土地分类欠缺科学性不足、土地开发利用与生态利用张力较大问题。研究了土地用途分类管制基础上的自然资源分类规制，指出分类规制的目标应该调整为将自然资源要素纳入土地分类管制，尤其是土地用途类型的科学化，应当充分考虑到土地自身的生态价值，将现有的未利用地类型化为生态性用地，在土地科学分类基础上进行自然资源分类用途规制。三是研究自然资源物权行政许可的取得规制，研究内容包括自然资源物权的取得方式、自然资源行政许可的功能、我国自然资源许可制度主要问题和原因；自然资源取得许可制度的进行重构，具体包括生态性规制之引入、自然资源公法性私法物权的强化、构建竞争性方式为主的自然资源许可方式。四是自然资源开发利用规制研究，重点研究社会性义务的确立和控制。具体研究内容包括自然资源开发利用规制社会性义务确立的基本问题、自然资源开发利用社会性义务的宏观配置以及自然资源开发利用社会性义务的微观确立。宏观义务配置方面，主要研究环境规划设定、自然资源生态红线设定和生态功能区的划定；微观义务设置方面主要包括尊重自然资源生长规律的义务、自然资源开发利用禁止性和限制性义务、修复性和恢复性义务、设定补偿性义务以及自然资源物权终止义务等多个方面。整体而言，在环境要素物权规制研究上，贯穿着自然资源产权权能实现过程中行政公共权力干预影响研究。从我国自然资源权属制度运行的情况出发，考察我国自然资源管理部门在自然资源开发利用过程中行政权力运行的基本情况，研究其对自然资源物权分配、权能实现中的作用和影响，指出其基本问题与症结所在。尤其从公共权力介入自然资源权能实现角度，分析在权力运行过程中对环境资源生态功能保护的问题与不足，揭示其内在的机理。

四、研究思路和研究方法

（一）研究思路

就整体思路而言，本书大体上按照"基本概念设定→基本理论分析→研究对象的现状和问题→对策研究"思路展开本书研究。分析在环境和环境要素物权基础上，考察行政公共权力对自然资源物权权能实现的影响，考察行政公共权力环境容量使用管理、在排污权的权利配置和交易中的影响。进而，在理论上进行梳理和分析，选择合适的理论要素对有关学术问题进行解释和论证，以此作为构建环境物权制度的基点。最后，从法律制度构建的视角，探讨具有针对性的法律对策。

就切入点思路而言，本书将从环境资源的"公共性"特性出发，以调研资料为分析依据，考察和评估公共权力对自然资源物权、环境容量使用、排污权交易实现的影响，从理论上分析其内在的机理，寻求公共权力干预、影响环境物权形塑的逻辑起点，重构公共权力干预环境物权关系的理论基础。在此基础上，具体探讨在公共权力影响下，环境物权可能呈现的不同侧面的品格特征。进而，分析这些品格特征以何种路径、何种方式在法律制度和规则上体现出来。在不对既有民法制度进行解构的前提下，寻求环境法与民法之间的合理对话，在民法理路之内构建环境物权制度。

主要研究思路和框架如下图所示：

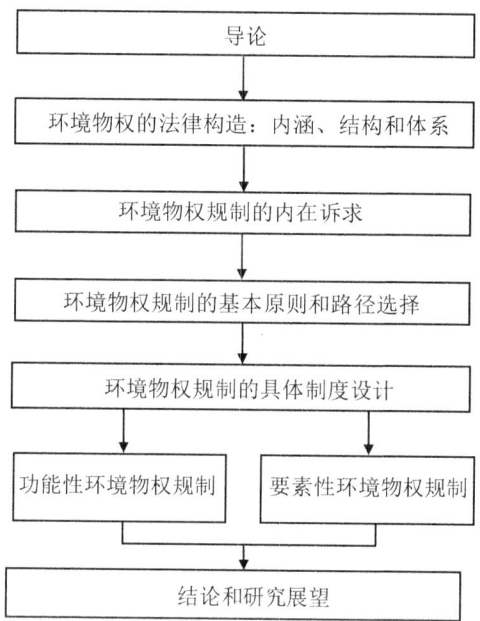

（二）研究方法

本书通过多种方法的综合运用，从各个层面展开研究，主要方法具体体现在：

1. 实证研究方法

本书研究始终贯穿了调研资料的运用和分析，并对于很多具体问题的分析直接是以现实问题为分析样本。对我国自然资源物权权能实现情况、自然资源开发过程中的生态保护情况进行全面分析。对目前排污权交易试点的运作状况进行充分了解的基础上进行研究。

2. 系统研究方法

在本书中始终贯穿系统论整体性方法、协同论方法，从利益诉求多元化的法律协调角度对有关问题进行论证；采用系统论中的"结构—功能"研究方法，转换研究范式，谋求不同利益之间、不同制度之间的耦合点与平衡点。

3. 比较研究方法

比较国内外环境物权立法的不同；比较传统物权法与现代物权法的不同；比较环境法与民法在调整环境保护中的不同。通过比较，求同存异，谋求不同学科，不同法律部门之间的对话，加强学科之间的沟通与协调。

4. 文献分析方法

详细收集和分析资料，物权法、环境权、环境侵权的不同理论形态进行比较研究，科学梳理本书研究所需要的论点、论据，以获得既有研究成果的智识支撑。

5. 利益分析方法

从社会冲突角度出发，分析在环境物权权能行使中的不同利益诉求之间的冲突和协调。尤其是从经济利益和生态利益在不同维度上的冲突形态表现，深入研究环境公共利益的表现形态，以及其实现的法律机制和路径。

第一章　环境物权的法律构造：
　　　内涵、结构和体系

提到物权，人们很自觉把它理解成为民法上的一个重要概念。在民法体系中，物权是重要的一个构成部门。然而，从一般意义上，对物的占有支配性基础上各种权益，构成了物权的全部内容。以此而言，物权似乎并非民法之"专利物"。民法意义上的"物权"，只是提供了对物权规范、解读的"私法"视角和路径。它为环境问题的解决提供了私法维度的解决之道，但是，一个法律规范路径缘于其既有的目标、理念、原则和规范方法，对问题的调整必然存在局限性。这种局限性充分体现在私法视角的物权对环境问题解决的困境之上。一些问题，可以通过完善自身得以解决；然而，一些问题，是结构性的，很难通过自身的调整得到解决。因此才有环境问题治理的多元化视角和路径。从环境法视角，物权的方法也展现出它不同的一面。本章重在环境法视角下，探讨使用物权方法之如何构建"环境"物权，并对其一些法律基本问题做出初步分析。

第一节　环境物权的生成逻辑：传统物权的局限性

环境问题的产生，无疑与对"物"之利用密切相关。换言之，没有物之利用，很难产生所谓的环境问题。环境问题大多是在对物之支配、利用、占用、转让、废弃等过程中产生的。从这个角度而言，物权法作为对物的支配和而利用进行规范之法，天然具有通过解决物的问题，来解决环境问题的能力。但是，这种能力是有限的，因为传统物权规范物之方法和路径，是通过民法体系得以展现的。民法作为私法之母，其固有的理念、原则和解决问题的方法，使得其在规制"环境"之物的过程中，不免具有内在的局限性。这种局限性构成了环境视角下

"环境物权"的生成逻辑。

一、环境问题与物权生态化

(一) 物权行使与环境问题

除开自然灾害,环境问题很大程度与人类行为相关。人类行为所引发的环境问题,根据其不同的表现形式,可以大致分为环境污染和环境破坏两大类。这两类的环境问题表现形式、特征和作用机理都不一样。但是,不管是环境污染还是环境破坏,都与人类对物的利用有关。没有物之利用,很难产生所谓的环境问题。环境问题大多是在对物之支配、利用、占用、转让、废弃等过程中产生的。就环境污染而言,为人类活动对物的不合理利用,使得部分物作为废弃物进入了自然生态系统之中,影响环境的内在运行结构。就环境生态破坏而言,因其主要形式为对自然资源的直接开发和利用,从自然中提取资源和能量,超出环境生态平衡的限度开发和使用资源,影响到自然生态系统的运行结构,从而造成危害。环境污染和自然环境破坏,都是人类不合理开发利用"环境"之物——环境和环境要素的结果。

环境问题产生的原因,是复杂和多元化的,从哲学、伦理、政治、宗教、文化、社会、经济、法律等,都可以找到解释路径。从物权之利用和民法物权法的视角来讲,主要传统物权中非生态性决定的:

1. 物权法理念和原则的非生态性,导致物之利用的非理性

传统物权法,以财产神圣为价值、以行为自由为理念、以个人本位为导向,追求"人尽其才、物尽其用"。以物权法规范之中心转移,则为从"物之所有为中心"到以"物之利用为中心"之转移。这种物尽其用的物权法思想,是功利主义的人类中心主义体现。这种物权对于法律和义务的设计,会过于侧重私人性权利的设计,而忽视一些必要性义务尤其是社会性义务的设立。这种物权设计的思路,注重于引起个人对其个体权利的关注,目标在于实现客体物经济效益的最大化,但负面的作用也是很明显的,它通过刺激消费,纵容物的消耗,使得资源过度被开发利用。在经济利益的追求下,物权人出于短期利益,往往对物的生态因素考虑不周,对生态系统的承载能力考虑不周。

物权理念和原则的非生态性，体现在物权法律规则的设计上，必然是非生态性的，缺乏生态要素的必要考量。例如在我国的自然资源产权制度设计上，以促进资源最大限度利用为出发点，忽略了自然资源所具有的合理承载力。资源的利用率低下、资源开发过程中破坏与浪费惊人，无不与此有关。

2. 从市场结构看，非生态性的物权法，导致了经济结构的非生态性和非理性

当个体利用形成规模之后，就形成一定的经济结构和市场结构。在一般的市场结构中，企业、消费者和国家（政府）是其中三个重要的市场主体要素。这三个要素之间的互动，决定了市场的动态结构和经济的发展。市场要素中，信息、商品和货币，是三个流动要素。物权法之所以作为市场经济的基本法，在于物权法调整其中经济结构中之"商品"——物化的交换形态。在功利主义物权法导向下，"环境"的私有化成为必然。社会共同性的丧失始于财产，特别是土地的私有性。土地资源作为一种私有物化的客体，最终作为生产手段而私有化（物权化），土地本身及其属的地表流水、地下资源、森林及空间（包括大气），由于客体的一体性，很容易也成为土地所有权人或者物权人的私有利益而被任意利用。在这样的物权制度下，企业或个人对环境改造及破坏，就被视为依据财产权而行使经营权或生活权。即使在国有经济主导的社会结构中，如果没有转变观念，而仅仅将"环境"视为一种资源——生产乃至经营所需的资源，那么，即使将环境国有化或公有化，也会与私有财产一样被商品化。因为，"有效地利用资源"也是国有及共有产权经营目标。从企业运行视角看，企业存在的目的是获得利润。因此在没有外部监管的情况下，企业的逐利行为会使得其漠视环境的保护。从消费者角度看，现代社会的特征，就是大量消费生活方式——一种将所有商品私有化，进行大量消费，进而对家具什物及住房等耐用消费品也进行短时间废弃，更换新产品的个人主义的消费生活模式。换言之，这是一个"消费者时代"。这种经济发展模式，与体制无关。生产的目的，是为了消费；消费的目的，是为了刺激生产。这是所谓的通过刺激消费拉动内需的经济增长型发展模式。当然，消费很多情况下，也是被"设计"的——因为，在现在社会，生活方式很难说是根据消费者的意愿自由选择的，在现代的商品中，即使是对消费者无用、甚至是有害的东西，通过企业的宣传、广告业等可以制造需求，提供给消费者。

从作为公共利益代表的国家和政府,这种"生产—消费"生活方式,需要大量的共同服务,国家(政府)也自然加入这种生态破坏性的经济结构之中。

由上述分析可知,当今社会,环境问题大多来自由于同一物之上的经济利用和生态利用之间的社会冲突。法律本质上是调整人与人之间的利益关系。在法治语境下,如何对这种新的社会利益冲突进行理性的制度安排,是法律制度发展的重大问题。物权法是调整社会财产归属和利用的基础性法律制度。其调整的客体是物和物质性资源。物权法对资源权属、资源利用分配规则的确立,必然对环境和环境资源产生深远的影响。传统物权法以保护私人财产、维护财产交易和利用为己任,并以物之充分利用为其制度设计核心。而在很大程度上,环境问题的产生可归因于社会财产和个人财产的不当利用。

(二)物权法的自我调整:物权生态化

传统的物权法,缺乏对环境问题的关注,这使得人们对它进行不断反思。因其本身非生态化因素的局限,反而加剧了人与环境之间的不和谐关系。传统物权法在应对环境问题过程中不断成长。其发展的重要方面,就是要在强化物的利用效率、促进物尽其用之时,让生态环境尽量得到保护。具体而言,通常是在既有物权法律制度框架之下,要求物权人在行使物权之时,负有环境保护义务;即引入有关环境保护的规则,对物权之利用进行限制和平衡。这种平衡和限制的过程,就是人们所言之"物权生态化"的过程。

具体而言,所谓物权法的生态化,又称物权法的"绿化",是指整合物的经济价值、生态价值和其他非经济价值,并将环境保护义务纳入物的概念的过程。它包括物的概念的拓展、新的物权制度的建立以及已有物权制度的更新等内容。[①] 归纳起来,物权生态化主要体现在以下几个方面:

1. 可持续发展、生态安全等生态理念内化为物权观念的构成

目前,大部分的国家已经将可持续发展、生态安全等生态环境保护理念确定为本国的社会发展战略。物权法作为调整物质利用的基本法律,不可能不考虑环境生态性各种理念的内在诉求。当然,从环境生态理念,到物权法规范,是一个

---

① 吕忠梅. 沟通与协调之途——论公民环境权的民法保护[M]. 北京:中国人民大学出版社,2005:160.

从道德性诉求转化为法律性诉求的过程，需要进行转换。

2. 物权生态化过程体现为生态利益在物权中的实现

物权的生态化进程在利益实现上，主要体现在承认自然资源的生态价值做承载的生态利益上。随着当代环境保护理念深入人心，一物之上的两种价值基本得到普遍性的社会认同。以土地资源为例，传统物权法中都有对于土地经济价值利用的内容。土地所有权人或者土地物权人行使土地权利的直接目的是获得经济利益，这种经济利益通过土地的占有、开发和利用得到实现。而且，从内容上，这种经济利益是可以评估和计算的。土地资源之上除了具有经济价值，还具有生态价值。生态价值代表了另外一种利益状态——土地生态利益。这种生态利益具有正的外部性。换言之，即除了土地物权人之外，任何与土地距离相对较近的社会主体，通过土地这一环境要素的作用，可以获得某种与经济利益不同的利益满足。这种利益满足体现为社会主体从土地上获得良好的身心感受以及一些和精神利益相关的享受。例如，通过土地资源，社会主体可以获得周围环境清新的空气，进一步从个人体验而言获得生活自然环境的安宁和平静。相对于经济利益，从内容上，这种生态利益是难以评估和计算的。这种利益是一种非物质利益。经济利益和环境利益，两类利益均存在于土地这一客体物之上。在实体上，土地资源的边界、容量是有限。这就意味着，在一定限度内，其中任何一种利益的充分实现，肯定会排斥或者降低另外一种利益实现的可能性。利益的冲突，在法律上必然产生权利冲突。[①] 物权法的生态化进程，目的就是在民法框架和路径内，尽量协调和调和这种冲突。具体的做法是，通过物权生态化，确立必要的限制性规则，采取规定特别义务的方法，将生态环境保护的要求，纳入其中，以规范人们在生态环境资源经济价值的开发和利用行为。物权法的生态化过程，是生态利益与经济利益走向和平衡的必然的法律选择。

3. 物权生态化方法体现为物权法基本原则拓展和社会性义务对物权之限制

物权法作为民法的重要组成部分，其不能脱离民法的基本理念、原则和规范方法。因此，虽然物权法之生态化为协调经济利益和生态利益之冲突，但是不可

---

① 又以森林资源的开发利用为例，过度砍伐森林必然导致其调节气候、保持水土、涵养水源的能力降低，进而影响森林生态系统安全；而不砍伐森林，人类社会对于木材的需求难以得到满足，社会生产就会受到影响。

能摆脱其私法的基本定位，因此，民法基本原则和物权法的基本原则仍有适用必要。在这方面，一般体现为重新阐释和拓展基本原则的调整功能，例如，通过生态伦理、生态道德的原则化。重新解释和拓展民法公序良俗原则、诚信原则、禁止权利滥用原则的内容。以社会本位为出发点，设置社会性义务对物权进行必要限制，是物权生态化的重要方法。在这个方法视角下，很多物权法基本制度得到重新理解和适用。例如相邻关系基本制度。传统的相邻关系，是基于毗连不动产之间的容忍义务，从"方便生活、有利生产"要求出发，设置不动产的容忍义务。因此，传统的相邻关系制度，是不动产所有权或使用权的限制与延伸。但如此，如果不动产不为毗连不动产，则难以调整新的环境污染性相邻关系影响。"相邻关系"的解释，影响了其制度功能。因此，完全可以重新解释和定义"相邻关系"，使生态上的连锁性和环境影响的广泛性产生的联系，纳入"相邻关系"之中，拓展相邻关系制度的调整功能。

4. 物权生态化方法还体现为物权法律关系客体的生态化

过去，对于没有被列为自然资源的环境要素，例如空气、阳光等，一般认为都是可以无偿自由利用。即使是自然资源，长期以来也是认为是无价的。对于环境和环境要素的立法确认，主要是体现为自然资源的产权确认，即所谓的准物权。但是，很多环境要素并没有进入法律控制的范围。致使社会纠纷不断。例如关于通风问题、采光问题、环境空间和环境容量利用问题。随着环境要素中的生态利益诉求不断主张，人们逐渐意识到应该将环境容量和环境要素纳入法律控制系统，并在物权法上体现出来，从而体现出物权法客体范围的不断扩大。当然，物权客体指向的对象，并非环境要素本身，而是环境要素上承载的生态利益。

我国2008年颁布的《物权法》，克服了传统物权法的一些问题，考虑了物权生态化的合理诉求，制定了很多有利于环境保护的物权规则，构成我国物权生态化的基本内容，主要体现在：一是用益物权的生态功能性拓展。体现在《物权法》第120条，之后被《民法典》吸收。水、土地、矿产资源等自然资源不仅仅是经济利用的对象，而且还是生态环境质量的保证。因此，如果在对自然资源的利用过程中忽视生态环境的保护，那么，自然资源的经济利用也难以持续。因此，在自然资源既有的权利基础上，设定一些必要的环境生态限制义务，是合情合理的。二是对资源型环境要素进行专门规范。体现在《物权法》第43条、第46~49条及第58条、第122条和第123条准物权规定,后来体现在《民法典》第244条,第247~251条,第328条和第329条。三是生态相邻关系的内容很具体丰富。《物权法》第84~92条规定了相邻关系处理原则,后来体现为《民法典》第288~296条。涉及通风采光、日照等。四是预留了制度创新和功能拓展的空间。我国《物权法》预留了物权制度创新和功能拓展的空间,主要体现在其对公共利益保留上。体现在《物权法》第7条规定、第42条规定、第44条,后来体现在《民法典》第243条,第245条。

由上述分析可知,物权法生态化过程,是传统物权法调整的客体行承载的经济价值和生态价值之间的冲突进行协调,取得某种平衡的过程。

二、环境问题对物权的诉求:传统物权的内生性困境

上述路径是物权法自身的适应性调整,但尚不足以表达环境问题对物权法律调整的内在诉求,例如,没有将环境容量、自然资源生态问题加以规范。尤其是目前的物权法没有解决自然资源的保护问题。当然,对此问题有不同的学术争论:一些学者认为物权法只能在其既定基础上调整环境问题,其他的问题交给环境法调整;[1] 一些学者认为,物权法没有承担起它应有的责任,它应该可以走得更远。[2] 本书认为,之所以有此争论,在于对物权法作为一种法律机制调整环境问题存在的障碍认识不足。每一种法律机制有其内在的局限性。传统物权法应对环境问题乏力,部分原因在于立法不够完善,部分原因在于其自身的内在局限性,这种局限性使得:即使通过改良现有物权法,也难以克服其在调整环境问题方面的问题。这种局限性构成了传统物权之内生性困境,具体体现在以下几个方面[3]:

一是物权法"以物之利用为中心"原则与环境保护之"谨慎利用原则"的

---

[1] 孙佑海. 物权法与环境保护 [J]. 环境保护, 2007 (10).
[2] 常纪文. 创立符合环保要求的《物权法》——谈野生动物资源权属的《物权法》定性问题 [N]. 中国环境报, 2007 (05).
[3] 黄中显. 论功能性环境物权的法律构建 [J]. 广西民族大学学报(哲学社会科学版), 2015 (05).

冲突。在社会化生产的推动下，物权法立法从所有权为中心转移到以物之利用为中心，由强调物的静态权利归属转移到强调物的充分利用和高效率利用。物权法更关注如何更好地开发和利用环境与环境资源，以增进社会和私人财富。而缘于环境问题的不确定性所带来的社会风险，要求在环境资源的开发和利用上采取谨慎原则：能不开发利用的尽量不开发利用，尤其是不可再生资源；确实需要开发利用的，需要谨慎开发利用，设计好环境风险防范机制、并采用相对先进技术以降低对自然系统的影响。该原则对物之充分利用原则构成限制。

二是物权法调整客体的静态性与作为环境之物的动态性之间的冲突。传统物权法调整之物形态上具有静态性，即物为独立存在之物，可以对之划定边界、进行分割，以此与其他物进行高度区分。物之静态性对物权制度具有重大的法律意义。在实体上对物进行形态区分、边界辨识，在物之上设定的所有权才具有可识别性从而达到规范社会财产秩序功能。即使现代物权法发展起来新的物权形态，如建筑区分所有权、空间权利以及电能、公路收费权等一些非实体性权利，也离不开对物的静态确认。而在环境法视角下，自然资源的生态关联性比其独立个体形态性更为重要，体现为：一是这些环境要素不仅以自身个体的存在而存在，而且是作为生态系统的一部分与其他环境要素具有关联性；二是这些环境要素如大气、水、野生动物等具有流动性。环境之物的边界由于其动态关联性而变得模糊，传统物权产权的界定方法和环境之物的内在诉求具有冲突。

三是物权法调整客体的实在性与作为环境之物的功能性之间的冲突。物的可区分性是传统物权法的基础，这要求传统物权法调整之"物"是实体性、实在性之物。物为有形之客体，也就是说，物是有形、可觉并可支配的。[1] 而环境法之"物"，是不一样的。在严格意义上，我们所看到的土地、森林、水、动物等是环境要素，并非"环境"本身。"环境"所指称的，是这些环境要素所体现出来的一种功能——环境承载力或者环境容量。在"自然—社会"经济系统中，环境资源以生产要素形式流入社会经济系统，以污染物物流方式流回大自然，两者之间需要对有关污染物进行动态平衡。在农业社会、工业社会初期，这种动态

---

[1] [德]鲍尔·施蒂尔纳. 德国物权法（上册）[M]. 张双根译. 北京：法律出版社，2004：422.

平衡关系比较容易得到实现,因为利用自然系统的自净能力,污染物很快得到解决。这种净化能力很容易被忽视,导致物权法律制度主要目标在于构建自然资源的分配和支配规则。而当人类社会对自然和生态的破坏超出了自然系统的承载能力,人们才发现环境功能是有限量的。此时,环境利用成为社会问题,环境系统体现出来的功能性——环境容量成为稀缺性资源,而传统物权法对此并没有加以太多关注。客观上,环境之物的这种功能性特征,也使得环境资源在私法意义上的产权界定成为难题,例如,作为环境要素的空气、阳光、地表水、地下水和环境容量等,由于它们不是传统意义上的财产,而且也由于它们特殊的物质形态,使得在法律上的权属难以确定。表面上,我国的环境资源的产权是清清晰的。自然资源的所有权属于国家和集体。但在实际中,产权不清、产权虚置的情况仍然非常严重。缺乏具体的资源产权归属。这在实际上难以明确中央政府、地方政府、各有关部门及所在地居民的权利和义务。最后,自然资源实质上沦为地方政府,甚至个人所有。注重资源的开发权益,不顾资源养护、更新和再生,自然资源开发利用中的短期行为成为必然。

四是物权调整客体的私权性与作为环境之物的公共性之间的冲突。传统物权法的逻辑起点是在对"物"进行界定和划分的基础上,对社会资源和自然资源进行配置以达到定纷止争、物尽其用的功能。权利配置方向是私权性的。市场经济也证明了在一般情形下只有将物配置到私人领域,资源利用才具有效率。现代社会大生产虽然对物利用的私人性提出了限制,但并没有否认物的整体私权性,只是强调物作为社会生产要素的流动性。而作为环境之"物",其存在功能决定了从一开始它就具有公共性。环境之物作为生态系统的一部分,对其进行开发和利用必然对生态系统产生影响。按照私权配置方法,对环境资源有关的民事权利进行确认,不同民事主体在其占有、支配其权利过程中,不可避免地对环境和环境资源的生态功能产生负面影响。因为作为私权之物追求的是物的经济利用,而环境之物追求的是物的生态利用。传统物权确认环境资源的经济价值为物权人所有,物权人并没有追求自然资源生态利用的内在动力,物权人容易因为谋求经济利益对环境资源的充分开发和利用而牺牲其生态性功能。传统物权的私权性利用和环境之物公共性需求之间存在内在冲突。

第二节 "环境物权"概念之证成

一、"环境物权"的引入和构建路径

物权法调整环境问题这种局限性是内在的，即物权法难以在既有法律体系中彻底解决环境之物问题。其私人性权利价值取向、物之经济性充分利用之目标定位以及作为社会生活和生产要素社会功能定位，决定了物权法从一开始就面临环境利益调整困局。① 近代民法不断发展，以回应物权私人性和环境之物公共性之间的冲突，但是"无论是宣布一切环境资源的公有，还是对所有权以保护公共利益为由，附加容忍他人侵害的义务、于一定限度内不行使其权能的义务、为一定积极行为的义务，都不能解决物权制度与环境保护的两个根本矛盾：一是所有权对物的私人支配属性与环境资源的公共性矛盾；二是所有权对物的代内分配与环境资源代际分配的矛盾"。② 这也表明，环境之物的物权形态与传统物权法确认的物权形态有所不同。现有物权法所确认的与环境保护的物权法律规范，是其自身有限度的调整，无法周延环境和环境资源物权形态。例如在我国《物权法》在制定过程中，曾有过所谓"绿色民法典"的主张。但是，由于这一民法典设计在诸多方面存在不少缺陷和争议，使其在整体上最终未被立法者所采纳。这是由于物权法的整体目标和环境法保护存在差异性。③

环境以及要素上产生的权利形态，我们姑且称之为"环境物权"。物权法对环境调整的这种局限性，很大程度上来自其法律部门视角的局限性，即私有的、个体的一种规范视角。这种视角是有必要的，这是人们认识和规范环境及其要素的必要路径——即将环境和环境要素作为可以进行个体性支配之物，规范其经济利用一方面，尽量兼顾其环境生态价值。换言之，这是民法视角规范下的物权问题，是个体性的。一般而言，学者们主要是在两种意义上使用"环境物权"一

---

① 黄中显. 论功能性环境物权的法律构建 [J]. 广西民族大学学报（哲学社会科学版），2015（05）.
② 吕忠梅. 关于物权法的"绿色"思考 [J]. 中国法学，2000（05）.
③ 石佳友. 物权法中环境保护之考量 [J]. 法学，2008（3）.

词,这两种不同意义也构成了不同的环境物权构建路径:① 一是站在民法物权法视角,认为环境物权是区分于一般物权的物权形态,即环境物权指生态性物权,是通过功能定义法将物的生态功能与经济功能进行整合的新型物权,它的实质是在传统物权对物的经济功能加以界定的基础上增加了对物的生态功能的肯定。这种定义的目的是对传统物权进行生态化拓展,在对物进行扩张性解释基础上对物的生态功能加以确认、保护和利用,以协调同一物之上的经济价值和生态价值之间的冲突。二是从环境法视角,认为环境物权是针对环境资源的支配性权利,是对环境资源进行综合性支配并将环境法上的义务纳入权利内容的物权。由于研究出发点、解决问题重点、研究路径有差异,且我国立法上也没有使用"环境物权"用语。事实上,同一个概念,不同学科视角对于同一概念有不同的理解。② 因此不同学者对环境物权的理解不尽相同,例如在对何为环境物权客体的认识上没有达成一致。但是,有一点理解是共同的,即如何从物之归属和利用视角规范环境资源利用问题,以达到环境生态保护的目的。本书的论述和分析,离不开"物之归属和利用"这一基本视角,但是基于民法个体主义视角的局限性,本书将回归环境法视角来解释和建构环境以及环境要素的规则。但是,本书的论述,并非否认民法物权法对环境和环境要素的调整,而是认为,民法物权法对环境和环境要素的调整和规范,是必要的、也是必需的,但是这仅仅是代表一种对"环境物权"调整和规制的"私法路径",其实现了对环境物权调整的部分的制度功能。在这个意义上,区别于纯粹民法物权法意义上的物权形态,在环境法意义上,也可以认为创设一个新型的物权形态,这个新型物权即环境物权。

---

① 黄中显.论功能性环境物权的法律构建 [J].广西民族大学学报(哲学社会科学版),2015 (5).

② 以所有权为例。就哲学与经济学而言,其研究对象是所有权的必要性、所有权制度的推行以及所有权的分配;对宪法学者来说,如何针对国家手段而赋予私人所有权以保护,具有重要意义;而对民法学者来说,他们所关心的,是所有权所蕴含的私法上利用可能性,以及在私人间如何对所有权实施保护。上述各种不同的问题视角,将所有权作为一种制度,而在学术上进行研究,其结果自然就导致,不可能存在一个统一的,对所有学科都行之有效的所有权概念。如经济学意义上的"财产权(property right)"概念,就区别于宪法上的所有权概念,而民法上所有权概念构造,又不同于宪法上的所有权概念。[德] 鲍尔、施蒂尔纳.德国物权法(上册)[M].张双根译.北京:法律出版社,2004:513-514.

二、"环境物权"建构方法：功能主义视角

在民法视角和环境法视角上引入"环境物权"的分歧，在方法论上，实际上个体主义和功能主义方法论之间的分歧。在民法物权法上，基于民法作为私法的固有品格，其方法论必然是个体主义的。个人主义方法论，是基于事物构成要素的分析方法，注重对个体性分析，忽视个体之间的关联性，以及个体通过一定联系方式形成的特定结构。这导致个体主义分析方法，必然注重对被分析个体要素的主观价值判断，而忽视个体之间关联结构所形成的功能。个体主义方法论，运用在民法物权法的物权构造上，注重物的个体性——能分割、能区分和相对独立，注重对物的主观价值判断。这种对于物的个体性关注，体现为传统物权法对物权构造之物的严格要求——有体物、特定物和可支配物。而注重对物之主观价值判断，在于物之有用性判断，即对于社会主体具有经济利用上的价值。这一价值判断，使得自然资源进入物权法的调整范围具有严格限制。一个事物能否具有"资源"性质，在于其在当前的制度和技术水平下，能否被人类所利用，带来经济效益。① 所以，民法物权法之内，可以有"自然资源"物权，但是不能存在"环境要素"物权。因为，并非所有的环境要素都能产生经济利益，都具有经济上的可利用性。从个体主义视角出发，物权法也很难给环境功能——环境容量应有的物权内容。

但是，人类对于环境容量的利用，以及对于自然资源之外的环境要素的利用，并不因为传统物权法的拒之门外而停止。有利用，自然就会有某种权利性主张，自然要实现某种利益。也自然会产生某些利益冲突。这种矛盾和冲突，是同一物之上的经济利用和生态利用之间的矛盾和冲突，并不因为物权法没有确认而消失。

而环境物权的客体指向，直接为环境和环境要素。是功能和要素的统一。很难在个体方法论意义上得到充分理解和阐释。反过来说明，这种注重关系和结构的物权形态，只能在整体意义上、或者说功能意义上得到理解。也只有在功能意

---

① 例如联合国环境规划署（UNEP）对自然资源的定义为"在一定时间和一定条件下，能产生经济效益，以提高人类当前和未来福利的自然因素和条件"。能否产生经济利益，是判断一种环境要素是否为自然资源的条件。

义上，环境物权的建构才得到合理的解释和合适的构造路径。正如学者指出的那样，从价值判断方法上定义环境物权，会遭遇很多困境和理论难题。有必要考虑新的定义方法。既然物是有价值的，而这种价值主要体现为满足主体需要的程度，那么这种价值对物而言就是具有满足个体需要的功能。物对于人类而言主要有经济和生态两种功能，那么，我们可以根据其不同的功能来对其行定义，即具有经济功能的物和具有生态功能的物。这种根据物不同功能进行定义的方法称为功能定义法。它作为客观定义方法，不仅可以随着人们对物的功能认识的发展而扩展，而且可以使各种功能价值形态并存，不同的功能是为了满足主体的不同价值需要，既可以不同的法律加以规定，也可以进行概念的整合。①

三、"环境物权"概念法学构造基础：环境法语境下的环境物权

（一）"环境物权"自然科学基础——自然科学视角下的"环境"

1. 环境生态科学视角下的"环境"

欲要讨论环境物权，先要明了"环境"为何物。这是法律规范的科学理性基础。对环境，这是一个法律上似乎非常熟悉和基础的词汇，但是，很多的争论之所以难以调和，正是来自对"环境"的一知半解。环境科学中，环境是指围绕着人群的空间，以及其中可以直接、间接影响人类生活和发展的各种自然因素的总体。这样的环境，首先是为人类提供生存发展的空间，其中有可以直接或间接影响人类生存和发展的各种自然因素，既为人类提供基本的物质生活条件，也会产生环境污染和破坏。人类生存条件的"环境"，是以人类为中心的，并且是必须能够满足人类生存发展所需要的。这样的环境具有物质性、生态性、唯一性、有限性和资源性等特性。② 物质性、唯一性是容易理解的，而环境真正自然科学特性，在于其生态性。站在人类中心视角看，环境资源冲突的本质，来自环境的有限性和资源性。③

---

① 吕忠梅. 沟通与协调之途：论公民环境权的民法保护 [M]. 北京：中国人民大学出版社，2005：168.
② 吕忠梅主编. 环境法导论（第三版）[M]. 北京：北京大学出版社，2015.
③ 环境的资源性特征，也是来自环境的生态性。环境的生态性表明环境处在普遍联系之中，是关系的结构化，而环境的资源性，只是这种结构化关系的呈现。

环境的生态性表明环境以及环境要素作为一种"关系"而存在。对于环境生态性，最著名的莫过于美国生态学家康芒纳所揭示自然系统中存在的四个生态学法则：① 一是每一种事物都与别的事物相关；二是一切事物都必然要有其去向；三是自然界所懂得的是最好的；四是没有免费的午餐。

自然系统的生态性表明，环境要素处于普遍的联系之中。生物群落间的联系是非常密切而不可分，它们，生物群落与环境之间的联系是非常密切而不可分，它们相互依存，彼此制约，共同发展，形成一个自然整体。这种错综复杂的生物和非生物因子密切相关，它们相互依存，构成一个相对稳定的整体。但是，即使如此，也并非表明我们能对自然生态系统已经有了足够的了知。对于自然的生态性，下一个绝对的论断，也是危险的，因为在现实世界中，环境系统中的每个事物都是相互联系着的。

2. "环境"的自然科学内涵对"环境物权"法律构造的启示

在环境科学上，环境是由环境要素和要素结构形成的有机系统。对于环境要素，是人们比较熟悉的，而对于环境要素关系结构及其意义，并不够明了。环境要素结构实际上就是环境的生态性。从可开发利用的角度看，环境要素主要体现为自然资源要素，而环境要素结构体现为环境整体性功能。"环境物权"的构建离不开自然科学对环境系统的本质认识，这是法学概念构造的自然科学基础。具体而言，"环境"的自然科学内涵对"环境物权"法律构造的启示体现在以下方面：

一是环境物权之二元性。环境物权是以"环境"为客体的物权形态，而"环境"由环境要素和环境功能体现，因此其客体应该是环境要素和环境功能的统一。换言之，环境物权应该是环境要素物权和环境功能物权的二元统一。

二是环境要素物权不同于自然资源物权。环境要素包括大气、空气、土壤、森林等环境组成部分，是纯粹的自然性要素。可以说，只要是环境组成部分，基于环境的生态性特征，这些组成部分就可以视为环境要素。而"环境资源"不同，环境资源是站在人类有用性的视角而言，是现有技术和经济能力可以开发和利用的环境要素。资源强调人类的有用性，环境要素强调的是自然系统的有用

---

① [美] 康芒纳. 封闭的循环——自然、人和技术 [M]. 侯文蕙译. 长春：吉林人民出版社，1997：25-37.

性。从自然角度,环境要素都是资源,因为根据生态第二法则"一切事物都必然要有其去向"。都有其自然的用途,都是资源。就个体性、私法性的传统物权法而言,由于其强调支配性、排他性的物权特征,因此,只有资源性环境要素,才能在此框架下进行物权构造。因此,环境要素物权范围要比自然资源物权大得多。物权法的路径,只能调整一部分的环境要素物权。资源环境要素物权包含但不限于目前物权法规定的水权、狩猎权、土地所有权等自然资源物权形态。

三是物权要素之间存在天然冲突,基于环境要素数量、空间的有限性,环境要素一旦成为人类社会认可的资源形态,就发生利用上的冲突。环境本身也是一种资源,它具有资源的基本属性,稀缺性和多用性是法律存在的基本前提。这决定自然资源最优分配的问题。但是,本书所指的"天然冲突",并非为环境要素有限性所产生的冲突,而是基于环境要素之间的生态性产生的自然冲突。自然存在普遍联系之中,自然系统的生态性决定了自然要素在自然中具有各自的生态位和生态功能。于此而言,对于环境要素破坏或者毁损,就是损害生态系统的整体性功能。通过私法物权对某种生态资源排他性的支配和利用,必然割裂其与其他生态要素之间的关联性。因此,从立法角度,必须对环境要素进行充分的评估,那些能够作为资源进行支配利用、哪些不能,必须谨慎而为。

由此可知,对环境物权进行规范化的法律建构,有两方面的内容是需要强调的:[①] 一是需要体现更多的环境保护关注,进一步平衡环境保护和资源利用之间的关系。在此意义上,环境法意义上的环境物权比之与传统民法意义上的环境物权内涵更具有本质性。在环境法意义上,所谓物权所有权、用益物权的设定,不过是一种环境保护的手段和机制,而不是目的。二是环境物权规范化的要素结构是二元性的,包括要素性环境物权和功能性环境物权。目前,环境物权的形态主要体现为环境要素物权,环境要素物权的立法主要体现为自然资源物权立法,即大部分环境要素物权得到了物权法的确认,其法律构建的路径和方法相对成熟,需要完善的,是环境要素物权权能的目的和手段之间的关系。而由于传统物权的法律构建,注重客体的实物形态,强调物权客体边界划分,由于环境功能物权的

---

① 黄中显. 论功能性环境物权的法律构建 [J]. 广西民族大学学报(哲学社会科学版),2015 (05).

客体存在较大学术争议，因此其并没有得到传统物权法的确认。但是作为一种物权"存在"形态，它的存在环境法的意义上得到确认，只是没有采用私法的路径。

(二)"环境物权"社会科学基础——环境物权指向的社会关系

"环境"以何种形态、方式进入人类社会，这是一个宏大的话题。在此，本书无疑讨论涉及哲学、伦理和道德性的问题，而仅仅站在法律作为一种社会治理机制的视角，表明环境物权存在的社会基础，即其所指向的社会关系。

环境一直都存在，并不以人类社会的认知或者认同为前提。但是人类对环境认知的不断加深，可以使得人类社会对自然环境加以认同，并在环境面前保持足够的尊重和理性。关于环境以何种方式进入人类社会，事实上关涉这样一个问题：即人类社会关系的调整中，环境处在何种位置？法律是一种社会治理机制，以某种调整对象为前提。从立法角度看就是物权法究竟调整何种涉及环境的社会关系。这个问题的争论一直存在。涉及一个上位的问题就是环境法的调整对象是什么。有的学者认为，环境法所调整的是人们在开发、利用、保护、改善环境过程中所产生的各种社会关系。这类社会关系以人类——环境关系为其产生基础；包括与合理开发利用自然资源和保护生态环境有关的社会关系和在防治环境污染和其他公害、改善环境质量过程中发生的社会关系，即为生态环境保护关系和污染防治关系。[1] 有的认为，环境法调整的是生态社会关系，包括宏观的生态社会关系、生态环境保护关系、环境污染和公害防治社会关系、其他相关的生态社会关系。[2] 上述学者将环境法调整对象，限定在一种"社会关系"之上。而有的学者认为，环境法不仅仅调整人与人之间的社会关系，还调整人与自然关系。并进一步指出，环境法所调整的人与自然的关系，具体是指由环境资源法所确认、并在环境资源法实施中形成的人与自然的关系以及其所确认、规定并通过实施加以影响、作用和控制的人与自然的关系。这种关系的种类和内容十分丰富，包括但不限于人与自然的时间关系、地域关系、因果关系、物质能量信息交流关系、利益关系、主（体）客（体）关等。目前主要调整人与自然的生态关系、物质交

---

[1] 吕忠梅. 环境法学 [M]. 北京：法律出版社，2004：34-36.
[2] 曹明德. 生态法原理 [M]. 北京：人民出版社，2002：182.

流关系和因果关系，包括开利用、保护、保存、改善和整治环境资源等关系。①有的学者认为，作为环境法调整对象的环境社会关系的实质就是人与人之间的环境利用关系。这种环境利用关系包括本能性利用关系和开发性利用关系。环境利用关系的特殊之处在于，它主要是环境利用人之间的社会关系而且主要表现为本能性利用受到开发性利用的侵犯而形成的环境利用人之间的社会关系。环境法所要做的就是界定各类环境利用行为的界限，解决可能此产生的对立和冲突。② 这个问题到现在也没有真正解决。其实所争论的焦点，无非是环境法究竟是否调整人与自然关系以及即使是调整社会关系，调整何种社会关系。

环境问题分为第一环境问题和第二环境问题，即自然引发的灾害和环境问题，以及人类行为引起的环境问题。俗称"天灾人祸"。对于第一类的环境问题，从法理上，很难纳入环境法的调整对象，一般作为防灾减灾问题处理。而环境法主要是调整第二环境问题，即由人类行为引发的环境问题。这里，其实是暗含了一个基本的法律调整逻辑——法律作为一种治理机制，是调整人的"行为"而不是其他。作为生物链上的因子，人类社会与其他生物没有特别之处，其特别之处在于利用自然环境的手段。因此，从这个角度而言，认为环境法调整的是人与人之间的环境利用关系，是合适的。环境法调整社会关系，与传统法律调整的社会关系，最大区别在于是否在人人之间的关系中纳入自然的要素。正如学者指出的那样，过去的法律仅仅将人与自然的关系看作是纯粹的"主体—客体"关系，不承认自然与人类的本初联系。也不承认自然的生态属性和循环本质，从而将法律所调整的社会关系仅仅定位于"人—人"关系。正是这种忽略人与自然关系对社会关系所产生的影响的法律成为人类肆意污染和破坏环境的"帮凶"，使人类自取毁灭的行为获得了合法的外衣。因此，建立在对人与自然关系重新认识基础上的环境法，将人与自然的关系看作是人与人的关系的一部分，它所关怀的不仅是人与人的关系本身，更要高度关注引起人与人之间关系的人与自然关系。正是在这个意义上，环境法是调整"人—自然—人"关系的规则。③

---

① 蔡守秋. 调整论——对主流法理学的反思与补充 [M]. 北京：高等教育出版社，2003：48-49.
② 王社坤. 环境利用权研究 [M]. 北京：中国环境出版社，2013：141.
③ 吕忠梅. 环境法导论 [M]. 北京：北京大学出版社，2015：30-31.

具体到环境物权而言，环境物权作为法律意义是的物权建构，也是法律一种调整机制。作为调整机制，需要遵循法律的基本原理。法律调整社会关系，需要对社会关系进行确认，通过权利义务的配置，使得社会主体之间的利益达到某种平衡状态。物权为对"物"之所有、支配和利用权利确认的机制。欲要将环境和环境要素纳入社会关系之中，需要解决环境作为"物"之所有、支配和利用的权利主体和权力内容。在传统物权法视角上，环境和环境要素进入社会关系，并得到法律机制的确认，是以自然资源可支配、可利用为前提，不可支配、不具有经济价值、不可开发利用的环环境要素，难以在传统物权法上得到确认。换言之，这些没有经济价值的环境要素，没有以特定的方式进入人类社会关系的结构之中。人类社会也当然地把自然环境作为动态社会关系发展过程中的一个假定的前提——一个不变的常量。环境物权的法律建构，必须要重新认识"自然环境"进入社会关系结构的方式。现在，这个方式已经得到认同，即是将人与自然关系视为社会关系的一部分，构成环境社会关系。环境物权法欲要保护自然环境，需要用物权法逻辑将"环境"通过物权体系中建构起来，解决"环境"的所有、支配、占有和利用等问题。① 这是从环境保护出发，建构环境物权体系所需要的社会关系基础和法律逻辑基础。

四、环境物权的内涵和特征

对于环境物权，有多种的定义和理解视角。目前通说的理解，是从私法性质的民法物权法视角，对之进行定义和阐释。在此角度和意义上，一般称为环境物权、生态性物权或者物权生态化。例如，有的学者指出，生态性物权，它的实质是在传统物权对物的经济功能加以界定的基础上增加了对物的生态功能的肯定，为了与一般物权相区别，我将其称为环境物权。②

---

① 将"环境"用物权法逻辑建立所有权关系，并非是人类社会欲将环境占为己有，更不是对自然宣布人类是环境的拥有者。如此，与生态主义和环境法基本理念的内在诉求相去甚远。法律在此仅仅是一种社会控制工具，而不是它的目的。换言之，法律是调整人与人之间关系的，因此，需要在人与人之人（不是人与自然之间）确认"环境"的归属问题。确认归属，是为了界定人与人之间的权利边界，而不是要占有自然环境。从环境法理念出发，认为人与自然之间是一种利用关系，无疑是正确的。但是从法律调控机制需要出发，认为人与自然之间仅仅是一种利用关系，又是有问题的。

② 吕忠梅. 论环境物权 [J]. 人大法律评论, 2001 (01).

本书定义的环境物权，是回归"环境"自身，从环境法视角出发进行定义。简而言之，为"环境和环境要素"之物权。详言之，所谓环境物权，是指权利人针对环境以及环境要素进行占有、使用、收益和处分的一种权利形态。① 环境物权首先是一种权利，从权利三要素主体、内容和客体分析，环境物权具有以下特征：

1. 环境物权的主体

环境物权的权利主体是相当广泛的，涉及了所有的社会主体形态，包括自然人、法人、其他组织、国家等一般法律权利主体。当然，这些主体是在不同法律层面上的物权主体。尤其是国家，作为环境物权主体的性质、地位以及作用，存在很多值得深入探讨的地方。在公法意义上理解环境物权，以及在私法物权法的意义上理解环境物权，是不一样的。权利主体也有所不同。在私法物权法的意义上理解环境物权，环境物权是现有物权之生态化，即对物权进行的生态化扩展，整合物的经济价值与生态价值和其他非经济价值，并将环境保护义务纳入物的概念之中的过程。从这个角度，在民法物权法上，环境物权的主体是传统物权的法律主体，即自然人、法人、其他组织和国家，只不过对这些主体的法律义务等进行了相应的增加和深化。作为一种理论建构，环境物权的权利主体，还应该包含整体意义上的人类，以及还包括未来后代人等抽象权利主体。但是这是一个复杂的理论问题，本书不展开研究。

2. 环境物权的客体

环境物权指向的客体，为"环境"。环境是人类生存和发展的自然客观存在的总和。但是，这是一个模糊和整体意义上的提法。细分之，环境包括环境要素和要素通过一定关系形成的结构所体现出来的功能性状态。即环境包括环境要素和环境功能。物权利用，是利用环境要素和的功能。因此，环境要素和环境功能即为环境物权之客体。我国《环境保护法》第2条界定了环境概念。② 但是该条立法并没有准确指出环境的应有之义，因此，收到学者们的学术批评。其实，该条立法，仅仅指出了环境中的"环境要素"。

---

① 这种定义不是立法意义上的，更多的是一种理论上的定义。
② 我国《环境保护法》第2条规定："本法所称环境，是指影响人类生存和发展的各种天然的和经过人工改造的自然因素的总体，包括大气、水、海洋、土地、矿藏、森林、草原、野生生物、自然遗迹、人文遗迹、自然保护区、风景名胜区、城市和乡村。"

从环境法视角审视法学上的"环境"概念，就是要强调不同环境要素之间、通过一定结构聚合起来，形成的具有一定功能的生态系统。环境包括环境要素和环境功能（环境容量）。环境容量是环境资源的整体调节能力。环境容量不仅是有限的，而且是相互关联的。环境物权保护的目的是保持环境资源的再生或更新能力。人类对于环境资源的理性使用是以永续利用为目标的，环境的自适应性和自我调节功能是资源得以永续存在的源泉。所以，只有保护了环境资源的更新或再生能力才能保护环境容量。① 民法物权法上理解的客体目前主要是指自然资源。

3. 环境物权的内容

物权完整的权能形态，无非是完整的所有权权能形态，即占有、使用、收益和处分的物权权能。台湾的谢在全教授认为所有权之权能为占有、使用、收益、处分和排除他人干涉之自由；其中占有、使用、收益或处分所有物，是为所有权之积极权能，至所谓得排除他人之干涉，是所有权之消极权能。② 所以环境物权的权利内容，无非为对环境要素和环境功能的占有、使用、收益和处分的积极权能，以及排斥他人干涉的消极权能。然而，这时整体意义上的环境物权权能形态，基于环境的整体性，很难在立法上体现出来。因为，任何人不可能、也不能整体上独占环境和环境要素。在具体的物权立法中，除了土地所有权之外，其他的环境要素物权的权利形态，大多数是不完整的。一般来说，环境物权在民法物权法上的权利内容，主要体现为对环境利用权利。有的学者认为主要体现为环境收益权。③ 有的学者认为主要是环境利用权，环境利用权进一步可以划分为本能性的环境利用权和开发性的环境利用权。④ 在我国物权法体系中，环境物权的权能只要体现在土地所有权以及相关权能、自然资源用益物权或准物权。

在环境物权权能中，有一形态是与传统物权权能形态有着重大区别的，即人作为自然构成，利用环境和环境要素是其自然本能。如人生而必然要呼吸空气、饮用淡水、沐浴阳光、利用植物、猎杀动物作为食品等，这是维持生命的基本需要，是人作为生态链上生物一种自然反应。所以，有学者指出环境权是人的"自

---

① 吕忠梅. 关于物权法"绿色"思考 [J]. 中国法学, 2000 (5).
② 谢在全. 民法物权论 [M]. 北京：中国政法大学出版社, 1999：1.
③ 陈文. 生态物权研究 [D]. 哈尔滨：黑龙江大学, 2011.
④ 王社坤. 环境利用权研究 [M]. 北京：中国环境出版社, 2013.

得权",在它诞生的那一天就注定了,主要不是靠"主张""请求"权利来实现,而是依靠环境义务的履行来实现,依靠义务主体对义务的主动履行来实现。① 在此意义上,有的学者认为,环境要素对于人而言不是物权法意义上的"可控物",只是生态法意义上的"利益可及物",既然仅仅是利益可及物,那么就不能对其拥有积极行为意义上的使用权、收益权、处分权、占有(权),而只能说拥有消极行为意义上受益权。进而认为环境物权准确表达应该是环境受益权。②

由于环境物权涉及人类的生存问题,因此它的权能除了上述的一些特征之外,还有一个很重要的特点就是,环境物权的权能可能会因为环境保护需要、人类社会可持续发展等受到较大程度的限制,权利的社会化、公权化性质较为突出。

五、环境物权与环境权、传统物权的关系

(一)环境物权与环境权

在环境法学科体系构建中,环境权是一个充满争论和争议的问题。不同国家的研究和司法实践看法也不尽相同,有赞成者、反对者。赞成者中,对于环境权的性质、范围、内容等认知也不尽一致。有的学者认为,环境权从内容上可以分为环境所有权、环境使用权;环境占有权、环境收益权、环境人格权、环境精神美感权等,即环境权不但体现在环境态功能价值,还体现两个方面的经济价值,一方面是环境中自然源的经济价值;另一方面则是建立在基本生态功能权之上的各种经济权益,包括生态功能权及与生态功能权相关的其他权利,如有偿开放景点权、风景资的有偿占用权、排污权、排污转让权、排污收益权等经济权利。③ 有的学者认为,环境权首先是一种人权,作为一项复合性和社会连带性的新型人权,其本质上区别于自由权和社会权性质的传统人权。它具有个人和集体两个面向,因而可以为公民环境权和国家环境管理权。公民环境权是公民所享有的在舒适和优美的环境中生存和发展向权利。国家环境管理权就是国家环境管理职能部

---

① 徐祥民. 环境权论——人权发展历史分期的视角 [J]. 中国社会科学, 2004 (4).
② 陈文. 生态物权研究 [D]. 哈尔滨:黑龙江大学, 2011:35.
③ 常纪文. 环境法原论 [M]. 北京:人民出版社, 2003:110-111.

门可以依法行使的对环境保护工作的预测、决策、组织、指挥、监督等权利的总称。① 有的学者认为，环境权是人类的生态性权利（生态利益主要是一种精神性利益），其主体是当代和未来世代的人类个体和整体。环境权具体包括清洁空气权、清洁水权、清洁产品权、环境审美权、环境养育权、环境文化权、户外休闲权等。而公民与环境有关的知情权、参与权和请求权虽与环境权有着密切的关系，但不属于环境权的范畴，它们是法律为保障环境权的实现而设置的权利。② 有的学者认为，环境权实质上是自然人一种对一定环境品质的享受权，是对环境生态价值的利用和享受，其内容是从物质的客体中呈现出来的生态的、文化的、精神的或审美的利益。③ 我国台湾地区的叶俊荣教授则认为，若认为宪法上应有环境权的基础，则此权应以民众的参与为本位，而非如传统理论般以拥有为权利的内容。换言之，宪法中若应有环境权，则此权应以肯认民众适度参与环境决策的程序权为妥。④

不管如何争论，学者们大多以肯定环境权为主流。只是在环境权的性质和具体内容上看法不一致。有的认为环境权应该范围广泛些、有的认为范围应该特定化和具体化。从字面上来理解，环境权当然为人类社会对于环境所拥有之权利内容。采用广泛意义的环境权学说，更具有说服力。但是它不是一个严格意义上的法律概念，而是一个社会学、伦理学概念。采用广泛意义的环境权学说，还有一个很重要的理由，即它解决了公民在民法物权法上一定支配权利的合法性，也解决了国家环境管理权的社会合法性问题。

环境物权是对环境以及环境要素支配、利用的一种权利，也是对环境的一种权利。因此，它和环境权有着必然的联系。在环境权和环境物权关系上，有的学者甚至从环境权与传统物权的关系出发，认为环境权本质是一种物权，是物权中的共有权的特定类型。⑤ 有的学者认为，环境权应该纯化，而不应该成为包罗万象的权利，如果继续使用这一概念的话，环境权应该仅指公民环境权，而且仅指享有良好环境的权利，而不包括用环境资源的权利。环境权利则应该是一个形式

---

① 吕忠梅主编. 环境法导论 [M]. 北京：北京大学出版社，2015：79-87.
② 周训芳. 环境权论 [M]. 北京：法律出版社，2003：73，197，234.
③ 吴卫星，环境权研究：公法学的视角 [M]. 北京：法律出版社，2007.
④ 叶俊荣. 环境政策与法律 [M]. 北京：中国政法大学出版社，2003.
⑤ 吴亚平. 论环境权是一种物权 [J]. 河北法学，2006（06）.

意义上的权利概念，表示的产生于人与环境关系基础上的权利，它只是一类权利的概称，不具有实质性内容，和民事权利、行政权利、刑事权利、诉讼权利等概念一样表示某一部门法律领域内所有权利的概称。如果从这两个概念出发，那么很显然环境权只是环境权利的一部分。而环境权，实际上是环境利用权。① 这些学者都认为，环境权就是环境物权或者环境利用权。

本书认为，环境物权与环境权是两个不同的概念，不能混同。具体大致区分如下：

一是两者性质不同。物权是对物直接支配、享受其利益的权利，并具有排他的绝对效力。具体而言，物权人可以对物进行直接支配、并加以利用，并享受在物之上的各种利益；同时，可以排斥所有人对其物权利益的干涉。环境物权强调的首选是它的"物权"性质，即占有、支配、收益和处分之权能。而环境权，强调的是"与环境相关"的权利形态。物权形态仅仅是环境权的形态之一。

二是两者的地位不一样。环境权从其发展来看，是为了解决公民、集体、国家针对环境权利、权力的正当性问题。换言之，公民针对环境可以为何、集体组织针对环境还可以为何？国家对环境事务进行干预，动用国家公共权力，有什么内在的逻辑？如果没有环境权理论的发展，那么公民环境的利用和支配行为、国家的环境管理行为就没有了社会合法性，没有了正当性的基础。而环境物权理论和法律实践的发展，是要解决人类社会如何更理性和更科学利用环境和环境资源问题。因此，环境权是比环境物权更为上位的概念。

三是两者内容不一样。环境权包括公民环境权和国家环境管理权。公民环境权主要包括四个方面的内容：环境资源利用权、环境状况知情权、环境事务参与权和环境侵害请求权。环境资源利用权包括三个方面：一是对环境资源经济价值的利用，例如人们利用水资源灌溉、开发森林的林业资源、开采矿产资源等；二对环境资源生态价值的利用，主要是指污染者利用环境容量而实施的排污行为；三是对环境资源美学价值、宗教价值等其他非经济价值的利用，主要是指人们基于身心健康、审美需要、宗教信仰等原因，而对环境资源非经济价值的利用。② 而国家管理权，几乎涵盖国家环境管理的所有职能。而环境物权的范围，要比环

---

① 王社坤. 环境利用权研究 [M]. 北京：中国环境出版社，2013：112.
② 吕忠梅主编. 环境法导论 [M]. 北京：北京大学出版社，2015：81.

境权小得多。物权的本质,在于物之支配和利用。环境权比环境物权相对而言复杂得多,它是一种复合性权利。① 因此,从其内容看,公民环境权中的环境资源利用权与环境物权内容比较接近。从这个角度可以说,环境物权是环境权的重要组成部分。

(二) 环境物权与传统物权

环境物权首先是一种物权关系,因此,与传统的民法物权并无本质上的矛盾之处。所不同者,是视角上的差异。环境物权目前也非为立法上之概念,是本文构建的一个法学理论概念。一个概念,代表一个角度和视角,对实际的立法构造或者立法完善或者有所裨益。本书是在环境法的意义上阐述环境物权的基本思想和立法构造。之所以没有根本矛盾,因为在本书看来,民法物权法是实现环境物权其中某些物权的权利和义务的私法路径。从这个意义看,在环境法的意义上的物权,包含了传统意义的物权形态。具体而言,其区别和关系如下:

一是传统物权和环境物权的价值理念不同。环境物权是针对环境和环境要素的物权形态。只要涉及环境和换环境要素的占有、支配和利用的,就与环境物权有关。但是在实际上,很多环境要素并没有列入传统物权的规范之内,因为传统物权将物列入规范之内的前提,是物为可支配和可利用之物。换言之,只有环境要素在一定的科技水平和制度背景下,才能进入传统物权法的调整范围。因为,传统物权之核心价值,在于发挥物之充分利用为价值目标,所谓"物尽其用"。这也是物权立法中心思想由所有到利用进行转变的内在动力。但是环境物权对待物的根本态度,是将该物作为生态系统结构之中的环境要素,所要规范的,是以生态诉求为基础,通过调控人的行为,实现物的生态功能,或者说是降低人的行为对物之生态功能的影响。其对物态度,当然没有排斥环境要素的经济开发和利用,而是让环境要素的开发利用更为理性。传统物权方法,是实现环境物权的私法路径。

二是环境物权和传统物权的利益诉求不同。传统物权对物之利益诉求,是物之经济利益。其因为忽视了环境要素的生态价值而备受指责。当然,在环境保护

---

① 吕忠梅. 沟通与协调之途——论公民环境权的民法保护 [M]. 北京:中国人民大学出版社,2005:43.

的社会压力推动下，出现了所谓的物权生态化、物权社会化趋势。传统物权逐步纳入生态理念，赋予了物权更多的社会性义务。但是不管如何，这种改变是有限的，没有摆脱传统物权私法性质——个体的、支配的和分割的。这是必要的。因为，民法物权法存在的价值，就是规范物之所属和所用，保护社会主体个人财产。舍弃这个基本的思想，物权法将不成为物权法。而环境物权，所要实现的，是"如何通过物权方法实现环境保护"。物权方法，即为财产之方法，不等同于私法方法。它所指向的利益，是环境利益。环境受益不仅包含着公民的享有在健康、舒适环境下生活的权利，同时以不侵害别人的环境权利为条件。在传统物权法无能为力的情形下，环境物权可以采用物权方法中的其他财产制度，例如公共的或者国有的财产制度，来探索环境要素的有效保护问题。例如，基于环境资源保护的需要，将一些过去被视作无主物的客体如空气、水流、野生动物，确认为国家所有权进行保护。当然，这种国家所有权制度，不是私法意义上的国家所有权制度，而是公法意义上的。之所以如此，是因为环境不能被"私有化"。采用国家所有制度，只是一种法律规范方法，目的是获得国家公法规制的内在合理性。

三是两者对物权侵害（损害）的理解不同。从传统物权的私法视角理解环境的"物"之损害，是物权权能之损失。例如他人拥有的矿产资源开发权的侵害，仅仅被理解为一种财产性侵害。赔偿的目的，是弥补他人权利受损的结果。但是，因为侵害他人资源性财产而导致生态环境受损，并不在法律考量范围之内。当然，现在的立法为了弥补此种法律的过失，设立了环境民事公益诉讼制度。以解决生态侵害问题。但是，如果要追问，公益诉讼设立的基础是什么？目前的理由是侵害公共利益。把环境作为一种公共利益的载体。这当然是合理的，也是必要的。但是，这是经不起推敲的。民事诉讼的提起，是侵害某种民事权益为前提，或者某种财产利益为前提。以公共利益提起民事诉讼，看似逻辑很周全，实际上隐含了这样一个问题：这种公共利益的基础是什么？其实从环境物权视角出发，并不难解释。将环境和环境要素设定成为名义上的公共财产或者国家财产，即环境和环境要素作为公共性资源。那么，侵害了物权性公共性资源，就应该进行物权性救济。环境物权所指向的利益损害，是环境损害或生态损害，包括财产侵害、人身侵害、生态利益损害。这里指的"环境损害"，显然已不限于单个的环境要素的损害问题,而是兼容自然资源、环境条件、生物及其组成生态系统平衡能力的"环境损害"。从这个角度来理解为什么要进行生态补偿,传统物权法很难给出答案。目前对生态补偿的理论解释,通说是特别牺牲理论。即对环境保护具有特别牺牲的群体进行补偿,以符合社会公平、环境正义之理。这个解释的视角,是人受损害,而不是环境受损害,补偿人而不是补偿环境。从环境物权角度看,对自然资源的开发和利用,其实就是环境物权受到损害,生态补偿是对环境和环境要素物权损害的补偿。

环境法视角下环境物权和传统物权法视角下的物权或者物权生态化,之所以有差异,原因在于在不同的视角下,看待"物"之视界不同。民法物权法上的"物"是指人能够支配并能成为权利客体的实际存在的物体。物权是指直接支配特定物并享受其利益的权利。物权主要是以特定的有体物的归属和利用为目的的财产权,以保护私人利益为取向,侧重经济效益的最大化。在环境法意义上环境物权所指之"物",主要是环境及环境要素。环境物权法拓宽了民法物权法上物的范围,将民法物权法上不能作为"物"一些环境要素,拓展为广义上的"物"以社会公共利益的维护作为自身的价值取向,侧重于物权对环境和环境要素生态价值的影响。当然,物权法的生态化整合了物的经济价值、生态价值和其他非经济价值,并将环境保护义务纳入物的概念之中,重在资源的可持续利用,在一定程度上拉近了两者的距离。

第三节 环境物权的结构和体系

一、环境物权的结构:功能和要素二元结构

(一) 功能性环境物权之建构[①]

法律是对社会利益的制度性安排。然而,并非每一种利益形态都能通过法律制度进行调整和保护。某种利益通过法律制度得到调整和保护,需要将之转化为

---

① 黄中显. 论功能性环境物权的法律构建 [J]. 广西民族大学学报(哲学社会科学版), 2015 (05).

法律性质的权利或者权力,这种转化需要具备两个基本条件:一是这种利益具有正当性,即具有社会合法性;二是这种利益内容确定明确,利益内容具有可辨别性和充分的可操作性,能通过法律语言进行精确表达。功能性环境物权的法律建构要符合这两个条件。

1. 功能性环境物权的利益指向:环境容量利用及其正当性

物权保护的利益是通过明确的客体物进行表达的。功能性环境物权的客体是环境系统所体现的功能形态——环境容量。在环境科学上它具有两层含义:一是指一个复杂的反映环境净化能力的量,其数值应能表征污染物在环境中的物理、化学变化及空间机械运动性质;二是指某环境单元所允许承纳的污染物质的最大数量。环境容量具有依附性、客观性、稀缺性和可变性四个特征。[①] 依附性表明环境容量不是一个独立的物品,它依托于整个生态环境系统;客观性表明环境容量是客观存在的,可以通过对社会主体的排污行为所产生的后果被观察到;稀缺性表明环境容量具有限量,对环境利用一旦超越限度,就会导致环境恶化;可变性表明环境容量可以根据其所依存的生态环境、随着不同地域生态环境产生变化。

与环境容量相关的一个概念是环境承载力。由于环境容量和环境承载力在内涵上具有近似性,因此,在究竟是将环境容量、还是将环境承载力作为功能性环境物权客体,在学术上存在不同观点。一般而言,环境承载力主要指在某一时限内,自然环境系统所能承受的人类社会活动的能力阈值。详言之,某一区域的环境承载力,是指特定时限中的自然环境生态系统,在保证自然环境和人类社会可持续发展的条件下,可以承载的人口数量、经济强度及相关社会活动的能力。它不是一个纯粹描述环境系统自然特征的变量,而是描述人与自然关系的变量,是判断人类社会经济、社会活动是否与环境协调发展的一个重要依据。在自然科学上,一般将环境承载力划分为以下几个方面:污染物容纳量、环境持续支撑经济社会发展规模的能力和环境自我平衡能力。相应地,衡量一个区域环境承载力的指标体系可以分为三个要素:自然资源供给指标、污染物容纳指标和社会影响指标。自然资源供给指标指环境资源如水资源、大气资源、森林资源、生物资源等自然资源的存量、质量和开发利用程度;社会影响指标指某一区域的环境资源对

---

① 王超,姜瑞云. 环境容量的民法进程 [J]. 河北法学,2010 (9).

社会经济实力、环境污染治理成本和人口密度等的影响程度；污染容纳指标指可容纳的污染物排放量和环境的污染物净化能力等。由此可以看出两者之间是有明显区别的：环境容量主要强调环境系统排污容纳能力，反映了环境系统的自然属性；环境承载力强调环境系统所能承受的人类社会经济活动能力，是环境系统的自然属性和社会属性的统一。

人类对环境的利用具有自然法的正当性。自人类诞生起，就与自然环境发生着密切关系，两者之间存在着一种既对立又统一的特殊关系：一方面，人类的生活和生产活动需要从自然环境系统中不断获取物质和能量，同时又将有关废弃物排放于自然环境系统之中，以求自身的生存和发展；另一方面，环境系统的发生、发展和变化不以人类的主观意志为转移。人类社会利用环境系统的环境容量或者承载能力，是人类与自然环境关系的内在必然。即使进入工业时代后，人类社会系统对自然环境的干预加大。但大规模生产是必要的，这是人类社会发展规律的一部分，也是人类社会可持续发展体现。社会主体适当排污是合理和必要的，这种排污权利具有自然意义上的合法性，因而也具有社会合法性。这种自然和社会合法性是环境物权构建的自然基础和社会基础。

2. 功能性环境物权利益规范化的可能性：环境容量的可度量化

作为物权指向的客体物，必须具有可测量性。传统物权认为，作为物权之物必须具有可支配性、有体性和特定性。传统物权对物内涵的要求，实际上代表了法律机制对拟制客体的内在要求，即一旦成为法律调整之对象，必须是可测度的，否则以此建立起来的法律规范不具有可操作性，因此，环境容量或者承载能力欲成为功能性环境物权的客体，还必须是可度量化的，这是其法律规范的基础。

物权之成立，其指向之"物"需要具备传统物权法之物的基本特性。在狭义方面，传统物权法之物主要指实物，指能够为人力所支配、满足人的某种物质和社会需要，具有一定具体物质形态的实体之物。在更广泛的含义上，传统物权法之物不仅仅指实体之物，还涉及权利，一般指称财产性权利。不管如何，物权之物指有体物或者有形物、独立物，因此其主要特征为非人格性、边界性和可支配性。由于环境容量没有得到我国物权法的立法确认，因此在学理上，环境容量利用能否作为一种私法性权利、或以何种权利形态来构建环境容量利用，具有不同争论。有的学者认为，环境容量具有可感知性、相对的可支配性和可确定性，可以成为物权之客体。① 有的学者认为，由于环境具有整体性和边界模糊性，并处在动态发展之中，因此它具有极大的不特定性和不可分割性，其作为法律规范的客体很难确定，这些因素可能会使得环境容量成为物权法规范之物的障碍。② 有的学者认为虽然环境容量具有不特定性，但是并不妨碍它可以作为物权法调整之客体，因为物权之物的内涵，是动态变化的；随着自然科学技术和立法技术的发展，社会有能力将之进行相对特定化。③ 由于民法立法重心已经从静态的财产保护转向动态的市场交易保护，一个物即使不具备物理上的独立性，也可以在交易观念和法律规定作为标准来确定某物是否具有独立性，即通过法律创造出适应市场交易需要的拟制实体进行规范，因此，对于传统物权法之物的概念的内涵，完全可以通过法律拟制进行扩大化。

上述争论焦点在于环境容量能否测量和度量。这所以有如此困惑，在于环境容量的无形性。环境系统既是有形的又是无形的：环境实体上为环境要素，环境要素是客观存在的有形物、有体物并具有可支配性；而环境要素结构所体现的功能是无形的。但环境功能之无形，并不意味其不可以度量化。最初使用环境容量这一概念的，是在国家公共环境管理中。目的是实行污染物浓度控制，是作为一种公法性手段加以运用。这种方法就是我们熟悉的环境排污总量控制法，通过排污许可加以控制。因为在企业实际排污中，单个企业的排污也许达到了国家污染物排放标准，但是企业排污量叠加之后，污染物排放总量可能过大，最终使得环境受到严重污染。随着环境排污总量控制方法的发展，国外在此方法运用上，正在逐步由单一的强制控制，发展到强制控制与柔性控制相结合的方法，即从强制性排污控制发展为一种排污权交易机制。排污权交易机制是以完善的市场经济机制和可量化的环境容量为前提。这表明自然科学技术已经为环境容量进入交易市场提供了强大的技术支撑，也表明环境容量或者环境承载力是可以量化进行精确计算。可见功能性环境物权之物具有可支配性、可度量性，以此确定的权利具有明确的边界。

---

① 邓海峰. 环境容量的准物权化及其权利构成 [J]. 中国法学，2005（04）.
② 叶知年，郑清贤. 论传统物权客体理论对环境资源危机的回应及修正 [J]. 华北电力大学学报（社会科学版），2011（05）.
③ 王超，姜瑞云. 环境容量的民法进程 [J]. 河北法学，2010（09）.

当然，与传统物权之物相比，功能性环境物权之物的可支配性内涵不同。前者指物权人能够对物进行占有、使用、收益和处分，是圆满和完整的权能状态；后者所指的支配性是有限度的，因为环境功能所依托的环境要素之间具有结构关联性。为此，功能性环境物权的法律确认需特别的规则和方法。例如，在产权类型上，一般把环境资源、环境容量作为公共物品对待。但这种处理方法并不排斥其可以通过一定的方法进行特定化和独立化。在自然科学意义上，环境容量不能独立存在，它是自然环境系统的功能表现，不能脱离环境要素和环境要素结构而存在。但是在现有的自然科学技术之上，完全可以通过一定的立法技术，可以将其进行区分、划定为不同的部分，并通过民事权利配置方法，将之配置给不同民事主体。换言之，即可以将之通过法律技术拟制为特定物和独立物，从而使之符合民法物权法对物权之物的客体性要求。

(二) 要素性环境物权之建构

环境要素物权的建构，同样也要符合利益转变为法律权利的两个基本条件，即利益具有正当性和利益内容确定明确、利益内容具有可辨别性和充分的可操作性。环境要素物权的利益形态，与功能性环境物权是一致的，他们都是环境利益在不同层面的展现，体现的具体内容不同。功能性环境物权上，体现为环境容量及其使用的正当性；而在要素性环境物权上，体现为环境要素之物的经济利用和生态利用。不同的环境要素，在经济价值和生态价值体现上有所不同，这影响到它的物权构建形态。[①] 环境要素之经济价值，已经被人类充分认知。它能否进入人类社会生产要素，产生经济价值，视其是否被人类社会认定为自然资源。即环境要素到自然资源的转变，是人类对环境要素经济价值的确认。随着生态学的不断深入发展，环境问题的不断凸显，环境宣传的不断深入，环境要素的生态价值也逐步得到社会的认知和认同。他们两者都是人类社会正当的利益诉求，本质上没有矛盾。但是，在一物之上，两者是有冲突的。调和自然资源的经济价值和生

[①] 要素性环境物权的利益正当性体现为环境要素的经济价值和生态价值。关于环境要素具有的经济价值和生态价值的二元价值问题，相关的研究较多，成果也较为丰硕。环境要素的经济价值，更是有一个久远的命题。当然，对于环境要素的利益和价值研究，主要体现在自然资源的经济价值和生态价值研究成果上。本书所要论述的，是环境要素经济价值和生态价值的二元结构，对要素性环境物权构建的影响。

态价值之间的矛盾和冲突，一直是物权法生态化的目标。

在传统物权理论上，对环境要素设立物权是有条件的。不是所有的环境要素都能直接纳入物权法调整。能够纳入物权法调整的环境要素只能是物权法理论上确认之物。物权法之物，在传统意义上需为有体物、特定物和可支配之物。但是，在物之上主张利益，本身就包含了某种排他性的主张。因此，根据经济学上的产权理论，依据利益具有正当性和利益内容确定明确的要求，环境要素中承载的生态利益和经济利益无疑都是人类社会的正当需要，自然资源物权有其利益诉求的基础；而环境要素中，不同类型的环境要素具有一定的独立性和形态，例如水、石油、森林、矿产等都具有一定独立形态和可识别性，即使是流动性的环境要素，通过一定的区域空间或者土地载体边界，也可以划定其基本边界，进而通过空间和一定土地边界确认这些流动性环境要素的基本范围，从而使得这些自然资源要素具有可识别性，即使得环境要素之上的利益内容具有可辨别性和充分的可操作性。所以，环境要素无疑可以设定为一种法律权利形态。

物权法之所以出现这种对于环境要素的调整困境，在于固守传统的物权法理论主张。另外，混淆了环境要素和自然资源之间的区别。其实，即使在形态上难以确定、边界上难以识别，一种环境要素之上也能设立物权形态，例如气候、大气、海水等，只是这种物权形态仅仅具有所有权意义上的主张，换言之，并不妨碍这些环境要素上设定国家所有权，只是，由于边界权利难以界定，难以设定个体性的物权形态，即不能设定用益物权。传统物权法所言之"物"，实际专指自然资源。然而由前面分析可知，环境要素和自然资源具有重大区别，这种区别在于环境要素在一定技术和制度条件下，可以转为自然资源。换言之，把一种环境要素作为自然资源对待，必然涉及该自然资源的经济利用，即强调自然资源的经济有用性。环境要素物权构造和自然资源物权构造不同之处，在于环境要素上可以设定国家所有权、不能设定个体性用益物权；而在自然资源上可以设定国家所有权、个体性所有权，还能设定进行经济价值利用的用益物权。

所谓物权法调整范围之扩大，即对物的调整范围之扩大，实际上是从传统民法物权法的意义上展开的。传统的民法物权法对环境要素之调整，实际上是对自然资源的调整。即将何种环境要素列入自然资源的范畴这样一个过程。这个过程是动态变化的，即物权调整自然资源具有历史性。在一定的历史条件下，人类开发和利用自然资源的广度和深度是有限制的，这种限制既有人的认识因素，有制度性因素，还有技术性因素。而随着社会经济的发展，会有更多的自然资源可能成为民法物权法的调整对象。

二、环境物权的体系和内容

（一）环境物权体系的基本构造

环境物权种类体系，是指从法律要素种类角度，环境物权由哪些种类组成，这些物权种类按照一定的逻辑联系有机地组成的一种体系结构。按传统物权法的学理性质划分，环境物权体系可以分为所有权体系、用益物权体系和担保物权体系。由前面分析可知，环境物权体系包括功能性环境物权要素环境物权二元结构，因此也存在这二元结构中不同类型的所有权体系、用益物权体系和担保物权体系。这是一种民法物权法的视角。环境物权体系的构造，不能脱离现有的物权体系，但是可以在现有体系之下进行构造和建构。具体要素如下：

1. 环境功能性物权体系

包括环境功能的所有权形态、用益物权形态。功能性环境物权，主要指环境容量物权，在当前的物权法体系中，尚属立法空白，我国进行社会实践的二氧化硫排放交易制度，主要是大气环境容量使用权交易。功能性环境物权的所有权形态，基于环境的整体性，不具有民法物权法意义上的所有权性质。换言之，从法理和科学技术性上，在私法意义上的物权法范围之中，难以建构功能性环境功能所有权形态。环境功能体现为一定空间和地域之范围，更多是在国家主权意义上具有特定的价值。[①] 因此，功能性环境物权，主要体现在环境容量用益物权形态——环境容量使用权。根据环境科学上对自然系统三大巨系统划分的依据，环境容量使用权可以进一步划分为大气环境容量使用权、水环境容量使用权和土地环境容量使用权。

2. 环境要素物权体系

环境要素物权体系，根据物权体系划分的基本方法，可以分为所有权体系、有用益物权体系和担保物权体系。

---

① 关于环境及其要素的所有权问题，详见下文有关分析。

（1）环境要素所有权。从理论上讲，环境要素需要解决它的归属问题，即其所有权问题。一般认为，解决所有权立法问题，主要是民法和民法物权法。但是，并非所有的环境要素都可以在私法意义的物权法上明确其所有权形态。在我国，私法意义的所有权立法，主要是指自然资源所有权。因此，环境要素中，除非被社会确定为可为人类利用的、具有经济价值的环境要素，才有可能被定性为自然资源并在物权立法中加以体现。非自然资源的环境要素所有权，更多是公法意义上的公共财产权利，或者说是基于国家主权意义上的国家所有权形态。而在私法层面，自然资源所有权按照物权主体不同，可以分为自然资源国家所有权与自然资源集体所有权。基于土地为一切环境要素的承载基础，当前物权法通说一般将土地与自然资源分开立法。环境要素所有权在物权法意义上，当前立法主要划分为土地所有权和自然资源所有权。土地所有权进一步划分为国家所有权和集体所有权。自然资源也相应划分为自然资源国家所有权与自然资源集体所有权。自然资源主要是采用国家所有权形态为原则，只有少量的自然资源才可以界定为集体所有权。即通常所说的"自然资源属于国家所有"立法原则。由本书下文分析可知，这种国家所有权形态，在解释和规范环境物权上具有很大缺陷，因为这种环境要素的国家所有权构造传统方法，是建立在环境要素的"资源性"特征之上，强调环境要素的经济性、资源性、可开发利用性。这种物权法意义上的国家所有权形态，强调物权权能的完整性，突出国家所有权的私权利性质，反倒成为环境污染和破坏的制度根源。

（2）环境要素用益物权。也可以称之为环境要素利用权，与环境容量利用权相对应。在我国物权立法体系中，主要指土地使用权和自然资源用益物权或者准物权。目前，只有列入资源性的环境要素，才能通过私法方法进入物权体系。具体而言，按照环境要素类型的不同，自然资源用益物权（准物权）可以分为土地使用权、水域使用权、海域使用权、取水权、矿权、捕捞权、狩猎权、采伐权等，分别对应于土地资源、水资源、海水资源、矿产资源、渔业资源、动物资源、植物或者森林资源等。在我国，一般将土地资源与其他自然资源相互区分，作为不同的物权客体，从而将土地立法和自然资源立法进行区分。在用益物权体系上，分为土地使用权与其他自然资源用益物权。土地使用权又进一步划分为建设用地使用权、宅基地使用权、地役权、承包经营权等不同类型。土地是自然资源的重要类型，将土地和自然资源进行区分立法，为了物权界定和使用上的权能配置，但是从环境保护角度出发，也带来了很多问题。整体上，土地使用权系与其他自然资源用益物权体系的划分不能很好地体现自然资源用益物权的完整性。

从进一步科学规范自然资源物权体系、突出环境保护的整体性出发，考虑到自然资源物权的整体性，自然资源物权与传统典型物权的共性与区别。按自然资源的不同用途，可以把自然资源划分为提供载体和提供资源产品两类。①

本书在此针对环境物权体系的划分，主要是从环境法视角下的学理划分，是为了进行环境物权研究所进行的一种理论分类。从立法现状看，环境物权与我国现有物权立法体系中的所有权、用益物权和担保物权的物权形态并非一一对应。一些环境物权的形态没有进入当前的民法物权立法领域，例如环境容量的所有权和利用权；一些环境物权形态存在较大学理争议例如自然资源物权国家所有权问题；一些环境物权形态能否进入立法存疑，例如环境容量的国家所有权形态。在我国当前的物权法律框架之中，涉及环境物权的，主要是自然资源物权体系，包括土地和自然资源所有权、用益物权（使用权或准物权）以及担保物权体系。因此，环境物权立法体系，目前在私法立法路径上，主要体现为土地和自然资源的物权形态。没有进入民法物权法体系中的环境物权形态，主要还处在一种社会实验当中，或者通过公法规制间接体现出来。当然，现有自然资源物权体系存在种种不利于环境保护的不科学之处，需要适当变革与修正。

（二）环境物权体系中不同物权形态的关系

自然环境是一个开放性、动态的系统，它具有要素、结构、功能三个基本要素。基于自然环境系统的整体性特征，环境要素之间相互制约和平衡关系，那么，在环境要素之上设定的环境物权，彼此之间也必然是相互影响和相互制约。传统民法物权法对于物权构造的最大特点，就在于通过在自然资源上设定物权从而产生排他性的效能，保证物权人权利的行使。但是，自然要素之间的普遍联系，使得一种环境要素物权的行使，必然对其他环境要素（物权）产生不同程

---

① 黄锡生. 自然资源物权法律制度研究［M］. 重庆：重庆大学出版社，2012：56.

度的影响。例如，矿产资源的开发和利用，必然会影响森林、草原、植被等环境要素的使用；水资源的开发和利用，必然影响土地资源的品质和形态，影响水域中生态链中不同环境要素的生存环境；土地的开发和利用，必然会影响承载于土地之上的各种环境要素。这种影响有两个方面：一是一种环境要素物权之利用，影响到另外一种环境要素物权之利用；二是一种环境要素之利用，即使没有影响到其他环境要素物权之利用，但是对环境系统产生外在影响，改变该区域的环境要素结构，可能产生新的环境问题。前一种情形下，不同权利主体之间可能产生不同物权之间的权利冲突形态，并影响生态环境；后一种情形下，即使不同权利主体之间不产生物权冲突，但是，可能会改变环境的自然结构，从而影响环境并产生环境问题。

环境要素的形态和环境要素之间的结构决定了该区域的自然环境功能。因此，毫无疑问，对环境要素的开发、利用或者占有、支配，必然会影响该区域的环境功能。因此，环境要素物权对环境功能物权起决定性作用。例如，一个地方的大气环境容量大小，与一个地方的空气质量有很大关系，而该区域的水资源、森林资源、土地资源等自然资源的开发和利用，对该地方的大气环境影响很大。如果对这些自然资源进行掠夺式的非理性开发和利用，完全可能导致大气环境容量的承载力大大下降，进而影响了大气环境容量的开发和利用。反之亦然，一个区域的功能性环境物权的不当利用，也会影响到该区域环境要素物权的利用。例如，一个河流的水环境容量权的不当利用，必然会影响水质，进而影响到一系列的环境物权如取水权、捕捞权、水域使用权等的正当利用。

实际生活中，具体的物与物之间，常存在着或远或近、或紧或松的关系。这种具体的有体物之间的关系，就构成了对权利来说具有决定性意义的功能整体性规则，即所有权人所希望的对物的整体性使用，而取得人对物的取得，恰也是基于其整体性能。① 物权之间存在相互制约和平衡，或者说，不存在孤立的环境物权形态，这是环境物权与传统民法物权利用最大的不同之处。传统物权的客体，具有独立性和可分割性，一个物的占有、支配和利用，并不必然对其他物权人的权利产生影响。例如，一个人对于其动产的利用，并不必然对他人的动产产生物

---

① [德] 鲍尔·施蒂尔纳. 德国物权法（上册）[M]. 张双根译. 北京：法律出版社，2004：24.

权利用上的不当影响,并不会必然导致他人动产效能之削弱或者毁损。环境物权之间的这种相互影响,使得环境物权利用产生外部性问题,从而使得环境物权利用之规制,显得更为必要,也更为复杂。

第二章　环境物权规制的内在诉求

从环境法视角看，环境物权是一种复合了私权和公权的权利。环境物权的客体的环境和环境要素，具有天然的公共性品格，这就意味着环境物权中隐含着公共利益的实现问题。因此，有必要对环境物权的权能进行更合理和科学的配置，以兼顾私人利益和公共利益、经济价值和生态价值。传统的物权限制、物权社会化的理论和实践，已经为环境物权的权能限制提供了丰富的理论资源和实践经验，但是，本章所要论证的是，"限制"和"规制"不是同一语义。限制在于约束，规制在于寻求整体效能最大化。规制的目的，是为了更好地实现环境物权。因此，本章只要从规制理论出发，探讨环境物权实现的平衡方法。

第一节　物权及其限制机理

一、物权限制：内涵、特征和形态

（一）物权限制释义和特征

物权限制是一个熟悉的用语。物权限制一般理解为对所有权的限制。对之，也有不同的学术定义。有的学者认为，所有权限制是指禁止或限制作为所有权积极权能或消极权能之一面或数面，从而使所有人因此受一定之拘束，并负一定之义务。[①]

对一个事物或者行为进行限制，意味着要控制它不能超越一定的限度。因

---

① 郭广辉，王利军．我国所有权制度的变迁与重构［M］．北京：中国检察出版社，2005：18.

此，所谓的物权限制，简而言之，是指物权行使不能超过一定的限度。详而言之，是指基于国家政策、法律直接规定或者间接规定，以及当事人之间的意思自治，对物权人的所有权或者其他物权形态的权能进行约束，限定其行为边界，已达成不同利益实现的一种权利限制方法。

物权（所有权）限制具有以下的特征：

1. 物权限制以所有权限制为主。在物权种类中，所有权的权能是最完整的、也是最具有排他性的。物权限制是从对个人绝对所有权绝对性限制发展起来的。

2. 物权限制包括主体、客体和权能限制三要素。物权主体的限制，体现为物权的权利主体地位的确立受到禁止或者限制。不同的社会主体具有不同的权利能力和行为能力。各种原因，是因为其在社会关系中具有不同地位，因此，获取和支配物的能力有差异，这就构成了物权主体的限制。物权客体的限制，体现为对于物权指向之物的限制。物既可能为动产，也可能为不动产；既可能为静态之物，也可能为静态之物。例如，一些客体难以成为物权之客体，一些可以成为物权法的客体，但是条件非常严格。物权权能的限制，也就是物权人具有对物的所有权的占有、使用、收益、处分的权能，这些权能行使过程中受到一定的制约和约束，对所有权的剥夺（征收）是最大的限制。不同的社会主体，只能在自己所支配的物的所有权客体范围内行使自己的权利。

3. 物权限制的目的，在于实现第三人利益或公共利益。所有权限制具有一定的目的追求，总是为实现某一利益而存在。这种利益既可能是私人利益，也可能是集体利益、国家利益或者社会共同利益。从物权权利相对方来讲，就是为了保护和实现与物权人利益相对的特定的私人利益、集体利益和社会公共利益。

4. 限制方式分为强制限制和自愿限制。强制限制一般来于法律的直接规定，自愿限制一般来于所有权人意思自治。对某一物权进行强制性限制。强制性的限制，一般体现为公共权力的介入，因此，法律规定的强制性限制主要是来自公法限制。自愿性限制，一般基于双方或者多方的协商一致，或者权利人以单方同意自愿接受物权的权利行使负担的一种行为。

5. 物权限制方式主要有公法限制和私法限制。公法限制，是为维护国家利益、社会公共利益，是实施的对所有权的强行干预。公法对所有权的限制措施一般主要包括国有化、征收、征用、没收、罚款等强制措施。其中，征收是所有权限制中最为严格的方式。私法限制,主要体现于民商法中,涉及基于他人民法权利而对所有权所进行的限制。如民法免责事由中正当防卫、紧急避险和自助行为等,也是物权限制的典型形态。不管是公法限制方式、还是私法限制方式,两者都是赋予物权人一定的义务,这种义务可以是积极义务,也可以是消极义务,物权人基于积极或者消极的限制义务,必须为或不为一定的行为。

物权限制本质上是一种法律权利重新分配和平衡。物权限制主要体现为所有权限制。所有权是一项重要的财产权利,凡权利皆应受限制,无不受限制的权利。[1] 通过对所有权的限制,使得所有权从绝对的排他性,向相对的排他性发生转变。换言之,通过所有权限制,物权由以所有权为中心、不受干预和不受限制的绝对权利,转变为以利用为中心、兼顾个人利益与社会公共利益的相对权利。

(二) 物权限制之形态展现——所有权社会化

物权限制主要体现为所有权社会化。所有权社会化乃是以调和个人主义下之个人利益(利己心)与公共利益之冲突为其出发点,对所有权之归属与所有权之行使予以区分。基于个人主义之思想,所有权固应归属于个人,但其行使则与公共利益行使规则有关,应受社会之规律。所有权行使,唯有符合公共利益时,其个人归属方可认为系正当。[2] 物权社会化,是指物权从传统的排他的不受干涉、不受限制、完全由个人支配的权利转变为负有一定义务、受到社会公益限制并由国家法律进行干预的强调社会利用的权利。简言之,物权社会化指对个体性物权的权利加以更多的社会性义务约束。

一般认为,物权社会化从对绝对所有权限制基础上发展起来,是物权法现代化发展的趋势。西方国家早期奉行自由主义,提倡消极政府理念。在民法上奉行契约自由、所有权绝对和自己责任三大基本原则,这些原则构成了西方国家市民生活的必要基础。绝对所有权制度是西方国家财产法基础,也是民事权利的基础。但在其发展过程中带来了严重的社会和经济问题:[3] 微观上它导致个体之间利益协调难题,膨胀的个体利益意味着缺乏对他人利益的必要考量;宏观上它导

---

[1] 王泽鉴. 民法总则 [M]. 北京:中国政法大学出版社,2001:548.
[2] 谢在全. 民法物权论 [M]. 北京:中国政法大学出版社,1999:116-117.
[3] 黄中显. 环境法视野下的物权法社会化进程 [J]. 学术论坛,2015 (06).

致民事主体在市场上平等性和互换性的丧失，进而危及社会经济运行的基础，随着市场经济发展，西方国家后工业时代出现的市场垄断、经济危机等市场障碍莫不与此相关。所有权毫无限制的使用与处分，会破坏有秩序的人类共同生活，因此法也必须致力于对所有权内容进行限制，并且这种努力应是全方面的。① 之后，西方各国莫不对绝对所有权制度加以限制，采用凯恩斯国家干预学说，对经济生活进行深度干预，以"看得见"的手纠正市场自身固有缺陷。在法律变革上，体现为民法的社会化和现代化进程，即以社会利益为出发点，对民法传统原则进行修正。这种变革，学理上也称之为"私法公法化""权利社会化""责任社会化"。它是法律社会化进程的一部分。"与社会的法律化趋势相伴出现的则是法律的社会化趋势，法律越来越以整个社会为着眼点而发挥着日益扩张的功能。"② 这表明，个体性权利不断受到社会制约，法律对之从绝对保护走向相对保护。无论在权利获取还是在权利行使上，所有权都要受到社会限制，所有权的绝对自由不复存在。"法的意义不是个人自由，而是存在于个人生活中的社会利益；是社会控制，而不是在个别的良知指导下的个别人的自我发展方向。"③个体权利也在社会性权利制约中获得新的发展路径。

物权社会化基本特征可以概括为：④ 一是它是从绝对所有权制度中发展起来的，是对绝对所有权的必要限制。换言之，其逻辑起点是民事主体享有充分的个人财产权利；二是私人物权受到私法充分和严密的保护，并形成对国家权力的高度排斥和限制；三是在社会化路径上主要体现为从规范类型、权利范围、利益保护等方面对所有权进行直接限制，确立他物权优先化对所有权进行间接限制，以及权利禁止滥用原则的复兴。⑤ 可见，物权社会化本质是为了直接实现社会利益而对绝对个体性物权进行适当限制，同时，它强调国家和政府对社会的积极干预，注重从外部对民事权利运行机制加以矫正。

---

① ［德］鲍尔·施蒂尔纳. 德国物权法（上册）[M]. 张双根译. 北京：法律出版社，2004：4.
② 赵震江. 法律社会学 [M]. 北京：中国政法大学出版社，1999：22.
③ 庞德. 通过法律的社会控制·法律的任务 [M]. 北京：商务印书馆，1984：83.
④ 黄中显. 环境法视野下的物权法社会化进程 [J]. 学术论坛，2015（06）.
⑤ 吕忠梅. 沟通与协调：论公民环境权的民法保护 [M]. 北京：中国人民大学出版社，2005：160-164.

二、物权限制的理论基础

(一) 代表性的理论分析

物权限制的本质是对于私有财产权所负载的自由价值的减损。对于私有财产权限制的理论依据问题,学者们进行了多维度的研究。代表性的理论分析有权利冲突理论、外部性理论、交易成本理论、权利禁止滥用理论。

1. 物权限制的权利冲突理论。权利冲突理论是经常用于解释法律权利之间冲突的理论依据。权利冲突理论认为,法律权利之间发生冲突,是法律权利权能出现交叉之故。究其原因,是权利所代表的不同利益之间的冲突。因此,权利冲突本质上是不同利益之间的冲突。根据权利冲突理论,社会之所以要对物权进行限制,其目的在于平衡与协调个人利益与社会利益之间的矛盾和冲突。即主要是为了维护社会公共利益,而对物权权能进行限制。虽然法律对于"社会公共利益"难以进行明确的界定,其内涵和外延具有模糊性,但是不可否认的是,在我国的社会实践中,为了公共利益而对一些权力(利)进行限制,在很多立法都有体现。社会公共利益作为一种利益诉求,已经演变为一项基本法律原则,它提供了权力(利)的行使的目的,设定了权力、权利行使的范围或边界。任何权力(利)的行使,如果与社会公共利益冲突,都将违法或无效。就物权方面而言,任何私有财产所有权都负有公共义务,因为公共利益的目的,而对所有权进行限制,其目的也在于协调物权关系上个人利益与公共利益的冲突。当国家基于公共利益的需要,而限制个体性财产所有权时,个人利益要服从公共利益的需要。理论上,不存在不受任何限制的绝对权利,任何权利在法律上都是受到限制的。以个人利益和社会公共利益关系而言,私人性物权过于张扬,为了个人利益而不合理地牺牲公共利益,个人利益最终也无法实现。因此,社会公共利益是限制公民基本权利的法定事由,私有财产权的行使不得违背公共利益,同时还负有增进公共利益的义务。如此,公共利益构成了对个人利益的限制,公共性权利构成了对个人权利的限制。

2. 物权限制的外部性理论。这是从经济学基本理论出发进行的阐述。外部性,也称为外部成本、外部效应或溢出效应。外部性是指个体行为产生了对外特定的影响，或者个体之间的行为产生了对关系之外的第三人特定的影响。根据影响性质不同，外部性可以分为正外部性和负外部性，前者的影响是有利的、产生额外收益的，后者的影响是不利的、产生额外成本的。某个人利用其物权之时，会给社会上其他成员带来危害，但他自己却并不为此支付足够代价，以抵偿这种危害的成本，此时，其所付出的私人成本小于该行为所造成的社会成本。在自由竞争的市场经济条件下，社会主体拥有自由的财产权，但是财产权利的行使，可能会带来诸如资源浪费、环境污染等负外部性现象，如此有必要对财产权进行限制，以实现更高的资源配置效率和社会效率。

3. 物权限制的交易费用理论。安全和效率，是法律追求的永恒原则。而安全是效率的基础。从交易费用理论出发，物权限制的目的在于维护交易安全、降低交易费用，从而降低交易社会成本。对所有权进行一定限制，是维护交易安全的需要。物权公示就是采用的措施之一。物权变动以法定公示方式表现其变动，使得他人通过公示产生信赖，降低了交易过程中的信息搜寻成本，也降低了交易风险，从而降低整个交易的交易费用。善意取得制度的确立，也大致遵循了这一基本理念。

4. 物权限制的禁止权利滥用理论。禁止权利滥用原则，是民法的基本原则之一。禁止权利滥用，是指行使权利不得背离权利应有的社会目的，也不得超越权利应有的界限。作为现代社会中调整民事权利分配的一项重要原则，在社会生活中占据了重要的地位，其产生和发展成为社会本位权利观的重要体现。禁止权利滥用原则是从19世纪末期之后，对西方社会个人本位的绝对所有权限制发展起来的。[①]

禁止权利滥用原则的兴起，表明了个体权利与社会利益矛盾和冲突，也表明了权利限制的必要性。因此，各国的立法无不对权利的滥用规定了种种限制。从表面上看，该原则是对权利的一种限制，但权利限制使得他人之权利得到保护、也限制他人之物权滥用保护了自身权利。权利不得滥用原则的出现，标志着法律开始在保护个人自由与权利的同时兼顾整个社会发展，法律从个人本位思想走向

[①] 19世纪末期以来，由于西方民法从个人本位向团体本位发展，因此，针对权利人行使民事权利时常损害他人利益和社会公共利益的情形，西方民法开始确立禁止滥用权利制度。从19世纪末至20世纪初，西方完成了从个人本位到社会本位观念的大变迁，由这种法权观念的变迁所引起的对权利进行限制的客观需要，是禁止权利滥用原则最终得以确立的前提。

社会本位思想。① 在社会本位法律思想下，所有权之所以受到法律的保护，是为了让物之所有权更好实现物之社会功能，所有权的存在必须符合社会利益。权利不得滥用发展起来的社会本位观，是对极端的物权个人主义的扬弃，对所有权神圣、抽象人格等民法制度的检讨和修正。

（二）对相关理论的基本评价：物权限制的内在机理

上述代表性的理论分析之权利冲突理论、外部性理论、交易成本理论、权利禁止滥用理论等，从不同的理论视角，阐释了物权限制的必要性，从理论上解决了物权限制的合法性问题，为物权限制的立法提供了必要的理论支持。权利冲突理论表明了物权限制在于解决不同权利的冲突问题，限制一种权利意味着赋予另外一种权利更大的自主性。他人的义务，即使物权人自身的权利；反之亦然。权利冲突理论和权利禁止滥用理论其实是同一理论模式。权利不得滥用，意味着权利的行使不得侵害和妨碍他人的合法权利，也是协调权利之间的冲突问题。不同之处，在于前者强调冲突和平衡，后者强调限制。前者理论视角是在权利关系中获得对物权限制的认知；后者是在静态所有权扩张中获得对物权限制的认知。但是这些理论是有局限性的，即没有注意到物权关系中形成的经济结构。外部性理论、交易成本理论所阐述的物权限制思想，恰恰是注重不同物权之间所形成的经济结构。即外部性理论和交易理论，是在市场关系中考察物权限制问题。注重分析物权限制给市场带来的效率、公平问题，注重分析物权限制对于市场经济结构的影响。上述理论综合起来，对于我们客观认知物权限制的内在机理，提供了丰富的理论成果，也给我们一些重要的启示。具体如下：

一是不管从何种理论视角阐述物权限制问题，物权限制本质上是协调不同权利之间的冲突问题。从法理上，物权限制可以调和财产的自由和平等价值之间紧张关系、平衡财产的个人利益与社会利益的不同需要。不管如何，物权限制都具

---

① 19世纪末20世纪初，社会法学派对个人主义本位观进行反思，进而提出了社会本位的立法思想，这种追求社会公共和总体利益的最大化，注重社会整体发展的均衡，保障社会整体效率的提升，以社会中心为价值取向的立法观念就是社会本位。社会本位思想侧重于维护社会整体秩序、效率和公平，侧重于从社会整体角度来协调和处理个体与社会的关系。所有权的社会本位主要体现在：第一，否认个人主义本位观下的所有权绝对性；第二，所有权行使为个人利益时须兼顾社会利益、公共福利，所有权负有义务；第三，所有权不得滥用。

体体现为权利之冲突。正因为冲突，采用协调和平衡之后对某种物权的限制。这给我们的重要启示就是，需要充分认知冲突权利结构中，不同权利的性质、形态和内容，并严格用法律语言进行表达，否则物权限制将变得模糊，尚可能丧失科学性而对物权进行非理性限制。

二是物权限制之所以限制，是以充分权能为前提。限制的前提，确认、认可和肯定某种物权之存在。之所以要进行限制，肯定是这种物权权能扩张，影响到了其他物权的实现。这里暗含了一个基础性的前提，即被限制的物权，是具有充分权能。没有充分权能，哪来的扩张和限制。因此，对物权限制，需要尊重物权，释放物权功能。换言之，不能以各种借口为由，将公共权力中心放在对物权的控制上，而没有在私法上赋予物权人应有的物权权能。这一点在我国的物权构建和限制中尤为重要。

三是注重物权限制所体现的经济结构，并在一定的经济结构中考察物权限制问题。物权限制是个体意义上的，但是不同的个体性物权，参与到市场之中，通过一定的关系，就形成所谓的市场结构或者经济结构。个人独立存在的物权，通过经济结构获得了不同的定义和解释，也具有了不同的功能。个体上的物权限制，放到了一种经济结构之中后，物权限制所体现出来的作用可能会有所不同。因此，要谨慎对待这种不同之处，避免简单处理的方法。

四是物权限制是一种工具、机制和方法，而不是目的。物权限制，是一种权利控制方法，一种机制和工具。物权限制不是目的，而是手段。因此，要注重物权限制背后支配性的因素，即社会之中究竟存在何种推动物权限制的内在动力。分析这种内在动力的合理性和正当性。否则物权限制方法很容易被滥用。要么变成私人权利控制他人私人权利的隐秘工具，要么成为公共权力滥用，非法干预私人权利的通道。

三、物权限制的维度和路径

物权限制是为了平衡利益冲突而产生的一种对个人主义财产观念和行为的限制。既要解决其理论的合法性和正当性问题，也要解决对物权权利限制的方法和路径，使得法律的规则具有可操作性。所有权限制的内容相当丰富，也可以依照不同的标准，划分为不同的类型。例如依法令之性质上不同可以划分为私法上之限制、公法之限制与公私法限制之别。依法令的限制之目的为标准可以区分为以保障个人利益为目的者、以保障公共利益为目的者、以保障社会共同生活之利益为目的者。以法令限制之内容为标准区分为对于土地之利用或建筑之限制、所有权取得之限制和所有权处分之限制。① 整体上，从限制的强度，物权限制可以分为公法层面的限制和私法层面的限制。公法层面的物权限制，更多体现在公共权力对物权行使的干预；私法层面的限制，更多体现为基于当事人之间的意思自治的相互约束和权利不得滥用原则下的约束。

（一）物权限制的私法维度和路径

物权限制的私法维度，主要是从私法物权的创制、物权权能行使以及物权消灭的过程，基于平等性主体之间的公平、效率等价值权衡，对物权进行限制。或者，在经济交易和社会交往中，基于当事人之间的合约，物权人让渡部分的物权权利，从而形成对自身物权之限制。其采用的具体方法和路径，一般体现如下：

1. 物权生成之限制

物权生成之限制，以"物权法定原则"为根本要求，也是物权生成之强制性要求。简而言之，物权法定原则指物权类型和权能只能立法规定，不得自由创设。② 当然，物权法定的物权限制方法，也存在方法上的局限性。最主要的是其与自由经济内在要求似有冲突之处，物权固定容易损害市场经济的创造性。

2. 物权权利行使之限制

物权权利行使之限制，内容是相当丰富和复杂的。物权人的物权假定为一种完满的状态，那么，只要构成对物权权能行使制约和约束的规则，都可以视为对物权人权利之限制。具体的方法和路径，有法定的方面，也有约定的方面。一般包括：

（1）法定的物权限制。法定限制只要是通过制定特定的法律制度，对物权之间的权能行使进行规范，对权能冲突进行协调。这种法定限制一般体现为物权人的容忍性义务的设置。主要代表性的制度有相邻关系制度、善意取得制度以及

---

① 谢在全. 民法物权论 [M]. 北京：中国政法大学出版社，1999：126-127.
② 《中华人民共和国物权法》第5条规定："物权的种类和内容，由法律规定。"一般认为，这一条文规定的是物权法定原则。物权法定原则是大陆法系国家物权法的基本原则之一。

民法和物权法禁止权利滥用原则、诚实信用原则、公示公信原则等基本原则的限制。

（2）约定的物权限制。约定的物权限制主要是指物权人之间，出于交易需要，对特定的物的权利进行协商、约定，达成物之处分或者利用的合约，形成物权限制。约定的物权限制主要代表性情形有：一是他物权对所有权的限制。所谓他物权，就是权利人根据法律的规定或者依照合同的约定，而对别人所有的物所享有的支配权。他物权的本质是，在他人所有物上设定物权，从而构成对原有物权的限制。他物权对所有权的限制，往往是所有权人主动、自愿接受的物权限制。于此而言，债权达成了对所有权部分权能的限制。买卖是最典型的债权限制形态。

（二）物权限制的公法维度与路径

物权限制的公法维度，主要是基于某种公法目的，例如基于公共利益、社会利益、国家利益或者经济秩序、市场交易规制，国家公权主体，从物权的获得、物权权能行使以及物权消灭的过程，对物权进行限制。物权人在公法限制下，丧失私法意义上的物权自由，让渡部分的物权权利，从而形成对自身物权之限制。公法上的限制相对复杂，目的也是多样化。① 但其采用的具体方法和路径，主要体现为直接限制和间接限制。

1. 公共权力直接限制

公共权力对物权的直接限制，是公权机关基于法律法规有关规定或者有关协议，对物权人之物权进行直接控制的一种物权限制形态。公权的直接限制主要体现在以下几个方面：

一是财产征收。征收，是国家为公共事业或公共利益之目的，强制取得他人财产权，并给予物权人或者相关权利人充分补偿（或适当补偿）的一种法律制度。征收是公法直接限制私有财产权的主要方式之一。对财产进行征收，是每个

---

① 以德国所有权的公法限制为例，就有联邦建筑法的所有权限制、自然保护与文物保护而生之限制、基于交通利益而限制所有权、基于农业政策原因而产生的限制、通过经济调控而限制所有权以及基于公共利益目的的征收。［德］鲍尔·施蒂尔纳. 德国物权法（上册）［M］. 张双根译. 北京：法律出版社，2004：572.

国家基本的财产限制方法。①

二是财产征用。征用是基于紧急状态下，为了实现公共利益目的，而强制性直接使用物权人财产，并给予一定的补偿的一种物权限制方式。征用和征收最大不同之处在于征用财产，并不发生被征用财产的所有权转移问题。征用发生的状态解除后，需要将被征用财产返还给物权人。

三是财产直接管制。公法管制，指国家或者政府，通过立法、约定或者发生特定事件情形下，对物权人权利行使方式、时间、地点等进行限制的物权限制方法。例如通过《土地管理法》和《城市规划法》等法规限制土地的使用方式；政府通过宏观或者微观政策、市场管理有关法律法规禁止买卖、限购交易、配额销售或者进行价格管制，达到对物权人进行行为限制乃至禁止生产及交易。市场经济运行中，政府的经济规制对物权人的权力行使影响范围非常广泛。最严厉的管制方式，就是直接消灭物权人的财产。此种情形一般发生在物权人的财产，出现了某种紧急状态危及社会公共利益、人民生命健康安全，不采取紧急措施不足以消除危险的情形。例如，物权人饲养的动物，如果感染有害于其他动物或人类的危险疾病时，可以将其集中宰杀、焚烧或者埋藏。引进的外来植物物种，如果对当地或者一定区域的生态环境造成严重危害，可以将其铲除、清理或者砍伐。

四是公法的直接立法限制。通过公法规定，直接限制物权的形态，权能方式等。例如通过宪法、行政基本法，直接规定物权的类型，或者取得方式。例如宪法中一般有对所有权限制的原则性规定。这些规定进一步在我国《民法典》《土地管理法》《矿产资源法》等得到进一步确认和体现。

2. 公共权力的间接限制

---

① 在我国，征收主要指土地或者房屋征收，土地征收指对集体土地的征收，土地征收是单向的，即土地集体所有权经过征收变为国有土地之后，土地性质不能再变为集体土地所有权。《宪法》第 10 条第 3 款规定："国家为了公共利益的需要，可以依照法律规定对土地实行征收或者征用并给予补偿"。第 13 条第 3 款规定："国家为了公共利益的需要，可以依照法律规定对公民的私有财产实行征收或者征用并给予补偿。"《民法典》第 243 条规定："为了公共利益的需要，依照法律规定的权限和程序可以征收集体所有的土地和单位、个人的房屋及其他不动产。"《城市房地产管理法》第 6 条规定："为了公共益的需要，国家可以征收国有土地上单位和个人的房屋，并依法给予拆迁补偿，维护被征收人的合法权益；征收个人住宅的，还应当保障被征收人的居住条件。"

公共权力对物权的间接限制，是公权机关基于法律法规有关规定或者有关协议，制定有关规则、标准和要求，对公共事务或秩序进行规范，虽然不直接针对物权人，但是基于物权人之物权与公共事务和公共秩序的相关性，从而，对物权人之物权构成间接限制。典型的间接物权限制形态包括：

一是规划限制。出于管理社会需要，公权机关制定和颁布各种规划，明确各项建设内容的规划要求，物权人行使物权，需要在规划的具体控制下进行，违反规划的，物权人行使物权的行为无效，从而规划构成了对物权人的物权限制。规划类型很多，有城市规划、土地规划、环境规划、乡村规划、工业园区规划，等等。大的层面，从规划主体看，有国家级的，从规划类型看，有战略性规划、长远规划、总体规划；小的层面，从规划主体看，有地方性的、区域性的；从规划类型看，有流域规划、工业园区规划、景区规划多功能等。最典型的、影响最大的，是城镇规划、建设规划、土地规划和区域规划。以城镇规划为例，随着城市和乡村的不断发展，对大范围内的土地用途进行分类，并建立起不同土地功能的分配制度就显得尤其重要，因此对城乡建设进行科学合理规划，也成为建筑生产活动中必须考虑的要素。一个城市的城市规划和土地规划，限定了特定的土地地块用途。在城市土地上，土地所有权人或使用权人必须按照规划要求进行土地开发、房屋建筑或者有关活动，其土地权利或自由受到限制。

二是标准限制。标准是社会控制经常运用的工具。它们被广泛运用于商业、产业以各项社会活动领域，服务于各种不同的目的，并采用各类不同的技术。标准对于控制质量具有明显的作用，它使得产品或者某种社会活动得到最低的或者指定的质量要求。具体而言，标准可以分为目标标准、性能（产出）标准和规格（输入）标准。目标标准是指不对供应商的生产过程及产量作出具体的规定，但若出现某些特定的损害后果则需承担法律责任。性能（产出）标准要求进入供应阶段的产品或服务必须满足特定的质量条件，而让生产商自由选择如何满足这些标准。规格（输入）标准，有积极和消极两种存在形式：强制要求生产商采取特定生产方式或材料，或者禁止使用特定生产方式或者材料。规格（输入）标准的干预强度最强。[①] 市场的组织和生产，都是以物之使用为基本条件，不同

---

① [英] 安东尼·奥格斯. 规制：法律形式与经济学理论 [M]. 骆梅英译. 北京：中国人民大学出版社，2008：153.

的标准，间接地对物之利用产生不同的限制。物权人之物，必须达到某些管制标准后，才能进行使用。这种物权限制的方式，是非常广泛和普遍的，是政府干预市场的常用手段和方法。例如，商品房之交付，必须达到国家的安全标准、经过验收合格之后才能交付使用。又如，产品需要达到国家安全、使用等多项国家标准，才能进入市场进行销售。这些都是对物权首次转移的间接控制。从这个角度看，市场经济背景下，物权公法间接限制是常态的。

三是许可限制。物权许可限制，是经常采用的一种基本方法。许可是指对于一些社会活动和行为，需要事前经过申请，经主管部门审查批准，颁发某种许可证后，才能按照规定的要求或条件进行建设和社会活动。许可设定的意义，在于控制社会活动维持最低程度的质量标准或者达到从事某种社会行为所需要的基本要求，从而避免发生不符合社会利益或者有损于第三人的行为。许可用于物权限制，体现在物权取得、物权使用或者物权终止的整个过程。就物权取得而言，例如我们国家的自然资源物权（准物权），物权人获得取水权、开矿权、狩猎权等自然资源物权必须经过行政许可，颁发行政许可证，才能获得私法意义上的物权。物权使用有时候也需要获得某种行政许可，例如将财产投资于某些国家重点管制的市场领域，需要经过严格的审核和审批。物权之终止，物之废弃和处置，可能也要经过许可才能报废、丢弃或者处置。当然，这些许可规则都是事先通过立法设置的，给当事人事先的利益预期和行为预期，当事人可以根据许可条件，决定是否要从事某种社会活动。

四是环境保护限制。基于环境保护的需要，对自然资源开发和利用，也会受到来自公法的限制，使得土地的所有权人或使用权人，不能自主决定对土地利用方式。①与某种行业经营相关联的土地利用，尤其是有害物质的排放，可能会给环境带来负面影响。这种环境危害，具有负外部性，很难通过企业自律或者相邻物权人的协商得到妥善解决。基于环境保护，为了尽量减少或克服环境污染危害，法律需要规定某些行业经营在土地利用上的限制，建立环境保护责任制度。例如环境影响评价制度、污染物排放标准、环境设施建设和管理制度、环境污染损害赔偿制度等。

---

① 例如《中华人民共和国水土保持法》第 14 条规定："为防止水土严重流失和环境恶化，禁止在二十五摄氏度以上陡坡地开垦种植农作物。"

四、民法视野下物权限制的局限性：以物权社会化为视角

（一）民法视野下所有权限制的目的

民法的基本任务，是确立社会主体的基本民事权利。社会主体物之基本权利，由物权法加以确认和保护。因此，其存在的价值，是为释放物之利用价值为规范目的。从这个角度来讲，所有权的限制，为了更好释放所有权的权能。让它在另外一个制度结构下，具有更高的经济效益和社会价值。因此，所有权的限制，是为了更好地保护所有权。之所以要对所有权进行限制，在于所有权人的物权利用，产生了对他人权利的妨碍，或者产生了对社会有害的用途。对所有权的种种限制，并不妨碍所有权人主体和核心的权利内容。正如有的学者指出，表面上，这种限制看起来削弱了所有者的权利，其实恰恰是保护所有权。①

当这种限制以社会性目的限制体现出来的时候，就成为前文所论述的物权社会化的现象。物权社会化的过程，就是物权被赋予更多的社会性义务的过程。当然社会化背景是多元的和复杂的，环境问题、卫生问题、食品安全问题、公共治安问题等，都可能发生对物权社会化的要求。将来自社会不同层面的义务性要求，积极作为的义务或者消极作为的义务，纳入物权人物权行使的规范之中。从而导致物权之社会化。

（二）民法视野下物权社会化的局限性②

由于本书的视角，是在生态环境保护视角，对民法物权法相关的法律制度进行研究。因此，在此以物权社会化与环境保护问题，讨论民法视野下物权社会化的局限性问题。换言之，物权限制的重要形态，是物权社会化，这种社会化进程的指导思想，是在民法理论视角下进行的。即物权社会化，是民法角度的物权社会化。物权社会化的目的，本来是要防止物权给社会公共利益或者他人利益带来外部性的损害，但是以环境法视角看，这个进程是具有局限性的。

传统民法基于其所有权绝对原则、契约自由原则和过失责任原则，难以回应环境利益的内在要求。不管是基于绝对所有权下的物权使用规则，还是以物之利

---

① 胡红贵，杨镇江. 所有权限制之法律特征探微 [J]. 消费导刊，2009（04）.
② 黄中显. 环境法视野下的物权法社会化进程 [J]. 学术论坛，2015（06）.

用为中心的物权使用规则，产生了对环境极为不利的影响。由此有传统民法向现代民法的转向。现代民法在对环境问题进行反思的基础上，对传统民法的三大原则进行必要修正，使得民事法律规则有利于环境保护。物权法社会化是民法视角下的物权社会化进程，是民法体系对于环境利益实现的基本回应，是民法自身的法律变革。在某种程度上，物权社会化进程对于解决物之利用过程中产生的环境问题起到了重要作用。环境利益诉求是一种复杂的社会利益诉求形态。环境利益整体上可以分为环境经济利益和环境生态利益，资源利益是人们在开发利用环境与自然资源的过程中形成的利益，首先体现为满足人们经济需要的经济利益，同时也体现为满足人们对整体良好环境需要的物质和精神利益，经济学中对应的概念是"环境公共产品"；生态利益是指自然生态系统对人类的生产、生活和环境条件产生的非物质性的有益影响和有利效果，这一利益最终体现为满足人们对良好环境质量需求的精神利益，对应生态经济学所谓的"生态系统服务功能"。生态利益往往体现出共享性和不可分割性特点；资源利益在满足人们的物质需要时体现为经济利益，可以通过权属制度等进行分割，而在满足人们对整体良好环境需要时则体现出不可分割性。① 民法物权法立法的逻辑起点是物之归属和充分利用，以对物之界定和分割为前提。民法物权法的法律本位，是私法性、私人性的。离开了这个逻辑起点和本位，物权法就违背了它的立法目标。物权法以物之归属和利用为其规范重心，在私权本位的价值主导下，以充分释放物权权能为己任。因此，物权法对于环境利益诉求的实现，主要体现为对于环境利益中的资源性利益诉求的平衡。对于生态性利益诉求，其平衡能力是有限的。我国物权法制定过程中，虽然有过"绿色"物权法的主张。不少学者建议应该以可持续发展、环境保护等作为物权法变革内容。但是"绿化"物权法的主张最终并没有得到立法机关的认同。② 值得肯定的是，《民法典》大大拓展了"绿色"物权的规则

---

① 史玉成. 环境利益、环境权利与环境权力的分层建构：基于法益分析方法的思考[J]. 法商研究，2013（05）：47-57.

② 物权法全文都未出现"环境""可持续发展"等词眼。主流观点认为环境保护问题应该由环保法加以规定，《物权法》本身没有必要涉及这一问题。其第1条规定"为了维护国家基本经济制度，维护社会主义市场经济秩序，明确物的归属，发挥物的效用，保护权利人的物权，根据宪法，制定本法。"第7条规定："物权的取得和行使，应当遵守法律，尊重社会公德，不得损害公共利益和他人合法权益。"尤其是自然资源的国家所有权确定，也并不见得是出于环境保护的考量。这实际上是忽视了物权法与环境保护之间的内在联系。没有看到物权行使可能对环境产生重大的影响。尤其是自然资源的国家所有权确定，也并不见得是出于环境保护的考量，《民法典》第206条对之进行了确认。

内容，虽然《民法典》没有真正做到环境学者们所期待的体系化绿色民法典诉求，但已经是重大的进步了。

在民法视野下，此种处理方法有一定合理性。物权社会化不应该超出它应有的限度。这是有物权法的内在品格决定的。从物权理论视角看，物权调整的客体具有私权性，重点是对其经济利益进行开发利用，这与作为环境之物承载的公共性利益之间存在内在冲突。传统物权法的逻辑起点是在对"物"进行界定和划分的基础上，对社会资源和自然资源进行配置以达到定纷止争、物尽其用的功能。权利配置方向是私权性的。市场经济也证明了在一般情形下只有将物配置到私人领域，资源利用才具有效率。才能避免公共地悲剧的发生。现代社会大生产虽然对物利用的私人性提出了限制，并没有否认物的整体私权性，只是强调物作为社会生产要素的流动性。而作为环境之"物"，其存在功能决定了从一开始它就具有公共性。环境之物作为生态系统的一部分，对其进行开发和利用必然对生态系统产生影响。按照私权配置的基本原则进行权利设定，不同私权主体对其所占有和支配的环境资源行使权利的结果，必然在客观上对环境资源的生态功能产生影响。因为作为私权之物追求的是物的经济利用，而环境之物追求的是物的生态利用。传统物权确认环境资源的经济价值为物权人所有，物权人并没有追求自然资源生态利用的内在动力，物权人容易因为谋求经济利益对环境资源的充分开发和利用而牺牲其生态性功能。传统物权的私权性利用和环境之物公共性需求之间存在内在冲突。这种内在冲突虽然构成环境利益实现诉求之下的物权社会化的合理逻辑起点，但是也构成了物权社会化进程的局限性。物权法的核心目标追求决定了该进程难以真正实现环境利益实现对于物权社会化的内在要求。

这种民法视野下的物权社会化局限性，使得物权法不可能将环境保护作为基本原则纳入物权利用之中、也不可能对国家所有权主导下的自然资源利用的环境规制问题作出规定、不可能对物权所有化路径过程中的国家干预方式作出有效规定。换言之，民法视角下我国物权法基于环境利益诉求而产生的物权社会化，是"间接性物权社会化"，即主观上并非以环境利益诉求为立法逻辑起点，而是客观上起到环境保护功能。从这个角度认识物权限制问题，在民法视角下，物权限制也难以摆脱其私人性、个体性限制的特征，即"物权限制是为了更好地实现物权之利用"这一基本逻辑。

第二节 环境物权规制的内在诉求

环境物权作为物权形态,为实现某种目的,进行环境物权限制具有合法性和正当性,也是可行的。然而,环境物权与传统物权所体现的物权限制的目标诉求、限制机制和方法,有所不同。这是源于环境物权调整之客体——环境及环境要素,具有与普通物权调整客体的特殊性,这种特殊性体现在客体要素具有公共性品格,承载着公共利益的诉求,这使得环境物权限制的理念、目标、机制和方法发生变化,理念上在通过环境物权规制平衡生态利益和经济利益,目标上从物权限制到物权规制的转变,方法上体现为公共权力对环境物权的形成和形式具有重要影响。

一、环境的公共性品格及其法律意义①

(一)环境的公共性品格

生态环境系统是环境要素之间通过一定的关联形成的结构和功能系统。环境物权调整的客体——环境和环境要素,其关联性决定了环境"自然"地具有公共性品格,并映射到社会结构之中。

1. 环境的自然公共性

环境首先是作为自然而存在,为各种物种的生存和发展提供必要的物质和空间。生态环境对于物种和人类生存和发展的重要性,已经是众所周知。环境构成了自然意义上的公共场所。这就是环境的自然公共性的基本内涵。环境的公共性,它的基本特征和基本规律已经被现代生态学所日益揭示。生态学表明,生态环境是作为一个整体而存在。但是,认识到生态环境公共性存在和它的重要性,与对这种公共性形态的特性的把握和描述,是不同的层面。公共性的内涵,具有两个表达路径:一是相对于私人领域而存在,二是它作为公共部分"自身"为何、如何。对于生态环境的公共性第一个层面,人们较为熟悉,而对于第二层面,重视并不够。即人类社会知晓生态环境作为一个公共资源对各个物种的重

---

① 黄中显. 环境的公共性品格及其法律意义 [J]. 经济与社会发展, 2015 (05).

要性，但是对于这个公共资源形态，并不够重视。换言之，自然环境是作为公共资源和公共场所而存在，人们更重视的，是自然环境作为公共资源的公共性，而不是公共场所的公共性。生态学已经表明，生态环境是由环境要素和环境功能构成的巨系统。以此而言，人们重视了生态环境的环境要素，尤其是作为资源形态存在的环境要素，但是却对环境功能没有引起足够的重视。环境作为整体的功能是客观存在的，它是环境要素通过一定的结构呈现出来的一种能力，是环境系统所体现的功能形态。这种形态通常用环境容量或者环境承载力进行描述。① 人类社会在很大程度认识到了在实体层次上、资源层次上自然环境的整体性和公共性，却忽视了环境作为一种功能而存在的整体性和公共性。"每一种独特的环境系统观点，都仅仅是复杂整体的一个狭小片段。当每种看法都可以说明整体中的某些特点的时候，它所产生的画面在一定程度上就必然是错误的。因为当我们看到一种关系时，难免忽视其他的关系；而现实世界中，在环境中的每个事物都是相互联系着的。"② 这种对自然功能认知上的局限和忽视，使得人类在对待自然环境的种种行为出现偏差，也为环境问题的系统发生引入了不可避免的因果。

2. 环境的社会公共性

在自然意义上，环境的公共性主要体现在环境生态系统是生物存在的基础。从人类社会诞生以来，人类社会与自然环境的相互交集从来没有停止过。人类社会作为整体存在，本身就是公共性的体现。这种公共性和自然系统的公共性具有共性，这种共性体现为人即作为自然的存在融入自然的公共性之中，也作为社会存在融入社会的公共性之中。从社会视角出发，自然作为整个社会存在的基础，是社会得以维持、发展的物质基础，当然，对自然不同的文化解读，又表明自然本身就是人类文明的构成。从物质意义上，自然环境是作为社会的公共物品而存在的。自然环境因为作为社会公共物品而具有社会的公共性。

---

① 环境容量，在环境科学上指一个复杂的反映环境净化能力的量或者指某环境单元所允许承纳的污染物质的最大数量。环境承载力主要指在某一时限内，自然环境系统所能承受的人类社会活动的能力阈值。两者之间区别在于：环境容量主要强调环境系统排污容纳能力，反映了环境系统的自然属性；环境承载力强调环境系统所能承受的人类社会经济活动能力，是环境系统的自然属性和社会属性的统一。

② [美]康芒纳. 封闭的循环——自然、人和技术 [M]. 长春：吉林人民出版社，1997：19-20.

公共物品有个基本特征，即消费的非竞争性和受益的非排他性。所谓非竞争性，是指公共物品在需求方面，人与人之间无须为争夺公共物品的消费权而竞争，即一个商品在给定的生产水平下，向一个额外消费者提供商品的边际成本为零。所谓非排他性，是指人们不能被排除在使用一种公共物品之外，任何一位公民都可按既定的法律程序消费该物品，任何人包括公共物品的提供者都不可能阻止他人享用公共物品。水、空气、阳光等，都是每个人生存所必需，即在同一自然环境之下，每个生物都有共同利用这些自然资源的天然权利，这些自然资源不能为特定的人所独占。此外，无论是什么样的人，都无须缴纳任何费用就可以呼吸空气、利用河水。因此，自然环境是具有公共物品这两个基本特征的，是真正意义的公共物品。正如萨克斯教授所言："人们不必将清洁的大气及这类共有的财产资源仍然视为企业的垃圾场，或者任由渴求利润的人们尽情消费的免费的美味，而必须将其视为全体市民的共有利益。这些利益与所有私人利益一样，同样受到法律保护的资格，并且其所有者具有强制执行的权利。"当然，根据排他性和竞争性的具体形态不同，经济学上对公共物品的分类是复杂的，比如还将公共物品分为纯公共物品和准公共物品，准公共物品又分为俱乐部物品和公共资源。但不可否认的是，自然环境作为一个整体，是具有公共物品的内在品格的。环境因为成为公共物品而具有社会公共性。

（二）环境公共性品格的法律意义

1. 环境的公共性与法律制度的连接点

法律制度的生成需要构建在理性和科学基础之上。从其生成逻辑而言，法律制度需要指某种稳定的社会问题，为解决社会问题产生；从其构建逻辑而言，法律制度设计需要建立在自然和社会问题的内在规律之上，具有科学理性。环境作为公共物品，作为社会系统的资源加以运用，就会产生相应问题。这个问题是由环境的社会公共性带来的。这就是人们熟悉的"公共地悲剧"问题。再加上"搭便车"现象，人们不是通过更有效地利用资源、通过技术革新来增加盈利，而是通过过度使用和破坏，把本应由自己支付的成本转嫁到别人身上。由于环境的公共性，环境保护所提供的效果也是公益的；即使从负面来看，即公地悲剧发生后也必然影响公共利益。因此可以说，由环境公共物品引发的公共地悲剧，是环境作为资源进入社会系统而带来的社会问题，这是环境法律制度得以生成的内在逻辑，换言之，环境法律制度存在的使命，是以解决公共地悲剧为己任的。

从更本质的层次讲，法律是调整社会系统不同利益诉求的机制。公共地悲剧的产生，本身代表了某种利益的失衡状态。环境法律制度因应这种利益平衡要求而产生，这是环境利益的诉求问题。而由环境利益所指向的环境权利，就成为环境法律制度构建的根基。

2. 环境的公共性对环境法制度构建的意义

萨克斯教授指出，环境作为公共物品，其规范需要建立在公共产权、自由使用和政府管制三个相关原则之上。① 这三个原则，为我们思考环境公共性的法律意义提供了参考，也对环境法律制度设定进行了必要的指引：一是公民有利用环境的自由；二是环境的公共性决定了环境事务的公共性，因此，政府在环境保护中具有不可推卸的责任，甚至是主要责任；三是环境和环境资源只能设定为公共产权，不能视为私人产权。具体而言，环境的公共性品格对环境法律制度的构建产生以下重要的影响：

（1）确立了环境法的社会法属性。传统法律系统将法律划分为公法和私法两大法域。公法和私法的划分对法律系统的功能定位有重要作用。由此确定了私法和公法两大法律系统不同的权利诉求、救济途径和法律目标。以权利诉求而言，就是熟悉的民商法之"法不禁止即自由"和"行政法之法无明文规定不可行"。随着社会和经济的发展，新型社会矛盾不但出现，环境利益冲突就是这种新型社会矛盾的典型代表，法律系统在回应这种新型矛盾过程中表现出很大的不适应性，传统的公私法律体系划分难以满足现有的法秩序。由此，社会法应运而生。社会法根本之特征，在于其所调整的社会关系，既不纯粹属于传统公法之领域，也不纯粹属于传统私法调整之领域，很难将其纯粹地归为公法或私法领域。虽然人们对于"社会法"的定义还没有形成统一的认识，但是普遍认为传统的公私法领域划分不能满足社会法的发展。因此，社会法划分具有内在的合理性。社会法在产生背景、调整利益基础、调整方法等方面，都与传统的私法和公法不相同。修正的依据，就是社会公共利益的诉求。因此，从利益上看，社会法所保护的利益，既不是纯粹的私人利益，也不是建立在统治基础上的纯粹的国家利

---

① ［日］宫本宪一. 环境经济学［M］. 北京：三联书店，2004：67.

益，而是社会公共利益。社会利益是一种普遍的、公共的集体性利益。环境的共性承载的，就是社会公共利益。环境的公共利益，几乎与国家无关，即国家存在不是环境利益存在的前提和基础。因此，这种利益当然地属于社会利益。由此，环境法当属社会法范畴无疑。当然，对此有不同的声音。有的学者认为，学者主张的社会法是建立在私法公法化或者公法私法化的基础之上，然而"公法私法化"与"私法公法化"并不像其间的"化"字那般真的将公法变成了私法，公法被化掉了，或将私法变成了公法，私法被化掉了。只能说公法与私法在当代联系更为紧密，界限更为模糊。尽管界限模糊，但是并不意味着界限消失，法律人的任务就是在将模糊的界限清晰化。因此，环境法当属公法范畴。①

(2) 决定了环境法的权利本位性质。环境法自产生以来，关于它的本位问题一直处在争论之中。关于环境法法律本位，其实就是环境法究竟是权利本位还是义务本位问题。主张环境法是义务本位学者认为，判断权利本位和义务本位的主要依据是一个法律体系中，其立法直接目标是什么，以何种法律规范占主导地位。环境问题成因主要是人类社会行为，不少是人类社会权利人在行使权利过程中，对环境发生侵害或者损害。因此，如果说保护环境是环境法的出发点，那么，环境法从一开始就是对人类社会行为设定义务的法律。环境公共性指向的环境公共利益，是整体性的。为了实现社会公共利益，每一个社会公民都具有限制自身行为的义务，即法律关系主体负有以保护生态环境和生活环境为目的的作为或者不作为。这是环境法的基本出发点，也是环境法的义务本位体现，即为了保护环境、维护人类生存的基本条件，应当以为国家、社会、个人提供环境义务性规范为主要指引。而主张环境法的权利本位的学者认为，环境法应该以实现环境权利为出发点，应该注重环境权利的设置和规范。义务是权利本位论中的当然内容，也是权利义务配置的逻辑要求，权利本位理论中并没有忽视义务问题，甚至为了实现权利尤为重视义务问题；权利本位理论为法律义务提供了存在的正当性理由；环境法的失败不仅不是由于权利本位对权利的倡导，而且从根本上看，环境法的失败恰恰源于权利本位理论没有能够得到贯彻和落实。② 这种争论，对于

---

① 刘三木. 从环境的公共性看环境法的属性 [J]. 法学评论，2010 (6).

② 钱大军. 环境法应当以权利为本位——以义务本位论对权利本位论的批评为讨论对象 [J]. 法制与社会发展，2014 (5).

我们认识环境法的本质，具有重要意义。本书认为，所谓本位问题，就是法律设置的出发点问题，即法律的生成逻辑起点。环境法规范的对象是环境，以维护环境为己任。而环境最大的特点是公共性，承载着公共利益的诉求。因此，环境法从一开始以维护"环境"这一公共资产为出发点的。于此来看，对于公共利益，社会公民有维护的义务，环境法看似以义务为本位。法律追求的终极目标与法律实现目标的机制，是有区别的。我们还是回到萨克斯教授的一些观点，即环境资源是公共资产，"无论个人经济地位如何，所有的市民都应该对其进行自由的使用"，因此，公民对环境首先具有权利。这是一种生存和发展权利，是自然法意义上的基本权利。因此，环境法实现的机制，也是义务性的法律机制，但是其本位、也就是追求的最终目标，却是权利的。进而言之，环境承载的公共利益，也需要通过个人利益来实现。"公共利益以个人权利为出发点和归宿，它不是凌驾于个人权利之上不能分解和还原的终极利益，而是存在于个人权利之中、由个人权利组成的派生的复合利益。这种利益，只有能够有助于绝大多数人的生存和发展时，才具有实际的意义，才是一种真正的利益。"①

（3）确立了环境法治的法律综合调整机制。环境的公共性，确定了环境法律制度追求的基本目标——公共利益（公共福利）的实现。一般认为，公共性的实现主要依靠公共性行政。政府在实现公共性过程中扮演主角。然而，目前依靠政府推动环境公共性的实现，明显乏力。当前的法律制度是以行政权力为本位的环境法律制度，这种法律制度的不足体现为两个突出的特征：一是缺乏清晰的生态社会愿景和法律理想图景；二是轻视公众的社会理性和合作本能，即在越来越重视政府理性和市场经济力量的同时，却越来越轻视社会理性和市民社会力量。② 以环境要素为例，自然资源通常采用国家所有权的形式，以实现资源的公共性。但是研究已经证明，仅仅因为对自然资源的公共国家所有权之盛行远远超出了大多数人们的设想，并不必然意味着它比其他的财产权安排在环境上或者经济上更可取。这意味着，公共性的实现，需要多种力量的参与，需要多种法律制度的安排。除了公共权力之外，私人治理和社会参与也是重要的两种公共性实现

---

① 余少祥. 论公共利益与个人权利的冲突与协调 [J]. 清华法学, 2008（2）.
② 王小钢. 从行政权力本位到公共利益理念——中国环境法律制度的理念更新 [J]. 中国地质大学学报（社会科学版），2010（9）.

的重要法律机制。由于环境存在自然上的普遍联系,个人在环境上具有不可剥夺的基本权利。因此,环境的公共性与个人的自然环境权利具有内在联系。从某个角度上说,实现了每一个人的环境基本权利,就整体上实现了环境的公共性诉求。在法律语境下,这种环境基本权利需要通过民事性的私人性权利设定来实现。可见,环境权利构建,就成为环境法律制度构建的重要内容,也是实现环境公共性的重要法律机制。而社会参与,也是公共性实现的重要法律机制。当公共权力决策的内容影响到公众的切实利益之时,社会参与是体现利益诉求的最佳途径。因此,公共性所隐含的利益主体多元性,意味着环境法治法律机制的多元化。

(4) 环境的功能性要素应该纳入法律规制。环境的功能性最能体现环境的公共性,因为环境功能是一种整体性特质。这种整体性使得环境成为典型的公共产品。在某种程度上,环境资源可以独立利用,而环境功能利用很难进行独立利用。对环境功能的规制,目前主要是通过环境容量管理来实现。环境容量的测定、使用和分配,就是对环境功能利用的路径。当前,对于环境容量规制主要通过环境行政上的环境容量管理实现,即这种法律规制主要是公法规制,而且出发点是环境管理。用公法手段分配环境功能容量最大的问题在于资源的公有财产制度,即所有者与管理者分开、权责不一。因此应该确立环境功能利用的多元化机制,尤其是私法机制。例如建立私法意义上的排污权交易制度,实现环境功能的市场化利用,并将排污权交易作为一项经济手段来自发地实现对环境资源的保护和合理利用。

二、公共权力介入环境物权的逻辑前提:合法性问题

从生态学角度看,环境是作为整体而存在,是生态链上各种物种生存的空间,这使得环境从一开始就具有自然意义上的公共性。相对于自然系统而言,人类社会系统虽然具有相对的独立性和封闭性,但是人从一开始就作为自然的一部分而存在,因此从自然大循环来看,社会系统也是自然一部分。因此,环境作为人类社会的公共物品而存在,这种公共物品属性使得环境在人类的视角下具有了社会性。这种社会性,构成了人类社会共同的利益基础——环境公共利益。这样,这种社会性通过环境公共利益的解释,使得"环境"自身作为人类社会发

展的内在变量之后,直接影响、甚至是决定了环境法律制度构建的内在逻辑。可以说,当前环境法律制度运行和构建中出现的种种问题,很大程度上是因为没有对环境公共利益做出正确解释、进而难以通过法律制度妥善协调好私人利益和公共利益(私人权利和公共权力)的冲突。深层次根源,是传统法律制度所调整的利益结构中,嵌入了复杂的环境利益。从物权角度出发,因为环境公共利益关系,环境物权的取得、行使和终结,嵌入更深的利益结构之中,也使得环境物权问题变得更为复杂、利益或权利冲突更加多元。公共权力天然具有实现社会公共利益的使命,换言之,环境公共利益使得公共权力具有了介入环境物权结构的合法性逻辑。

(一) 环境公共品格的利益化呈现:环境公共利益

1. 环境利益

在现代社会,随着人口快速增长、生产社会化以及城镇化快速扩张,对环境资源的利用速度不断加快,环境资源成为稀缺性资源。在此过程中,由于缺乏对环境保护的关注,环境污染、生态破坏等环境问题凸显,并已经构成社会风险的一种典型形态。随着人们对环境问题的关注,环境保护成为一种社会共识,并在法律制度中得到建构。同一物之上的经济功能和生态功能都受到关注,代表了社会人们对物之不同价值的追求,即生活的舒适、物质的丰富与健康的生活环境、清新的空气同样是社会追求的目标,由此产生了物之经济利用和生态利用之间的社会冲突。从社会利益冲突论视角看,这似乎表明社会系统中涌现了一种新型的、与其他既存的社会利益在短时间内难以调和的利益形态——环境利益。这种利益体现为人们对良好环境质量需求的满足,它已逐渐发展成为一种具有独立诉求的新型利益形态。当代生态危机产生并加剧的根源,是人们对环境利益与经济利益、社会利益等不同利益诉求冲突所导致的。这表明传统的社会利益平衡结构将被打破,需要演化出一种新的平衡状态。[①]

作为一种迅速成长的利益形态,对于环境利益这种新型的利益形态,其内涵、外延和本质等都在争论之中。有的学者理解为环境利益是与经济利益相对的一种利益状态,环境问题来自环境利益和经济利益之间的冲突。从利益冲突形态

[①] 黄中显. 环境法视野下的物权法社会化进程 [J]. 学术论坛, 2015 (06).

来讲，环境问题的产生与经济利益和环境利益冲突无疑是直接相关的。但是，将环境利益理解成为一个纯粹的生态需求，无疑有失偏颇。不管学术争论如何，有一个问题是科学上确认无疑的，即环境对人类具有两项基本功能——经济性的生产性功能和生态性的生存性功能。环境为人类提供的利益也可以分为经济性质的利益和生态性质的利益两大类。前者是传统经济认知已经很充分的利益状态，专门指环境要素中的环境资源，可以用市场价格来衡量；后者主要体现了环境的生态功能，难以用一般的市场价格进行衡量。经济性的利益，由于体现为自然资源进入人类社会，一般在法律上由相应资源的所有权人或使用权人享有，私人性、个体性利益成分较重。而生态性质的利益，一般是公共性的，因为难以进行适当分割。但环境利益却是公共利益。也就是说，环境和环境要素上，承载了人类对经济利益和生态利益的诉求。换言之，环境利益具有经济利益和生态利益二元结构，经济利益是环境利益的一部分，只是在环境问题没有大规模出现之时，人们更多关注了环境利益中的经济成分而忽视了其生态成分。因此，不能说环境利益专指生态利益，是与经济利益相对的利益状态，而是既然环境上承载了人类的经济性和生态性需求，环境利益本身就包含着经济利益和生态利益二元要素。"这种环境是不可分的，这种环境所带来的利益也是不可分的。人类的环境权是指向这种不可分的环境利益的，这种人权是关于人类的整体环境的权利。"[①]

既然环境利益难以界定，但是描述其基本元素并不困难。整体上，环境利益具有以下内容要素：一是环境利益是以人的视角下，基于人类社会生存和发展从环境中获取外部空间、条件和状况等需求。这种利益需求，以人类社会可支配、可利用的环境为限，这是人力所及的天然形成的物质和能量的总体，主要是由大气、水、土壤及生物等共同组成的外部物质空间和条件。环境具有客观性，它不随人的主观意愿而改变。二是这种需求大致可以分为经济性需求和生态性需求。经济性需求主要体现为人类社会对环境和环境要素的获取、消耗，经济性需求的体现，是环境要素以自然资源的形态进入人类社会的经济结构之中。而生态性需求，是人类社会基于人的个体上的自然属性，作为自然的一部分，生存和舒适生活的需求。是以环境的生态功能为需要。因此，经济性利益主要为个体性利益需要，生态性利益因为主要为利用环境功能，环境功能不能分割，具有整体性，环

---

① 徐祥民. 环境权论——人权发展历史分期的视角 [J]. 中国社会科学, 2004 (04).

境利益中的生态利益具有公共性，从而使得环境利益具有公共性，它的主体无法分割和特定化。三是环境利益包括了物质和精神要素。物质要素自不待言。对环境的依赖以及对舒适性环境的追求。环境的舒适性，是人的正当追求。① 可见，环境有经济性、生态性和精神性三种属性，环境利益也具有经济利益要素、生态利益要素和精神利益要素。只是一般而言，精神要素利益隐含在经济利益和生态利益尤其是后者之中。

2. 环境公共利益

"环境"的公共性品格，决定了环境利益的公共性。环境利益是一个复杂的利益形态，它具有自然意义上的公共性品格，代表了人们对生活在健康和舒适的自然环境之中的利益诉求。之所以说它是一种复杂的利益形态，在于环境利益是个体性和公共性复合的二元结构利益形态。环境利益的公共性品格源自环境的公共性。在环境科学上，环境是由环境要素通过一定的结构关联而形成的自然有机系统。环境要素主要体现为自然资源要素，而环境要素结构体现为环境整体性功能。自然系统是相互关联的，其自然资源要素是人类社会生存和发展的基本条件。因此，环境是体现人基本生存权利的载体，环境也因此被人们视为公共物品、公共资产和公共资源。在管理上，这种公共资源可以通过公共信托形式委托给国家进行管理。在经济学上，公共物品和私人物品最大的区别在于是否具有排他性、为全体社会成员共同享有和消费、具有无偿性和不可分割性等特征。作为资源形态的环境，属于典型的公共物品。这体现在以下几个方面：一是环境和环境资源具有稀缺性。这意味着一种环境和环境资源不可能满足所有用途和所有人的要求，环境和环境资源存在竞争性使用的现象；二是环境和环境资源具有竞争性。这种竞争性来自资源的稀缺性。这意味着在环境资源存在不同的利益集团、不同用途之间的竞争，存在不同社区间、区域间、省与省之间、国家间以及代与代之间的竞争；三是涉及不特定多数人的利益。环境与每个人息息相关，具有自然上的连带性，环境资源不仅能满足多人的需要，而且还使各种满足存在着天然的相互依赖性。每个人都生活在公共环境之中，人的根本利益具有最广泛的代表

---

① 环境权利是人对环境安全、舒适和优美的基本权利。"优美"是更高的追求，但是对于其能否进入法律规制的领域，争论很大，也具有立法难度。但是，安全和舒适，应该具有法律上的价值和立法追求。这是环境利益转化为环境权利、环境权利变为法律利益和法律权利的可行方法。环境的精神性问题，还是环境尊严，环境人格权的理论来源。

性；四是环境公共利益具有排他性。环境公共利益的非他性，来自环境的属于"公共地"，在一定范围之内，每个人都可以自由进入并免费使用。这容易导致了对公共环境资源的"搭便车"行为，而出现"公共地悲剧"。有学者曾形象地对这种公共性、不可分割性及其意义做了形象的比喻。其将地球环境比作遮阳伞，认为这个遮阳伞是在其下乘凉的人们的共同利益，但这个共同利益并不是每人从遮阳伞上扯一块伞布。完整的遮阳伞才是大家的利益所在，每人分别占有一块伞布是对大家共同利益的葬送。把地球环境理解为一个可供多人分享的蛋糕，把整体环境简化成为可以分割的环境，就像地球上的土地可以分给不同的地主作为财产那样，实际上是错误的。① "公地悲剧"之所以发生，正源于环境资源的公共性以及对公共性的非理性分割。

环境资源的公共物品属性所指向的公共利益，决定了其采取市场交易的方式难以实现公共环境资源的有效率的供给，而应该将其界定为一种公共所有权（或者国家所有权），生成一种社会性权利。② 当然，在一定条件下，环境资源的公共性并不排斥环境资源利用的私人性。例如对于自然资源，人们可以通过一定的产权界定方法，把它界定为私人产权。我国《民法典》及相关法律规定的水权、狩猎权、土地使用权、矿产资源开发权等自然资源物权形态，就属于此种情形。环境要素关联结构所体现出来的环境功能——环境容量或环境承载力，同样可以通过产权界定方法归为私人使用的，例如环境容量分配和排污权交易。但即使如此，同一环境之"物"上承载的经济利益和生态利益二元结构，并没有发生变化。由于生态系统的关联性，物之上承载的生态利益诉求并不因为物被界定为私人产权而随之消失。此时私人之物之上的环境利益，是私人经济利益和环境公共利益叠加的复杂利益形态。③ 也就是说，即使为了解决"公共地悲剧"问题而将部分的自然资源界定为私人产权、将环境容量部分内容特定为私人利用，因为这些私人产权性质的自然资源或者私人利用性质的环境容量，承载着环境公共利益实现的需要，也必须对这种私人性加以过多的规制。

---

① 徐祥民. 环境权论——人权发展历史分期的视角 [J]. 中国社会科学, 2004 (4).
② 后文中有更为详细和深入的分析。
③ 黄中显. 环境法视野下的物权法社会化进程 [J]. 学术论坛, 2015 (06).

(二) 公共权力介入环境物权的内在逻辑：环境公共利益实现

环境具有公共性品格，表明环境和环境要素之间的依赖性和人类生活对环境的依赖性，这使得环境利用很容易产生外部性，使得环境具有经济学上公共物品的性质，也表征了环境公共利益存在的客观性。正是这种环境公共利益作为内在的动力，使得公共权力介入环境物权具有内在逻辑，取得干预的社会合法性。公共权力取得干预的社会合法性，即为公共权力的合法性问题。公共权力的合法性包括正当性、权威性和有效性三个方面：公共权力的权威性是政府执行国家意志的手段，主要指的是政府权威性；公共权力有效性满足其基本功能程度，它是对公共权力（或政府）中的功能性评价或曰工具性评价，这种评价的点是公共权力在维护社会秩序和利益分配中的实效；公共权力的正当性是其中最主要的因素，它包括这种权力存在的必然和必要性、这种权力获得的途径和使用的范围必须是正当的以及这一公共权力必须以谋求公共利益为目的三个核心内容。① 公共权力的正当性，要求公共权力具有实质合法性，其与所在社会的公认价值要相一致，符合公平正义要求，这是一个价值判断问题。如果公共权力不具备实质合法性，就可能存在公共权力干预社会运行的合法性危机。

经济学表明，环境利用外部性的产生，与环境作为公共资源、公共产品具有直接关系。外部性可以按不同方式加以定义，但是它一般是公司或个人对另外一方造成的无意的、不用补偿的副作用。② 对于外部性问题，自由主义的经济学家试图通过清晰界定私人产权、达成一致协商来解决，即著名的科斯定律。一种定义外部性的方法是，假设市场中特定资源产权缺失。例如，如果存在对空气的私人产权，那么，人们就必须购买产权才能排放烟雾污染环境，被动的烟雾排放被市场内部化。但是，建立这种产权和市场很可能存在现实的障碍。不幸的是，依赖关系可能是长期的，这就可能使产权的协商和界定变得困难。③环境和环境要素之间以及人对环境具有很强的依赖性，这种依赖性使得环境利益指向的主体具

---

① 赵俊. 环境公共权力论 [M]. 北京：法律出版社，2009：58-61.
② [瑞典] 托马斯·思德纳. 环境与自然资源管理的政策工具 [M]. 张蔚文，黄祖辉译. 上海：上海人民出版社（三联书店），2005：32.
③ [瑞典] 托马斯·思德纳. 环境与自然资源管理的政策工具 [M]. 张蔚文，黄祖辉译. 上海：上海人民出版社（三联书店），2005：33.

有多元性，并属于不特定多数人，因此，欲要达成协商一致，几乎不可能。环境外部性的这个问题，使得政府公共权力干预成为必要。正如有的学者指出，环境污染的社会要比一个激励人们不在污染厂附近居住的社会更加美好。它反映了这样一种信念，即那些受空气或污染之害的人宁愿支付减少污染的成本也不愿忍受这种污染。不仅如此，在现行私人权利与责任的配置方式下，组织联合体来贿赂生产商存在巨大的困难。因而，政府的干预就可能更为接近受影响的消费者愿意通过支付金钱来减少的污染总量。① 一般来说，政府可以通过命令与控制政策直接管制行为以及市场为基础的政策提供激励作出反应。

对于环境作为一种公共资源，成为公共物品。最大的问题是存在经济学上面的搭便车行为。学者们也强调指出，产权对于解决环境问题的重要性。当然，此时的产权也需要政府的积极干预。正如学者指出的那样，当市场没有产权引起市场失灵时，政府可以潜在地解决这个问题。例如，在出售污染许可证的情况下，解决的方法是政府帮助确定产权，从而重新焕发市场力量。②

不管是环境和环境要素利用过程是外部性问题，还是环境作为公共物品的存在。其本质上，都是因为环境本身承载了公共利益。这种公共利益包括经济上的，也包括生态上的。当然，现在公共权力干预的理由，主要是以其中的生态利益制衡个体性的经济利益，以取得环境利益结构要素中的利益均衡状态。私人性的个体协商，很难解决这种复杂的利益状态。外部性问题具有延伸效应，从而对决策者设计恰当的法律规制手段带来了相当的复杂性。假定，污染同时造成了不可逆转的生态恶化，并且这种恶化被认为仅仅将对下一代人造成不利影响，那么，这种错误配置不能通过私法工具来解决，因为私权利主张出现了时滞效应。此时，基于公益的理由，规制便成为必需。③

环境物权具有环境要素物权和功能性环境物权二元结构。要素性环境物权中，作为资源性质的环境要素，以个体性自然资源物权形态进入市场经济结构

---

① [美] 史蒂芬·布雷耶. 规制及其改革 [M]. 李洪雷、宋华琳、苏苗罕、钟瑞华译，宋华琳校. 北京：北京大学出版社，2008：38.
② [美] 曼昆. 经济学原理 [M]. 梁小民、梁砾译. 北京：北京大学出版社，2015：246.
③ [英] 安东尼·奥格斯. 规制：法律形式与经济学理论 [M]. 骆梅英译. 北京：中国人民大学出版社，2008：36.

中，但是，基于自然资源作为环境构成要素，其资源利用状态必然会影响生态环境的质量，私人性质的产权发生了外部性问题。没有进入市场经济结构成为自然资源的其他环境要素，也是环境系统的重要组成部分，这些要素主要以生态功能为主。由于其没有明确产权，为无主物，即成为经济学上言及的公共物品，产生公共物品利用问题。功能性环境物权，是利用环境系统的承载力，本身就是无形物而非实在物，它以环境要素之间的关系为存在条件，更具有不可分割性，公共利益特征更为明显。所以，环境公共利益，构成了公共权力干预环境物权的合法性理由。当然，虽然公共权力干预物权是为了环境公共利益的实现，但是这种环境公共利益最终受益主体为个体性的，只是由特定的个体性变为不确定的个体性而已。

相对于其他的领域，环境问题比其他领域更突出权力的介入，其内在动因，是环境公共利益实现之诉求——社会属性的环境公共利益对过于绝对和自由的物权进行限制和平衡，以实现社会利益的诉求。环境利益具有公共性，是社会利益的一种形态，法律本质上是调整人与人之间的利益关系。在法治语境下，如何对这种新的社会利益冲突进行理性的制度安排，是法律制度成长的重大问题。法律是建立在特定的社会行为模式基础之上的治理机制。传统的社会法律系统调整的行为模式"人—人"行为模式；而在涉及环境问题的社会行为关系之中，是"人—环境—人"行为模式。① "人—人"行为模式不一定涉及公共性问题，但是，"人—环境—人"行为模式中，因为环境的介入，使得在环境社会关系中，必然存在公共性问题。这就是环境问题法律调整最特殊之处。在社会行为模式已经发生了根本变化的背景下，法律系统原有的法律理念、原则、制度和规则也应随之调整或者修正，这是法律生态化进程。在法律制度语境下，需要通过对不同主体的不同利益诉求进行利益协调与衡平，确认利益主体的合法利益，重点平衡环境利益和经济利益之间的冲突，进而解决环境问题、实现人与自然的和谐发展，这也是现代法治社会的必然选择。②

三、公共权力介入环境物权的限度

环境利益承载了对环境安全和舒适的内在诉求，但是，承载了人们对环境功

---

① 黄中显. 环境法视野下的物权法社会化进程 [J]. 学术论坛, 2015 (06).
② 黄中显. 环境法视野下的物权法社会化进程 [J]. 学术论坛, 2015 (06).

能和要素利用的内在诉求。换言之，人们利用环境，具有一定的合理性，也是社会存在和发展的必要前提。这构成了对公共权力介入环境物权的限制。这是防止公共权力滥用的必要限制。公共权力介入环境物权的限度，同样也是来自环境这一客体本身，环境利益中隐藏着其他利益的需要。主要影响的因素是环境物权客体之上的经济价值诉求、环境物权客体分布不均衡。

（一）环境利益中经济利益的实现约束

环境利益包括经济利益和生态利益二元要素，这是人类在"环境"这一物权客体上的利益追求。不管是经济利益，还是生态利益，都有人类公共利益的内容。只是物权的私有性和个体性，对环境和环境要素进行分割之后，物权主体对环境客体的支配体现出支配性和排他性，可能会影响生态利益的时间。同时，在微观上，由于经济利益和环境利益共同存在于同一物权客体之上，因此在利用方面，会出现"鱼和熊掌不可兼得"的情况，尤其是在对环境要素进行毁损性开发利用的情形，例如矿产资源、林木资源、湿地资源等自然资源。但从宏观上，经济发展和环境保护都是人类社会生存和发展的需要，所以，环境利益和经济利益之间不存在你死我活的争斗，它们之间是同质同源的非对抗性关系，具体体现在以下几个方面：[①] 一是同质同源关系。环境利益和经济利益都是公共利益的一部分。公共利益是一个社群中不确定的个人都可以享有的社会价值。就个体利益和公共利益关系而言，没有脱离个人利益的抽象的公共利益、任何公共利益都不可能完全与特定的个人利益一致。无论是环境保护还是经济发展，最终的受益人都是个体。二是都是正当利益。法律对利益的确认方式是将利益转化为权利和义务，权利是利益的确认和给予，义务是利益的限制和剥夺。法律是利益获得或受损的规范性形式，法律权利是利益的确认和扩张方式，法律制裁是利益的限制剥夺。三是非对抗性利益。政府公共权力在对环境资源进行分配和再分配时，要考虑到分配的公平性问题，这种考虑实质上是对政府干预效能的考虑。利益选择有两种选择，一种是对抗性选择，另一种是非对抗性选择。前者是利益的取舍，后者指互惠、妥协，是"双赢"的合作。环境利益和经济利益既是公共利益又是正当利益，都是人类发展所必需的，因此对这两种利益的衡平和选择不是利益的

[①] 赵俊. 环境公共权力论 [M]. 北京：法律出版社，2009：132-136.

取舍，即不是对抗性的选择，而是非对抗性的选择。也就是说，政府环境公共权力对待这两种利益时，是在互惠基础上对环境利益和经济利益进行的一种妥协性选择，这种选择既要使环境利益得到彰显，又要使经济利益得以实现。选择目的是要获得一个双赢结果。这种选择的实质就是将经济发展限定在环境可以承受的范围内。

经济利益和环境利益之间的关系表明，对物权限制应该有一个限度。环境物权，尤其是自然资源物权是人类生存和发展的物权利用形态，人类社会生产系统中主要的初始原料，都是来自自然资源，因此，自然资源的开发和利用，是一种合理需要。环境物权规制实际涉及有限资源分配的问题。① 法律在协调环境利益和经济利益关系时，需要兼顾这种根本需要，否则，环境保护的真正价值就值得斟酌。环境法律的立法目的宣示了环境保护之目的在于协调人与环境的关系，在于满足当代人和后代人的身体健康和社会发展，保证国家的持续发展。

深层次而言，这是一个生存和发展的辩证关系问题。不管是生存还是发展，都来自人的需求。人的需求既有生理层次的，也有精神层次的，生理层次的需求决定了生存的需要，精神层次的需求决定了发展的需要。发展不仅涉及经济，还是一个涉及政治、社会、价值观念等众多方面的综合过程。它意味着消除贫困、人身束缚、各种歧视压迫、缺乏法律权利和社会保障的状况，从而提高人们按照意愿来生活的能力。发展是人的合理需求，是人类自我实现的必由之路。发展为人的生存提供基本物质条件，对消除贫困有重大意义发展。发展首先要满足人的安全生理的需求。为社会公共设施的建立创造了条件。人类的公共卫生、基础设施、教育等设施的建立都需依靠发展。环境公共权力与发展人的生存、发展是环境公共权力的出发点和归宿。在环境保护中，无论是政府的基础作用还是市场的补充作用，都围绕着人的生存、发展这个中心，离开了这个中心，环境保护毫无意义。政府行政机关在进行环境立法和执法时，也应该始终将人的基本需求放在首位，如果环境公共权力的行使否定生存权和发展权，这将会异化环境公共

---

① 具体而言，有限资源分配可以简单地分为三个方面的问题：一是有限资源在本代人与后代人之间的分配，涉及有限资源代际分配的公平与效率；二是有限资源在本代人之间的分配，涉及有限资源代内分配的公平与效率；三是有限资源代内分配与代际分配的关系，涉及如何更好实现有限资源的公平分配与有效分配的问题。厉以宁. 经济学的伦理问题 [M]. 上海：上海三联书店，1995：198.

权力。

这就要求我们在进行环境物权规制的时候,注重这种生存性、物质性和经济性的合理需要,而不能因为环境保护,而走向另外一个极端。应该释放环境物权权能的,就设法构建合理规则进行释放;应该首先考虑经济诉求的,在尽可能的情况下,鼓励开发和利用,在开发和利用中进行生态环境的保护。

(二) 环境利益实现的差异性

对环境物权进行规制,是从整体意义而言的。其基本的依据是环境公共利益的实现。但是,环境公共利益是基于不同个体环境利益要求的集合,整体总是存在个体之中。然而,利益的整体性特征并不能掩盖一个重要的事实:并不是所有人都能无差别地享受这一利益。从自然规律的角度看,由于不同地理区域的"原生环境"存在自然的差异性,因此不同区域的环境利益并不具有统一的衡量标准,而只能是一种区分性的利益。从环境法角度看,不仅应当对影响环境利益增进和减损的行为进行规制,为维护环境公共利益作出制度安排,而且应当在不同主体、不同区域的"区分性"环境利益之间进行衡平。① 当前,不同地域对环境利益享有不同的内容,已经被实践加以证明。

生态系统的一个很重要的方面是空间异质性或差异。② 具体到我国,环境利益区域差异性和区分性体,体现在不同区域之间因为国家政策、自然资源禀赋差异、自然条件等诸多原因造成的区域经济发展不平衡带来的环境利益分配不平衡。从经济发展格局上,我国是二元化差异格局:城乡差异化和东西部地区差异化。在社会经济发展和发展速度上,各地区的生活水平和发展机会差距逐渐加大,差异化格局基本形成:从城乡格局看,城市优于农村;从区域格局看,东部地区最好、中部次之、西部最差。以自然资源禀赋为例。我国的自然资源分布具有区域和地方的不均衡性。由于地质、气候、水文等因素的影响,使自然环境的区域特征十分明显,不同地区间的环境呈现出不同的地理特征。就东西部地区整体情况而言,西部地区自然资源相对丰富、原生态环境系统保持相对完整、矿产

---

① 史玉成. 环境利益、环境权利与环境权力的分层建构——基于法益分析方法的思考 [J]. 法商研究, 2013 (5): 50.
② [瑞典] 托马斯·思德纳. 环境与自然资源管理的政策工具 [M]. 张蔚文、黄祖辉译. 上海: 上海三联书店, 上海人民出版社, 2005: 73.

资源相对丰富。从生态环境的现状看，中西部地区大部分是干旱、半干旱气候，植被覆盖率很低，水土流失和沙漠化趋势都很严重，生态系统相当的脆弱；还有一些地区是我国主要大河大江源头，地形复杂，动植物种类繁多，是我国生物多样性最为丰富的地方，这些地区在我国的生态环境保护中起着十分重要的作用，承担的环境保护义务也比较多。就自然资源的地方性差异而言，即使是西部地区不同的省份，自然资源的种类、存量、分布以及开发利用情况也不同。这使得环境和环境要素的开发利用具有鲜明的区域性和地方性。然而，从国家政策上，这些地区（西部和乡村）并没有发展的政策性优势。我国在区域发展上，首先发展城市和东部地区，并在各种社会资源以及法律制度上加以支持。长此以往，造成了当今农村地区、西部地区的经济落后和贫穷。这些地区是我国主要的贫困地区，面临着巨大的经济发展压力。经济发展和环境保护的矛盾在一定时期还很尖锐。

一般说来，资源的分配应当向较富裕的地区倾斜，这才是资源在本代人之间的分配较有效率的保证。问题是难以保证贫富差距的拉大。即使不考虑资源倾斜分配后地区之间、居民个人之间收入的扩大是否合理问题，[①] 基于地方和区域自然资源分布的不均衡性，以及地方经济、社会、文化方面的差异性，物权规制必须具有灵活性，切忌简单地整齐划一。公共权力对于环境和环境要素开发利用的规制，要尊重这种区域性和地方性。换言之，地方政府在环境和环境要素的物权规制上，应该具有较大的自由裁量权力，每个地方采用的规制手段，所运用的机制可以有所不同。这是公共权力干预环境物权合理性的内在要求。只有因地制宜地使用不同的法律机制和规制工具，才能够符合地方环境保护的具体要求。例如，对于经济发展较为发达的地区，公众的环保要求相应高一些，对政府环境执法的要求也较高；经济发展相对落后的区域，由于地方发展压力较大，所以在经济利益和环境利益的衡平中，经济利益在一定程度上具有优先性。环境法必须在基本权利义务分配平等地对待处于不同社会地位和不同区域的群体；它的各种制度安排必须在实现环境利益的同时，保证社会基本结构的正义。

对于我国而言，具有丰富生态功能的自然资源，主要集中在西部地区或者农村、山区。这些地区经济相对落后很大一部分，属于大部分贫困地区。而这些地

---

① 厉以宁. 经济学的伦理问题 [M]. 上海：上海三联书店，1995：205-209.

区往往处于生态敏感地区、生态功能区和生态脆弱区,因此,这些地区区域环境保护责任较重,但是,从生存权利和发展权出发,不能因为这些责任的存在,就过于限制这些区域的经济发展。为了取得环境保护和经济发展双赢的结果,应当在法律层面对这些区域给予充分的照顾。如果环境保护以牺牲少数群体的基本生存和发展利益为代价,这不仅是非正义的,也是非人性的。环境保护不能以降低生活质量为代价,在物权限制过程中,物权人能够获得的利益补偿应当与环境保护牺牲的实际利益相当。从环境的整体性上看,加重敏感区域的环保责任是具有合理性的,但因此否定这些地区的经济发展有失公平。只注重发展经济而不注重环境保护,环境恶化的结果不仅会抵消经济发展的成果,还会加剧生态环境恶化的趋势,产生大量生态难民。如果限制这些地区的发展,会带来制度上和事实上的不公平,加剧这些地区的贫困,而贫困问题反过来又会抵消环境保护的成果。

更深一层地理解物权限制的合理性理论根源,在于物权限制是限制自由权利,而不是生存权利。① 生存和自由,历来是人类社会追求的东西。生存和自由问题,是社会变迁中的永恒主题,其本质与国家、阶级和社会意识形态无关,但是其具体的内容,却与之密切相关。

生存权利和自由权利,与国家公共权力基本关系是"自由权主要是要求国家不干预,即要求国家消极地不作为,对国家权力划定其不能介入的范围;而要求国家权力积极地干预,为国家权力划定其应该的范围"②。而生存权是一项基本权利,是基本人权。政府应该积极帮助公众实现生存权,但是也必须遵守必要的界限,这个界限以不侵犯私权个体性权利为判断依据。政府为公众提供经济帮助和辅助,是对私权的维护。但这种帮助和辅助不能成为公共权力侵犯其他私权的借口。在福利国家,政府在公共福利方面的较重责任给了公共权力拓展的空间,同时,也为公共权力不合理扩张带来了便利。环境保护是现代政府的一项重要使命,政府在提供环境保护这项公共产品时,必须注意必要的边界,环境公共权力的实施应当成为公民权利实现的保障和前提,而非相反。从生存权的角度讲,环境公共权力的实施不能危及公众生存权的实现。当地方公共权力与公民生存权发

---

① 赵俊. 环境公共权力论 [M]. 北京:法律出版社,2009:156.
② [日] 大须贺明. 生存权论 [M]. 林浩译. 北京:法律出版社,2001:16.

生冲突时,利益衡量显得尤为重要。总而言之,从生存权理论出发,地方的发展权具有合理性。就贫困地区而言,生存权、发展权具有更为重要的地位,所以在进行利益选择时,生存权、发展权应当作为首先考虑的因素,这类问题的解决对环境保护也是有益的。如果选择环境保护优先,必须对贫困地区的生存和发展利益进行合理补偿。即便是建立了相应的补偿机制,区域发展也不应当停滞,政府有责任引导贫困人群和地区从事不使环境受害的经济活动。

四、公共权力调整环境物权的局限性——基于公共选择理论视角

公共权力介入环境物权具有内在的逻辑性,当然,也需要界定好其合理边界,否则,有违环境的公平和正义。公共权力在资源组织、初始资源配置、公共产品利用、外部性纠正等问题上,具有很好的功能。解决其合理性和合法性问题,可以在很大程度上释放其内在的功能。但是,公共权力调整环境物权问题,也是具有内在的局限性的。这种局限性主要体现为公共权力的有限理性和公共权力异化。[1]

(一) 公共权力的有限理性

权力的有限理性来自人的有限理性。新制度经济学认为,人的有限理性包含两个方面的含义,一是环境是复杂的,而人对环境的计算能力和认识能力是有限的,人不可能无所不知。[2] 在环境物权规制中,需要充分运用证据,辨明是非、厘清其中因果关系以确定当事人之间的法律责任分配,进而选择规制工具。环境物权利用过程中产生的环境风险具有很大的不确定性,这种不确定性在客观上表现为环境风险性质明确、环境潜在损害难以明确,由此,环境风险认定、评估、因果关系证明等成为难题,通过法律规则分配责任的目标难以实现。比如说,在自然资源利用过程中出现的随意干预现象,与自然资源主管部门难以适应专业化科学理性的需要不无关系。环境风险的不确定性所导致的信息有限、高技术水平要求、问题复杂化等因素构成了公共权力运用的瓶颈性约束,使得公共权力的运

---

[1] 黄中显. 环境风险治理碎片化与社会合作机制的形成 [J]. 学术论坛, 2016 (04).
[2] 卢现祥. 新制度经济学 (修订版) [M]. 北京: 中国发展出版社, 2003: 16.

行表现出较强的知识依赖性和专家依赖性。在我国，不管是在环境主管部门还是自然资源主管部门，整体上，行政人员业务素质、知识水平普遍不高、环境规制经验不足，这种状况使得上述环境问题政府干预的内生性困境更为突出。① 尽管政府在产权的最终保证上起着重要作用，但是它作为自然资源的直接拥有者和管理者却经常是彻底失败的，部分原因是政策失效背后的一般因素。②

客观上，在法治语境下，公共权力的有限理性还与法律的"时滞性"特征有关。法律调整社会关系具有"时滞性"特征。在现代法治国家，法律是一个国家普适性的社会问题治理机制。一般而言，法律所调整的社会关系比较典型化和定型化，换言之，只有经过理性建构的社会利益冲突类型才能被选择进入法律治理机制。新型社会问题从出现、到被关注、再到形成社会共识进而形成法律调整的社会关系模型，要经历很长一段时间，而且，法律作为一种治理机制有自身的规则形成程序，③ 这使得法律的治道变革总是落后于社会问题的发展。环境问题经过社会建构形成典型的社会问题，由社会问题提升为法律机制包容的调整内容，同样要经历社会理性的建构过程；何况，环境和环境要素利用上的因果复杂性、价值的正当性、科技的复合性等因素使得人们对之进行系统化和定型化的建构更为困难，表现在环境侵害的立法上，难以形成统一认识的环境侵害法规则，公共权力响应的"时滞性"更为突出。

当然，针对上述的困境，理论上可以通过特定的法律机制来增强科学理性并增强公共权力运行的理性。例如，可以通过优化行政部门人员的组成结构、提高环境问题干预的技术、接纳专业性中介组织适度参与、借助专家的知识结构等，来克服行政干预过程中公共权力运行的有限理性，提升效能。

---

① 黄中显.环境风险治理碎片化与社会合作机制的形成[J].学术论坛，2016（04）.
② 作者同时指出，有几个因素说明了为什么政府在将所有权转向实际控制和管理时会失败。这些因素包括大规模的国有化区域、地方控制到国家控制的快速转变、认识并尊重地区传统权利上的失败、在管理自然资源上的有限的预算和管理能力、日益增加的人口压力、农村发展提供就业方面的失败。这些因素中，地方控制到国家控制的快速转变、认识并尊重地区传统权利上的失败和在管理自然资源上的有限的预算和管理能力源于政府的有限理性。[瑞典]托马斯·思德纳.环境与自然资源管理的政策工具[M].张蔚文、黄祖辉译.上海：上海三联书店、上海人民出版社，2005：97-98.
③ 比如说，要通过正式提案、烦琐的立法程序、司法审判中接受和熟练运用法律规则也需要时日。

(二) 公共权力异化

公共权力回应失灵的另外一个重要原因是权力异化。公共权力运行的逻辑起点是公共利益和社会利益。换言之，权力不能成为个人或者组织谋取特殊利益的工具。主流经济学认为，在市场经济上，个人受利己之心支配自身利益的最大化；而在政治市场上，个人的动机和目标是利他主义的、超个人利益的，政治家的目标是谋求社会利益。[1] 一般认为，在市场领域中人们追求私人利益最大化，在政治上政府追求公共利益的实现。但事实表明，公共权力并非遵循人们所构想的运行逻辑，公共权力也会偏离既定的目标而发生代理异化、寻租、垄断资源等权力异化现象。公共权力是一种集合性抽象，在实践层面要依靠官僚制下的官员具体操作。但是，研究表明，作为个体性的官僚制化官员同样具有"理性经济人"的内在品格，"官僚化官员一般都有一系列复杂的目标，包括权力、收入、声望、安全、个人舒适、对理念、机构或者国家的忠诚，卓越工作的骄傲感，服务公众利益的渴望。"[2] 这些复杂的目标和动机，在不同的制度结构和外部环境下通过特定的组织形式得到释放，并通过公共权力的运行体现出来，这种特定的组织就是利益集团。

通过利益集团形式表达利益诉求是现代政治的运行模式。在我国，对政治生活产生影响的既有行业利益集团，也有地区利益集团，还有特殊利益凝结而成的利益集团，如生产利益集团、消费者利益集团、文化利益集团、残疾人利益集团等，其中影响最大的是地区利益集团。[3] 可见，在我国，公共权力异化的最大问题是地区利益集团的形成，具体表现为地方政府公共权力和生产企业的政经合谋所产生的利益集团，在集团利益驱动下，生态环境资源成谋取私有化利益的工具。[4] 在很大程度上，环境物权是经济利益和环境权益平衡问题，涉及自然资源的利用，而自然资源具有地方化、跨区域的特点，这必然触及地方企业经济利益和地方经济发展，这使得环境和环境要素开发和利用过程中的权益博弈更加扑朔

---

[1] 许云霄. 公共选择理论 [M]. 北京：北京大学出版社, 2006: 13.
[2] [美] 安东尼·唐斯. 官僚制内幕 [M]. 郭小聪译. 北京：中国人民大学出版社, 2006: 2.
[3] 方福前. 公共选择理论 [M]. 北京：中国人民大学出版社, 2000: 272.
[4] 黄中显. 环境风险治理碎片化与社会合作机制的形成 [J]. 学术论坛, 2016 (04).

迷离。

以矿产资源开发为例。在地方经济系统中,尤其是国有企业,都是在政府无微不至的关怀下成长。开发矿山资源的,很多是国有大中型企业。这些企业也是地方纳税大户,对地方经济影响举足轻重。在矿产资源开发过程中,重开发、轻养护,重经济、轻生态的现象还大量存在。但是,即使发生了环境污染事件或者生态破坏事件,政府也会想办法帮助企业摆平。在一些情形中,企业并没有真正受到处罚,没有真正从根本上消除环境风险行为。政府摆平的现象,折射出一个我国政府处理环境问题的惯用思维:以个案处理为准。环境问题和生态问题短时间内解决了,但是环境风险行为或然性概率并没有降低,环境风险依然存在。

在我国,中央和地方财政分权制度的确立确定了国家和地方的经济利益分成形态。从权力运行角度看,实际上是确立了权力运行的激励机制,即确立以经济发展、经济增长和财政贡献为地方官员晋升和政治市场中取得话语权的基本动力。同时,基于社会、外贸、WTO 承诺等多方面对国家政权合法性构成的压力,国家在环境问题治理上投入了相当的资本、权力和人力资源,并将环境问题治理绩效提升到政治高度,作为对地方权力政绩考核的基本要素。社会和个人是未经组织的潜在利益集团,而企业和政府都是高度组织的利益集团。在缺乏必要的公共权力监控机制和地方经济利益的驱动下,公共权力和地方企业经济的结盟似乎就是再自然不过的逻辑结果。①

以我国地方环境立法和执法为例。我国地方环境执法和立法的部门利益化现象比较严重。理论上,公共权力部门在执法中都以谋求公共利益为目标,不存在部门私利问题,但由于执行环境管理和监督事务的,都是个体性的公务员和具有独立诉求的具体部门。如果行政部门有关人员将个体私利渗透到环境行政中去,就会使部门执法也具有明显的利益倾向,这种利益倾向很容易异化执法的目的,造成部门间的利益冲突,不利于环境保护。这种行为的实质是公共权力的权利化。利益部门化现象同样发生在我国环境立法中。我国环境立法过程中,存在大量委任立法。地方人大的很多涉及环境资源的立法任务,大部分是交由主管部门进行草拟。在立法过程中,很容易使法适合于他们自己部门的私人利益,违反了社会和政府的公共利益目的之立法初衷。

---

① 黄中显. 环境风险治理碎片化与社会合作机制的形成 [J]. 学术论坛, 2016 (04).

当然，这种利益部分化现象客观上与我国环境和自然资源公共部门管理体制设定的权力边界不清晰有关。以水资源管理为例。我国环境资源开发利用的行政机关是水利部门，当在禁建污染型建设项目的生活水源地开发性污染，环境保护部门只能去追究具体开发者的污染责任，对批准开发的行政机关无可奈何。而环境保护部门一旦涉足饮用水水源地水利开发的污染监管，水利部门与环境保护部门间就可能发生激烈的权力冲突。但是，如果抛开部门思维，即使存在权力边界问题，这种冲突也能在一定程度和范围之内得到解决。

地方经济利益集团的形成，除了与地方政府经济 GDP 绩效考评机制相关，还与地方政府官员的逐利行为相关。在很多领域，国家公共权力正在逐渐回归社会，市场经济自由发展空间愈来愈大，经济发展产生的外部性问题使得政府干预市场运行具有很大的合理性。这是一个互动博弈的动态过程，社会发展空间的伸缩对应于政府公共权力的涨落。在涉及生态环境保护的经济领域，政府拥有生产项目的环境影响评价、环境许可、环境监察和执法等管制权力。换言之，政府通过环境管制对涉及生态环境保护的经济市场具有很强的导向性。这些管制产生了形式各异的租金，从而引发人们对租金的竞争。① 在缺乏有效的公共权力内部分权制衡机制和社会外部制衡机制的情况下，权力运用的过程很容易产生非法寻租行为——环境的管制权力被某种追逐个人私利或者集团利益的官员用来和企业贿赂进行放松环境管制的交换。② 在政府利益集团和企业利益集团的角逐中，政府是拥有相对的主动权，"政治家们一旦威胁要使用这种管制措施，生产者为了让他们放弃使用管制措施而支付给政治家的收益将超过政治家创租管制而得到的收益"③。这是一种公共权力和企业经济利益的联姻，这种联姻使得地方企业利益集团和政府利益集团都实现了收益最大化，并将社会成本转嫁给社会。

我国社会存在未经组织的环境利益和高度组织的经济利益—政治利益之间互动的失衡，这使得公共权力对环境物权可能缺乏有效的干预，社会主体的环境权益难以得到充分实现。

---

① [美] 戈登·塔洛克. 寻租：对寻租活动的经济学分析 [M]. 李政军译. 成都：西南财经大学出版社，1999：23.
② 黄中显. 环境风险治理碎片化与社会合作机制的形成 [J]. 学术论坛，2016 (04).
③ [美] 戈登·塔洛克. 寻租：对寻租活动的经济学分析 [M]. 李政军译. 成都：西南财经大学出版社，1999：92.

目前，在我国的环境行政立法和执法中，部门利益化、利益法律化的倾向很严重。理性地分析这种现象，政府行政机关考虑地方环境利益和经济利益是具有一定的合理性的，因为这些利益会直接影响区域群体自由的实现。

在水资源开发中，对区政府开发、利用水资源并没有建立起有效的约束机制。大多数地方政府都站在本地区立场上利用自然资源和进行生态维护，并可能为了地方利益展开激烈争夺，最终会导致资源的浪费、流失，利益争夺的另一个不良后果就是：当区域恶性竞争导致资源性污染和生态破坏时，特别是涉及不同区域间的环境责任时，污染治理和生态恢复的责任有可能在区域间遭推诿，出现责任真空。

五、环境法视野下对私法视角物权限制的修正

（一）环境法和民法视角比较下的物权限制[①]

民法物权法的法律本位、价值选择决定了在其视野下的物权限制具有内在的局限性。物权限制的根据是物权法规定之物权权利行使不得损害社会利益。对于社会利益的诉求主要通过两方面加以体现：一是通过设定他人权利构成制约或社会性一般义务加以规定；二是不得侵害国家所有权。环境利益的诉求实现是间接性的。而在环境法视野下，环境利益的实现是直接性的，法律规范直接体现环境利益的诉求。这是由于环境法和民法有着不同的立法宗旨、法域归属、保护对象和调整手段所决定的。环境法的立法宗旨就是环境保护和可持续发展、更多运用国家管制而在法域归属为社会法、保护对象是"环境"和基于环境产生的利益。

换言之，正是因为传统民法在其原有的框架之内无法完全解决新出现的环境问题，才有环境法的产生。如果说，在环境利益诉求下，物权限制的基本内涵为"基于环境利益实现而对物权之利用进行必要的限制和平衡"。民法意义上的物权限制，可以理解为民法民事权利充分行使基础上禁止滥用原则的展开。而在环境法视角下，对于"物权限制"理解与民法视角理解有所差异，这导致物权限

---

① 部分内容参考黄中显．环境法视野下的物权法社会化进程［J］．学术论坛，2015(06)．

制目标、内容和路径等有所不同，这种差异体现在：

1. 物权限制目标差异。民法视野下物权限制目标，是对物权人物权行使构成限制，以不损害公共利益。环境法视野下的物权限制目标，是对物权人物权行使构成限制，以不影响环境生态系统整体功能。这是由于两者之间对"物"之理解差异决定的。环境法视野下，物权法之物是作为生态系统的结构要素而存在的，具有功能的生态性和系统关联性，而民法视野下，物权法之物是作为独立性、分割性之物而存在。以森林资源为例，目前对之的立法状态是森林资源属于国家所有，在国家所有权基础上设立森林资源用益权使之得到社会利用。森林资源用益物权虽然是由所有权派生的权利，但它是一项独立权利，社会主体对森林资源的占有使用和收益的权能由用益物权人行使，国家和集体组织不得干涉。森林用益物权可以以私人物权形式存在，国家仅仅保留所有权的形式外壳。在环境法视角下，森林资源具有双重特性，因其经济资源属性而成为整个人类社会赖以存续的共同物质基础，因其生态功能属性而成为社会赖以存续的自然环境基础。如此，在民法视野下，对自然资源物权利用之限制，是基于国家所有权外壳、为实现国家利益进行的外部限制；在环境法视角下，对自然资源物权利用之限制，是基于自然资源在环境之"物"意义上的公共资源属性，直接为实现环境利益而对之进行限制，是为了实现自然资源环境生态功能的内部限制。民法意义上的物权限制，直接目标是基于社会公共利益限制权利不得滥用，但其中之社会公共利益并没有指明确的指向；而环境法意义上的物权限制，目标是在权利不得滥用基础上，要求物权利用尽量不影响物权之"物"所指向的环境功能。

2. 物权限制内容上存在差异。在民法意义上，物权限制体现为对所有权进行必要限制、他物权优先和权利禁止滥用之展开。在物权法"以物之利用为中心"法律制度目标之下，他物权优先在物权法限制上述三个维度中，占据主要位置。通过他物权优先，达到对所有权限制、权利禁止滥用之目标，从而最大限度实现物之经济利用。而在环境法视野下，物权限制的三个维度中，权利禁止滥用占据优先位置，通过物权滥用之限制，达到物权利用不得有损于环境生态功能的行为限制。但是，由于环境法对物权限制的目标追求之差异，物权利用限制之内容，不仅仅限于权利禁止滥用，而是追求物之生态功能的实现。因此，在限制内容上不尽相同。在达到权利不得滥用基础上，进一步体现为更多地设立物权利用过程中的环境生态恢复性义务，例如，在物权限制义务设定中，遵守自然资源规划义务、遵守环境规划义务、生态补偿义务、环境整治义务、环境生态功能恢复义务、替代性环境责任等更为广泛运用。

3. 在物权限制路径上存在差异。在物权限制路径规则构建上，主要体现为社会性义务规范设定和国家公共权力直接介入限制。在民法视野下，物权限制路径主要是社会性义务的设定：一方面，通过设定民事主体行使物权应该遵守的环境义务，进行直接规制；另一方面，通过在民法体系中设定民事性环境权利，通过权利间接制衡。例如，通过公民环境权利的确认和保护，达到对物权利用之限制。目前，与环境相关的民事具体权利，如清洁空气权利、日照权利、安宁权利、通风权利等，正在逐步受到关注和肯定。又如，通过对相邻关系进行补充或扩充解释，使得涉及环境利益的相邻关系得到较好的平衡。这种社会性义务规范路径，本质是采用私人对抗权利对抗机制，注重通过民事权利和义务的内部限制达到物权限制目的，使得环境公共利益能够通过私人性环境利益得到实现。在环境法视野下，物权限制路径不仅重视社会性义务规范的设定，还注重通过国家公共权力直接干预。在民法视角下，市民社会对国家权力保持高度警觉，国家权力应该保持对民事生活的最低限制，即使在民法限制、物权限制思潮的影响下，对于民事权利限制也只要采用私人权利对抗机制，而不是通过国家权力直接干预。这种物权限制路径，对于环境利益的实现是有限度的，或者说，并没有达到环境利益内在诉求、没有实现环境利益真正目的。那么，环境利益实现的真正目的是什么？在环境法视角上，环境利益诉求在宏观上是环境保护、对生态系统最少的干预，是物权之"物"之上生态功能最少毁损。即从环境法角度，物权限制主要是关注物权之"物"生态功能维护和实现，而不仅仅限于民法视角上之权利禁止滥用；对物权利用限制不仅是环境无害性，更重要的是环境要素的生态功能维护。这决定在环境法视野之下，物权限制路径不仅仅是社会性义务设定，更多是国家公共权力干预。在物权的利用过程中，环境规划、环境影响评价、环境利用规划等构成了重要限制，这种限制只能通过国家公共权力干预得到实现。

（二）环境物权与公共权力：从限制到规制

虽然对物权限制问题还存在一定学术争论，一些学者甚至认为物权社会化是一个虚幻的命题。① 但是基于环境利益实现的诉求，对物权利用进行限制是社会的共识。在此意义上，物权限制是一个必要的进程。从历史进程看，它是从对绝对所有权限制之上发展起来的，其逻辑起点是充分的物权权利。从限制路径看，主要是通过社会性义务设定和国家公共权力直接介入实现。在环境法视野之下，物权限制要解决的问题与民法视角有差别。环境法追求的目标决定了物权限制目标应是在物权不得滥用基础上，通过对物之生态功能的维护，维护环境系统功能，从而真正实现环境利益的内在诉求。由于限制追求目标不同，决定了在环境法和民法不同视野之下，物权限制内容和路径存在差异。后者注重采用权利对抗机制、加大社会性义务限制；而前者在后者基础上，还注重国家公共权力直接干预，注重环境规划、生态补偿、环境修复等规制的运用。②

物权限制的逻辑前提，是充分的物权权利。但是在环境法视野下，基于环境利益实现的内在诉求，国家权力对于物权限制的实现具有不可替代的作用。而在我国，物权并不充分。尤其是自然资源物权是从国家所有权派生出来，当前的现状是对于自然资源性物权国家限制太多，其物权利益并没有得到充分体现。这决定了在环境法视野下，我国物权限制进程中，一方面要解决物权利用限制问题、环境功能实现问题；另一方面是要释放自然资源物权，防止国家权力滥用而对自然资源"物之充分利用"功能的丧失。③ 换言之，对于自然资源，物权限制和物权的权能释放同时展开。这决定了在环境法视野下，我国物权限制具有特殊性，也面临更多的难题。

从以上认识出发，本书认为，环境法视角下的公共权力对环境物权的干预、约束和规范，已经超出了民法一般意义上的"限制"内容，也超出了"物权社会化"的一般理解。从更准确表达这种干预性质、规范用语而言，不妨称之为"环境物权规制"。环境物权规制一词，可以大致表达本书所要研究问题和所要传达的观点。

"规制"是一个目前学术界使用频率较高的词汇，但是目前尚无统一和明确的定义和内涵。正如学者指出那样，它是一个含义广泛的词语。只有联系不同经

---

① 田保军，孙学亮."物权社会化".一个大题小做的虚幻理论 [J].哈尔滨师范大学学报（社会科学版），2011（2）：31-37.
② 黄中显.环境法视野下的物权法社会化进程 [J].学术论坛，2015（06）.
③ 黄中显.环境法视野下的物权法社会化进程 [J].学术论坛，2015（06）.

济组织以及维持这种经济组织的法律形式的分析，才是了解规制的最佳途径。这种不同的经济组织，大致可以分为两类：市场体系和社群体系。①"规制"这个概念就是用来指称社群体系的法律，它具有三个基本特征：一是规制包含了一个更高主体的控制这一理念，这个主体是国家；二是国家及其代理机构运用的主要工具是公法，实施已不能通过私人主体之间的私人合同来达到；三是该法律体系是"集中化"。②但是值得注意的是，规制并不总是指令性、公益和集中化的。③

上述对于规制的学术认知，对于我国理解和定位环境法视角下的环境物权规制，具有重要意义。国家无疑在环境规制中具有主体性地位，所采用的工具既有强制性也有非强制性的，所规制的工具是体系化的而不是分散的，这样才有利于规制目标的实现。当然，更重要的是，环境物权规制的目标是环境公共利益，以纠正私权产生的外部性问题。

---

① 在市场体系（market system）中，私人、私人经济组织可以自由地追求自由的经济目标，只受到一些基本的限制，支撑这种安排的法律体系，其主要的工具是私法。在这个体系中，规制并没有发挥多大的作用。在社群体系（collectivist system）中，国家寻求指导或鼓励那些如果没有国家干预就不会发生的经济活动。其标的是纠正市场失灵以满足集体或公众的利益。[英] 安东尼·奥格斯. 规制：法律形式与经济学理论 [M]. 骆梅英译. 北京：中国人民大学出版社，2008：2.

② "集中化"是相对该市场体系的法律的"分散化"而言。市场体系下的法律具有私属性，在至少两个方面上区别于规制：一是它是由私人而非国家来实施权利；二是履行义务通常是自愿的，因为其本身就是双方合意的结果。[英] 安东尼·奥格斯. 规制：法律形式与经济学理论 [M]. 骆梅英译. 北京：中国人民大学出版社，2008：2.

③ [英] 安东尼·奥格斯. 规制：法律形式与经济学理论 [M]. 骆梅英译. 北京：中国人民大学出版社，2008：3.

第三章 环境物权规制的基本原则和路径选择

环境物权规制，必须具有既定的目标追求和遵循一定的基本原则，并契合一个国家当前的社会状态和法律框架，依照一定的逻辑，明确其规制应该遵循的路径和方向，正确选取物权规制的基本方法。本章主要环境法和民法一些基本原则在环境物权规制中的运用，并以此为基础分析环境物权规制应当遵循的目标、路径和采用的二元性规制方法结构。

第一节 环境物权规制的基本原则

环境物权规制的基本原则，表明对环境规制应该遵循的基本理念和基本方向。环境物权的规制，是通过对环境和环境要素在物权形成、物权行使过程中，通过公共权力介入形成的一种规范、制约和约束状态。目的是追求"环境"这一物权客体之上的经济利益和生态利益的平衡，实现环境公共利益的诉求。应该说，追求经济发展和环境保护之间的协调，实现人类社会的可持续发展，这一目标是环境法所追求的制度目标。环境物权法的目标，这是在物权领域范围内对环境法律目标的实现。因此，与其说是环境物权规制的基本目标，还不如说是环境法和民法、物权法的基本原则在环境物权规制上的发挥和运用。因为，环境法、民法物权法本身就包含这些基本原则。环境法的基本原则主要有风险预防原则、环境公平原则以及环境民主原则。民法的基本原则涉及环境物权规制的，主要是公序良俗原则和权利禁止滥用原则。本节结合环境物权规制问题，探讨这些原则的基本运用。

（一）风险预防原则及其运用

风险预防原则是考虑到有些环境危害存在着科学上的不确定性，为预防环境损害义务的发生所提出的指导思想。这个原则的核心在于当目前的科学技术水平无法对某一环境威胁做出预测或者预测之间存在矛盾时，从而降低环境风险发生的可能性及风险损害程度。这样就算是存在环境遭到严重破坏的威胁，现有科学技术手段局限也不会成为环境预防延迟和拒绝预防的借口，从而大大降低环境破坏事件所带来的经济和生态损失。

环境风险原则意味着要对一些行为和活动进行有害推定。对于现有技术无法准确预测的生态风险，为减少风险所带来的损失，我们应当对其进行认真的防范，并进行科学的持续监测和评估。然而即使如此，对不确定环境风险的监测和评估，还是需要通过科学的手段，可当前的科技水平是难以得出一个准确的认识的。

针对环境风险这种不确定性和风险性，对环境系统需要谨慎干预。尤其是对不确定性和风险性高发的领域。谨慎干预是对由于当代科学与技术的知识有限理性导致的风险不确定性，而提前采取的有效及相应的措施。它是建立在风险评估之上，目的是预见一个严重的损害及对环境不可逆转地的风险，以期控制在可接受的经济成本和社会成本之内。谨慎干预与能动干预之间并不矛盾。所谓的谨慎干预，指的是对自然系统的人类影响上，尽量少干扰自然。并非在环境问题上采取消极的态度。国家和政府及其代理机构，不能因为环境损害存在着不确定性，而怠于采取预防措施。风险预防原则一旦确立，就可以发挥价值目标功能，成为环境法目的解释的直接依据，实现对某些应然的环境利益的保护，从而预防一定危害的发生。① 但是采取措施需要谨慎进行。风险预防原则也不能成为政府借机扩大公共权力干预社会的理由。即使是风险预防，也要建立在必要的风险评估以及程序公正之上。所以从干预自然系统的视角来讲，需要谨慎干预；而从风险预防角度讲，需要积极规制社会行为和活动。两者之间并无本质上的矛盾和冲突。

风险预防原则中包含谨慎干预和积极预防的合理要素，对环境物权规制意义重大。具体体现在以下几个方面：一是环境物权的开发和利用，需要进行充分的资源状态调查和评估。一个地方的资源承载量，是这个地区生态系统构成要素的总量表征，代表了环境风险的某种表征。因此，需要对环境和自然资源状况进行科学评估。例如，环境容量分配、开发和利用，必须建立在对环境容量的科学测

---

① 吕忠梅主编. 环境法导论 [M]. 北京：北京大学出版社，2015：49.

评之上，因为环境容量大小，表明了环境系统的平衡能力，是环境风险的重要指标。二是对环境容量对环境功能和环境要素的利用，是环境物权权能的重要内容。一些自然资源的开发和利用，具有不可逆性的后果，例如不可再生资源，属于高生态风险的物权利用行为，需要重点预防风险，因此需要采取谨慎开发和利用，或者不开发利用的原则。由于再生资源和可再生资源对环境风险的影响不一样，因此，在设定环境物权权能的时候，应该对之采用不同的立法态度。三是政府要积极规范环境物权设定、权能行使和权利终止的过程，进行全程控制。环境和环境要素中承载着经济利益和生态利益的要素，而私有化或者个体化的一些物权形态，其物权人在一般情况下，不会去主动实现环境要素中的生态利益，而是根据"经济人"的逻辑，将逐利行为发挥到极致。如此，需要通过国家和政府的积极干预，设置社会性义务，从而预防在物权利用过程中的环境风险问题。

（二）生态优先原则及其运用

生态优先，有整体意义上的生态优先和局部意义上的生态优先。整体意义上的生态优先，是指在人类社会历史发展上，不管是现在、还是将来，都应该限制人类的生产、生活和活动，不能超越环境的承载力，是指在处理经济增长与生态保护关系问题上，确立生态保护优先的法律地位，作为指导调整生态社会关系的法律准则。[1] 局部意义上的生态优先，是指以具体区域或者某种资源，在经济利用和环境利用的权衡中，坚持环境利用优先而舍弃物之经济利用或者最大限度限制环境物的经济利用。之所以提出局部生态优先的观点，在于实际上，整体意义上的生态优先并不意味着每个局部的生态优先。例如，某些矿产资源的开发和利用，很明显是经济利用具有优先性，只是在开发利用过程中，也要顾及生产过程中的环境问题，但是就矿产资源这一环境要素而言，无疑是经济利用优先、生态利用次之。环境伦理学上，也存在开发利用和保存主义长期的争论。开发主义主张，保护环境应当在资源开发利用的过程中进行。而保存主义则主张，应该对自然保持最高的尊重，自然的是最好的，人类社会不应该去干预自然界。在整体意义上，对于人类社会而言，人类是自然的有机组成部分，利用自然是人类的本性，也是人类的自然性使然。因此，开发利用自然，是合理和正当的。但是，就

---

[1] 曹明德. 论生态法的基本原则 [J]. 法学评论，2002（6）：63-64.

某种具体的环境资源或者某区域的环境资源,是否应该开发利用,是一个具体利益权衡问题、公共政策问题。此时,针对这些具体的资源,经济性的开发利用和生态性的留存保护,都具有合理性,因而导致这一环境要素的态度发生社会冲突。此时,即使公共政策决定这一具体资源或者区域资源主要用于经济开发,以改善财政收入、改善民众福利,也是具有合理性的。本书之所以提出和强调这一问题,在于提醒整体性的生态优先,并不必然导致局部的生态优先。反之,要注意在具体的问题上注义局部生态优先的规则设置。

具体到环境物权规制,生态优先原则对之有以下重要的意义和启示:一是环境物权的设定、权能行使和终止,必须估计环境影响,以绿色的方式行使环境物权。权利人在其物权行使的过程中,应当同时承担节约环境资源和保护环境及环境要素的义务。二是注重构建对自然环境干预较少或者尽量不干预的物权利用方式。提倡重复利用和回收使用环境资源。环境物权人支配的环境物权权利终止或者环境物权人抛弃其环境物权权利时,不得随意抛弃环境物权客体,也不得以浪费资源和损害他人利益的方式抛弃其权利。三是国家和政府尽可能对环境要素进行排查、评估,对土地用途进行科学分类。确定不能用于开发和利用的自然资源清单,不能开发利用的土地类型。这些自然资源和土地,坚持完全的生态优先原则,禁止开发利用的目的在于保存生物的多样性、调解生态系统或者作为人类社会的某种精神性场所,因此,在其上不得设置涉及经济利用的环境物权权能或者物权形态。

(三) 环境公平原则及其运用

环境公平原则,是指对环境问题所涉及的相关主体,如开发者、污染者、受益以及主管者等,在使用环境资源或对环境资源造成污染和破坏时,应当按照环境公平精神,公平分配相关利益及其责任,以平衡各种利益关系、保护环境资源维持生态平衡。[1] 环境公平原则具体内容包含两个方面,一个是环境利益的公平享有,另一个是环境责任的公平承担。前者指的是当代人和后代人都享有平等的开发、利用环境资源的权利。后者则是指必须公平分配环境责任,人人有责。换句

---

[1] 吕忠梅主编. 环境法导论 [M]. 北京:北京大学出版社,2015:56-63. 同时部分观点参照了其中的内容。

说，由于环境污染和生态破坏而产生的各种环保责任，应在国家、企业和个人之间进行公平分配，实现环境利益的公平享有关键是落实公民的环境权、建立完善的生态补偿制度以及探索实现后代人环境权的制度安排；而实现环境责任的公平承担，应确立污染者负担、开发者养护、受益者补偿和主管者负责的相关法律制度。

具体到环境物权规制，环境公平原则对之有以下重要的意义和启示：

一是国家所有权不应该成为侵害环境的物权形态，换言之，国家所有权应该成为物权规制的重要对象。为了自然资源的保护，我国自然资源的权属采用了国家所有的物权制度。依理推之，国家所有权代表公共利益，应该充分发挥其实现环境利益的制度功能。但是现实情况却恰恰相反，在很多情况下，我国的自然资源国家所有权非但没有发挥其环境资源保护的作用，反而成为环境和资源破坏的推手。其中原因是复杂和多元的。但值得重视的是，从环境公平原则出发，国家所有权应该是实现环境公平的工具。从利益上，自然资源作为信托财产属于全民共有（人类共有）。从利益平衡上，社会公共利益（人类利益）高于一切的所有权代表的利益。

二是在保护和限制的平衡中实现对环境物权的规制。环境公平包括环境权利享有和环境义务承担二元要素。环境物权，首先是环境和环境要素的利用权利，然后才是在利用过程中承担的各种义务。因此，对于环境物权，也不能脱离物权利用的本质——在物权的利用过程中规范物权之利用。环境物权中的权利要素，仍然是物权主体各种权利的基石与核心。对环境物权进行规制，并非是对环境物权的排斥和贬低，而是通过对权利限制实现权利保护，从而实现实质性的环境公平。其最终目标是保护和实现环境权利。

三是环境物权的平等规制。环境义务的承担，本身包含了对物权主体的约束、制约和限制的内容。环境义务和责任的设定，针对不同的物权形态，可以有不同规制形式和方法。但是，这些不同的规制形式和方法，必须不带有物权歧视性质，即对一些种类物权有意限制、对一些物权有意放松规制。这其实是滥用规制公共权力的一种体现。之所以提出这个问题，在于我国的环境要素物权中，自然资源物权尤其是土地所有权，是国家所有权和集体所有权二元结构。在我国长期经济与社会发展中，对国家所有权是放任和疏于管制，而对集体所有权则是加强管制。对于集体所有权进行太多的不合理的限制。环境公共利益，给国家公共权力干预物权利用提供了一个具有合法性和合理性的理由。可以成为适当加强自然资源所有权规制的理由，而不能成为变相拉大国家所有权和集体所有权管制强度的理由。国家所有权、集体所有权应该进行平等限制。

四是注重物权规制的合理性。从环境公平出发，环境物权规制在很多时候体现为社会性、公法性义务的设定。要确保这些义务的设定是必要的和适度的。尽量经过科学评估，采用更有效、更经济、损害更小的规制工具和规制方法。另外，环境物权规制不得超出必要的限度，包括限制的力度、广度、深度、时限等方面都应控制在合适的范围之内，避免规制不足或规制过度。

五是注重不同利益冲突的协调和取舍。物权规制，本身就是协调和平衡同一环境之物上的不同利益诉求的。这些利益形态很复杂，有社会公共利益、国家利益、集体利益、私人利益等利益形态和交叉形态。从法理的利益序位上，一般原则是社会公共利益、国家利益、集体利益，集体利益到私人利益，私人利益处于最低位阶。但在具体的物权规制中，不能机械按照这个逻辑进行。现实中也不少见优先保护私人利益的情况。到底何种利益更优，我们需要做比较与权衡。例如，在某种情形下，当国家利益、集体利益和私人利益发生冲突时，如果私人利益更具有紧迫性和效用性，那么应该优先保护私人利益，而不能无视实际情况一味地坚持国家利益和集体利益。这方面，经济学为我们提供了很多优秀的模型和方法，例如可以进行科学评估，采用成本效益方法，等等。

六是注重对因物权规制而受损的相关利益补偿。在环境物权规制中，权利人的物权可能因为规制而产生物权客体损害或者经济损失。这是以小利益换大利益的规制，具有合理性。那么，牺牲的权利人可能构成特别牺牲。那么，应该对这些特别牺牲进行公平与合理的赔偿或者补偿，才符合环境公平之要求。从这些规制中受益的人必须对因规制而受到利益损害的人进行补偿，或者返还其从中获益。如因征收、征用而限制私人所有权的，所有权主体可向国家或集体请求补偿。这也是受益者补偿机制的内在要求。[1]

---

[1] 受益者补偿，主要包含两大内容：其一，针对以环境资源的利用而营利的单位或个人，即利用环境资源的单位或个人必须承担经济补偿责任。其二，针对用消耗自然资源或对环境有污染作用的产品的消费者，他们的消费活动如果消耗自然资源或对环境有污染作用，也必须承担经济补偿责任。值得注意的是，随着环境保护的概念从污染防治扩大到自然保护和物质消费领域，利用、消耗环境资源的主体范围不断拓展，环节也不断增加。从实际支付费用的主体来看，从原材料的加工、生产到流通、消费、废弃以及再生产等各环节都存在着分担费用的现象。因此，只要从环境或资源的开发、利用过程获得实际利益者，都应当就环境和自然资源价值的减少付出应有的补偿费用。具体参见吕忠梅主编．环境法导论 [M]．北京：北京大学出版社，2015：61.

(四) 权（力）利禁止滥用原则及其运用

权（力）利禁止滥用原则，可以分解为两个基本要素，权利不得滥用和权力不得滥用。权利不得滥用，是针对环境物权人而言；权力不得滥用，是针对公共规制部门而言。权利不得滥用，为环境物权规制确定了规制的基本依据；权力不得滥用，为规制本身划定了基本的权力运用准则和边界，即不得借用"权利不得滥用"而滥用公共权力干预环境物权。

禁止权利滥用原则是最古老的法律原则之一，是民法的基本原则之一。传统上，禁止权利滥用强调在权利行使的过程中不得以加害他人为目的，否则其行为将不被法律所认可。禁止权利滥用原则是民事主体行使民事权利的界限。权利都有一定的界，没有不受任何限制的权利。行使民事权利，超出了一定界限而损害他人权益者公共利益的，是权利滥用。① 权利不得滥用原则，在法律实践中，主要用于判断民法行为的法律效力和法律后果。一般而言，构成权利滥用的民事法律行为，归于无效或者被撤销之列。至于通常是否权利滥用，主要是从行为人的利益和他人或者社会受到的损害程度的比较，根据不同情况判断。权利不得滥用原则，与民法上的公序良俗原则相互呼应。公序良俗原则中的"公序"一般指是指社会的存在及其发展所必要的一般秩序，即公共秩序和公共利益。"良俗"指善良风俗，指社会的存在及其发展所必要的一般道德，即公共道德和公共伦理。公序良俗原则中本来就包含了权利不得滥用的内涵。因为违反公序良俗可以视为权利之滥用。私法以私权利为规范之中心，公法以公共权力为规制之中心，而公共利益则为两者之交叉。因此，权利不得滥用和公序良俗是公共利益为公共权力介入私权范围的合法性依据。可见，权利不得滥用和公序良俗所包含的公共利益内容，不仅仅是判断民事行为民事法律后果、承担民事法律的依据。

但是从另外的一方面，也要防止公共利益成为公共权力滥用的依据。公共利益，是所有权限制的社会基础。之所以要对所有权进行限制，目的是保护社会公共利益和国家利益。但是，要防止过于坚持国家利益、社会公共利益绝对优先与个人利益的观念。

具体到环境物权规制，权（力）利禁止滥用原则对之有以下重要的意义和

---

① 魏振瀛主编. 民法（第四版）[M]. 北京：北京大学出版社，2010：25.

启示：

一是环境和环境要素中具有经济利益和生态利益二元要素，换言之，如果某种环境要素被作为自然资源而设定个体性、私人性物权形态，基于该环境要素上本身就具有社会公共性的生态利益，那么，滥用自然资源物权本身就构成了对环境公共利益的侵害，即构成权利之滥用。环境要素中的自然资源，不仅是法律意义上环境物权的客体，而且还是整个生态环境系统中的组成部分。自然资源一旦被设定为物权，必然产生开发和利用的物权权能过程。对自然资源的利用，不仅关系到个人利益，还将影响到整个生态环境。为此，可以在物权公共性基础上，将公共利益、公共秩序、公共伦理和公共道德，这些在民法上抽象性的概念，通过公法立法具体化，充分释放禁止权利滥用和公序良俗的制度功能。

二是公共性、社会性义务设定。随着社会的发展，物权从以实际支配为中心的绝对所有权形态转移到以动态利用为中心的用益物权形态。在此过程中，环境物权占有、处分受到很大限制，激活了物权的价值和功能。但是，提高资源利用率的同时，也意味着加快了自然资源的开发和利用。而开发利用过程，传统上是以物权所有人基于其所有人地位，对物的用益权能加以限制。这是一种私法制约方法。但是，这种方法的前提是物权所有人是具体的、具有市场理性并占有信息的主体。这方面在我国难以具备。因为我国一直是把自然资源划归国家所有或者集体所有，尤其是在自然资源国家所有权上，主体虚位的状态长期存在。使得自然资源部门化、利益化，在管理上多采用强制性行政管制，不利于资源和环境的保护。权力禁止滥用，在很大程度上是让自然资源部门化利益回归公共性的有效路径。

第二节　环境物权规制的路径选择

环境物权规制，要解决的根本问题，是公共权力如何对功能性环境物权、要素性环境物权权能利用过程中，经济利益和生态利益的协调和平衡，遏制环境和环境要素开发利用过程中对环境系统破坏的不利因素，最大可能实现环境和环境要素整体价值的实现，实现社会和经济的可持续发展。因此，风险预防为根本，生态优先为主导，防范权利的不当行使尤其是滥用权利的行为，最终实现环境和环境资源利用过程中的代际公平和代内公平问题。在"权利"语境的时代背景下,以确认物权权利为基础,以环境和环境要素的国家所有权作为法律治理的切入点,构建二元协调的规制路径和方法。

一、环境物权规制路径的基本构想：权利确认下的规制

环境物权规制,涉及的问题是,如何控制环境物权利用的过程中产生的外部性问题,如何平衡同一物之上的经济诉求和生态诉求问题。关于这个问题,其实我国新颁布实施的《民法典》已经从物权的取得和所有权限制的角度对环境利益的诉求进行了回应,将其纳入制度设计,对物权的取得和利用构成必要的限制和平衡。这种限制和平衡体现在：[1] 一是对所有权的保护和限制。确定了物权的所有权的不同形态,并针对不同所有权设定必要的限制措施。例如对于自然资产的国家所有权确定、对于集体所有权的社会公益限制和土地用途管制、耕地保护等生态利用限制、对于个人所有权尤其是建筑区分所有权的物权利用限制、对于相邻环境关系的法律规制等。二是对于用益物权的保护和限制。如对于农村土地承包经营权的土地用途限制和流转限制、对于建设用地使用权取得方式和开发要求的限制、对于自然资源物权的取得和开发生态保护义务限制。总体而言,在促进物尽其用的同时,在物权法中具有一系列有利于环境和资源保护的规定。

私法物权法的物权限制方法,首先是对于物权的设立和确认,然后根据物权所应该承担的义务,对之进行限制。这种义务来自第三人、来自交易需要、也可能来自社会利益实现需要或者环境保护要求。只是,目前的物权法,"生态性"不足,难以摆脱其个体性性质,对于环境保护的功能有限。但是这一思路,却也是环境物权规制的基本思想和方法,即在确定基本物权基础上,然后根据各种合理性的利益诉求,设定环境责任和义务。但是不同的是,环境物权不同于传统物权,其物权形态和类型的确定,需要公共权力的干预或者设定。换言之,公共权力有构造环境物权形态的责任,在此基础上,根据环境保护需要的设定社会性义务和责任。在传统物权法,一般而言,物权中包含的经济利益内容是固有的,物权法是在尊重物权的经济利益基础上,对物权进行限制；而在环境物权上,环境和环境要素的经济利益,不是固有的,需要公共权力的干预和划定,环境物权规

---

[1] 黄中显. 环境法视野下的物权法社会化进程 [J]. 学术论坛, 2015 (06).

制具有二元性：一是确认环境和环境要素的经济利益内容，并通过环境物权形态进行确认；二是对环境物权进行规制，以实现其中的生态利益。

在西方发达国家处理环境外部性问题上，就有政府规制和私人产权安排之争。外部性问题产生的成本所要求的并非政府干预，而是重新安排私人产权。① 可见，权利的确认也是重要的和必要的。当然，权利确认前提的环境物权规制，并非是环境和环境要素、自然资源的无目的的私权化，而是在公平和效率价值平衡下，谋求公权和私权之间的平衡关系。

二、环境物权规制法律切入点：环境和环境要素的国家所有权

环境规制首先面临的问题是，环境和环境要素在物权形态下选择怎样的产权形态。对于环境要素产权形态问题，在物权法上，不同国家具有不同的选择。西方国家大多设定了自然资源的国家所有权、团体所有权和私人所有权。我国设定了自然资源的国家所有权和集体所有权，主要是国家所有权形态。当然，并非所有的环境要素，都设定了产权形态，只有被确认为"资源性"的环境要素，即可以进行经济开发和利用的环境要素，才设定在物权法意义上的产权形态。其他的环境要素，例如空气、荒漠、空间、微生物等，在民法上视为无主物。这种无主物的管理，产生了环境管理问题，一般被认为是公法问题不涉及产权问题。

但是，换个角度看，对这些环境要素的环境管理具有怎样的合法性基础？有无财产性的法理基础？早有学者指出，环境管制是国家隐含地对自然资源主张了财产权。② 换言之，对传统物权法视为无主物的环境要素进行管理，本身就是一种产权权利的主张，因为管制本身包含了环境要素利用的限制。这个观点对于我们理解环境物权规制具有重大的理论价值。

环境属于公共财产，是环境资源公共信托理论的核心主张。只是目前公共信托理论尚被认为是伦理性主张，而非法律主张。环境公共信托的理论代表是美国的萨克斯教授。他认为，人应该享有环境权利并且这项权利应该是具体的和可执行的。空气、水等环境资源不能再被视为"自由财产"而成为所有权的客体，

---

① ［美］史蒂芬·布雷耶. 规制及其改革［M］. 李洪雷、宋华琳、苏苗罕、钟瑞华译，宋华琳校. 北京：北京大学出版社，2008：36.
② ［美］科尔. 环境污染与财产权［M］. 北京：北京大学出版社，2009：32.

而应当是全体国民的"共享资源"和"共有财产",任何人不得随意占有、使用、收益和处分。为了实现对环境资源的合理支配和保护,有必要将其委托给国家进行管理。即使在此基础上创设国家所有权,也是一种相对的所有权——信托式的让与。类似于所有权以信托的方式被转让给他人(信托让与,fiduziarische übereignung)。这种情形,被称为"经济的"所有权与"法律的"所有权间的分离。① 国家和政府作为受托人,有责任和义务为委托人和受托人管理好信托财产,委托人和受益人则以依法享有权利。②

公共信托宣称的公共性,某些资源具有如此普遍的公共性质,以至于它们在本质上否定经典的自由主义意义上的私人所有权,这与大陆法系上的公产所有权概念更为接近。随着公共信托原则的基本功能从商业利用转为环境保护,它对传统的私人财产权构成侵蚀的可能性也大为上升。作为一种保护环境的重要方式,新公共信托原则因为环境利益的不确定性,而具有极大的不确定性。③

当前各国的国家所有权制度中,还没有整体设定环境国家所有权的立法先例。从环境是功能和要素结构二元性出发,环境功能体现在其环境容量,环境结构体现在环境要素。环境功能由于其物权客体的特殊性,因此,很少有国家设定其所有权形态。但是,将环境要素设定国有权,是一般国家立法之常态。④ 环境要素国有权,主要体现为自然资源国家所有权。换言之,国家主要是通过对一些自然资源环境要素进行国有权创设,从而达到对环境物权进行规制。

但是,设置自然资源国有权,存在一些不可避免的问题:一是哪些环境要素可以设定为自然资源国有权?二是该自然资源国家所有权是何种性质的国家所有权形态,是私权性质、抑或是公权性质?三是从不同性质的国家所有权出发,对环境物权规制有何实质性的影响?

对于第一个问题,原理上并不难解释。一般而言,只有对人类具有经济价

---

① [德]鲍尔·施蒂尔纳. 德国物权法(上册)[M]. 张双根译. 北京:法律出版社, 2004: 40-41.
② 吕忠梅主编. 环境法导论[M]. 北京:北京大学出版社, 2015: 67.
③ 邱秋. 公共信托原则的发展与绿色财产权理论的建构[J]. 法学评论, 2009(06): 29.
④ 《宪法》第9条明确规定,矿藏、水流、森林、山岭、草原、荒地、滩涂等自然资源,都属于国家所有,即全民所有,该规定确定了自然资源国家所有权的基本原则。

值、能进入生产系统成为生产要素的环境要素，才会在物权法中得到确认。如果一个环境要素，没有经济上的利用价值，那么，就很难在物权法上得到调整。物权法是物之利用权利基本法，一个环境要素，如果不能被利用，确认它的产权形态没有立法上的意义，这是传统物权法的立法逻辑。

上述分析对解决环境之一公共地悲剧问题具有重要的启示。

提到公共地悲剧，不得不谈到哈丁在解决公共地悲剧的时候，提出了两种限制获取和使用牧场的进路：一条进路是私有化。将自由获取的牧场转变为私人（但未必是个人）所有权。在一个私人所有的牧场，决定增加一头牲畜的成本将被牧场的所有者内部化。他们希望持续使用这块牧场，但不会使牧场达到濒临毁灭的程度。如果有一个合理的、经济划算的制度和组织结构来实施他的财产权，他保护牧场的决定就不会是徒劳的，而是理性的。第二条进路是管制，包括外部管制（政府管制）和内部管制（使用者的自我管制）。在这种机制下，通过给所有的放牧者确立（或者自我确立）某些限制，过度放牧的经济利益激励就会减少或消除。学者们已经讨论并区分了哈丁解决"公地悲剧"的两条进路，但学者都没能意识到这两种进路都是基于财产权：两种进路都涉及在原有的自由获取（或者无财产权）的资源上建立财产权。管制方法和"私有化"的区别不在于是否存在财产权，而仅在于所确立的财产权体制的类型。私有化将无财产权转化为私人或（共有）财产权。政府管制往往将无财产权转为公共/国家财产权或者某些公共财产权和私人财产权的混合形式。无论国家声称它是作为主权者采取行动还是作为所有者采取行动，它所主张权利在性质上都属于财产权。①

从以上思想理解环境物权规制的物权形态选择，那么，环境物权规制，并非如传统物权限制进路一般将物权限制理解为对私有性所有权过度扩张的限制，而是基于环境保护需要，在环境以及环境要素上加以限制，如果将环境以及环境要素设定为私人性物权形态，那么就回归到传统物权法领域进行调整，此时的环境物权规制主要体现为对私人性物权的限制和约束；如果将环境和环境要素设定为国家所有权和公共性所有权，那么即是以国有权形式和方法进行；如果环境和环境要素无法设定产权形态，则此时对环境的公共权力干预就成为主要手段，但是正如学者指出的那样，这种公共权力干预本身就暗含着财产权主张。因此，从本

---

① [美]科尔. 环境污染与财产权 [M]. 北京：北京大学出版社，2009：7-8.

质上讲，是否设定自然资源的国家所有权并不重要，重要的是在环境和环境要素上是否采用管制和采用怎样的管制。这个方法，可以使得我们获得对环境物权规制的洞见。争论自然资源国家国有权的私人属性和公共属性，固然重要。但是其实设定自然资源属于国家所有，本身就以为这是基于公共财产权主张权利，这和对作为无主物的环境要素规制本质上是一致的，都是在环境和环境要素上主张公共利益。因此，重要的是，不是国家所有权这个物权形态，而是国家所有权中私有和共有成分的比例配置。① 因此，环境物权规制的基本路径，是基于环境的公共性，将环境和环境要素设定为公共产权，然后根据在不同的情形下，针对不同环境要素价值和功能，决定公共产权保留或者转为集体性产权或者私人性产权，并采用不同的公共规制方法：如果是公共性产权保留，那么主要是设定禁止和限制的公共性义务；如果转化为集体性产权或私人性产权，那么国家立法部门需要确定其权能内容，政府部门在尊重物权权能基础上，设定禁止性或者限制性义务。

三、环境物权规制的二元结构路径

（一）二元要素划分为前提和基础

环境物权规制，首先是对环境物权之客体——环境和环境要素的规制。整体上，环境和环境要素都承载了人类社会经济、生态和社会价值的需要，但是每一种具体的资源形态，其经济价值、生态价值和价值的需求结构是不同的。有的资源以经济利用为主、有的资源以生态利用为主，而有的资源以社会价值利用为主。从环境和环境要素的自然意义特征而言，每一种资源形态要素所表现出来的特征、性质也不同，从立法科学化角度讲，欲要对之进行规制，必须要建立在环境和环境要素基本的划分之上。具体而言，要注重以下几种基本的划分方式：

1. 区分环境功能和环境要素。环境要素和环境功能，是环境系统的二元要

---

① 之所以提出这个观点，在于其实在国家所有权外壳下，一些自然资源物权是走私有化路径的，例如国有土地出让、拍卖以及自然资源采矿权的出让等。但是一些自然资源同样是国家所有权形态，但是基于其公共性利益的需求，没有采用私有化的路径，而是完整保存其公共产权的形态，例如生态敏感区、名胜风景区和国家公园中的自然资源和矿产资源。这是因为此时政府在国家所有权上主张的是公共财产权权利。

素。具有不同的自然形态和特征。环境要素体现为各种个体的、相对独立和形态可见和可相对分割的物理存在，因此，在物权意义上，其边界界定、总量计算、形体特征相对较为容易。而环境功能，是环境要素通过一定的关联性，形成一定的结构，体现出来的某种能力，这种能力主要体现为环境承载力、环境自净能力等，其边界界定、总量、形态等相对而言难以把握。另外，从人类利用角度看，人类利用环境功能的主要目的，是排放物质、污染物、噪音、辐射等，利用的是环境的自净能力。而人类利用环境要素的主要目的，是将环境要素，尤其是自然资源，作为生产要素加以利用，利用的形态是消耗、消灭。这就决定了两种形态的要素规制路径和方法不同。

2. 区分环境要素和自然资源。环境要素是比自然资源外延更为广泛的概念。他们在逻辑上是包容关系，即环境要素包含了自然资源。环境要素能否作为自然资源，进入人类社会生产系统，取决于自然科学技术、环境要素自身可利用的价值、社会制度乃至文化和社会价值观，其中最重要的是技术和经济价值。其中，环境要素只要是利用其作为环境构成所呈现出来的生态功能，而自然资源主要是实现人类社会对经济价值的利用。这决定了在其上设定的权利和义务是不同的。即使一种环境要素被列为自然资源，也并不当然意味着人类社会对其利用绝对是经济性的利用，而只是表明在技术上具有经济利用的可控性。因为自然资源本身为环境要素，其上具有经济利益和生态利益的需要。一种自然资源是否要进行经济开发和利用，还取决于社会对其生态利益和经济利益进行比较后的选择和决策。例如，森林是自然资源重要形态，但是并非说，只要是森林，就一定要开发利用。所以还需要对自然资源进行进一步的划分，其中最有意义的、也是最重要的划分，是将自然资源划分为公共性自然资源和经营性自然资源。公共性自然资源重在实现环境公共利益，经营性自然资源重在实现经济利益。

3. 区分稀缺性资源和非稀缺性资源。整体上划分了两种类型的环境要素。自然资源有不同的分类方法。根据其功能分，可以分为以生态利用为主和以经济利用为主资源；根据其稀缺性来分，可以分为稀缺性资源和非稀缺性资源。两种分类方法多划定的自然资源，是环境物权规制重点考虑的方法和路径之一。稀缺性资源和非稀缺性资源的存在形态，生长规律完全不同，决定了其利用形式不同。

4. 区分生存性环境要素和发展性环境要素。人是自然的组成部分,自然相对于人类,本身无明确的边界,因为人本身就在自然之中。这决定了人对自然具有依赖关系。人作为生存性动物,利用环境和环境要素,是一种自然的存在。因此,人对自然的利用,首先是生存性利用,然后才是发展性利用。因此,需要区分,哪些是人的生存性利用现象,哪些是人的发展性利用因素。这个区分的重要意义在于物权规制主要针对人的发展性利用的环境要素,而不是生存性环境要素。对于生存性的资源总的原则将是生活必须资源分配的平均原则。而对于非生活资源的分配,调节方式的资源代内分配当然是有偿分配。对于并非稀缺到不平均分配就无法使所有的人生存下去的地步的生活必需资源,以及哪些非生活必需资源,既然要依靠市场调节方式进行分配,所以这些资源代内分配要采取有偿分配。①

(二) 环境物权取得的二元规制：自由取得和行政许可

物权取得是权利之开始,是社会主体利用环境和环境要素的法律意义上的合法性基础。环境物权与传统物权在人的利益实现上,最大的区别在于环境物权行使,涉及人的生存问题,与人作为自然意义上的个体生命存在密切相关。人的生命存在和维持,无不与环境和环境要素的利用有关。环境权是一项基本人权。核心是生存权。② 从这个意义上,环境物权与环境权中的基本权利等同。正是在这个意义上,环境权被视为基本人权,是自然法意义上不可剥夺的基本权利。于此而言,在此情形下,社会个体对环境和环境要素的利用,被视为理所当然具有合法性,不是法律意义上的权利。这种权利,本质上不能进入法律规范的视角之中,因为法律作为社会治理机制,是因社会问题而存在。但是,在法治语境下,也还是需要某种法律的"宣示"。因此,人对环境和环境要素基于生命个体维持意义上的获取,是无须法律授权的,但这与法律上的宣示并无矛盾。法律的宣示,作为形式意义的规范,旨在彰显生存性需要的重要性。自然资源的分类对于

---

① 厉以宁教授在文中是将资源分为生活必需的资源与非生活必需的资源两类,类似于本书所做的生存性环境要素和发展性环境要素分类形式。厉以宁. 经济学的伦理问题 [M]. 上海：上海三联书店, 1995：205-209.

② 吕忠梅. 沟通与协调之途——论公民环境权的民法保护 [M]. 北京：中国人民大学出版社, 2005：37.

物权取得具有重要意义。如果是生存性环境要素，那么自然人有自由获取和利用的权利；如果是发展性环境要素，则需要经过法律授权。当然这并不是说只要是生存性环境要素，自然人就有无限获取的自由。例如水对自然人的生存具有重要价值，任何人都可以自由获取基本的用水。但是反之则不然，自由获取并不意味着某个个体可以独占水资源。

而对于非生存性地利用环境或者环境要素，超越了个体生存意义的，那么应该受到某种规制。这种规制形式，目前法律上主要采取行政许可方式。为了对社会主体的行为进行有效控制，从事某种行为或者活动之前，设定一定的条件对活动进行准入控制，是规制常用方法。这种方法通常采用行政许可形式。①

许可在社会管理中具有重要的功能。这种控制手段不仅被用于维持最低程度的质量标准，它们是在规制活动发生之前颁发的，其目的显然是为了避免发生不符社会利益的行为；评估所有从事该活动的人行为的潜在质量，以确定其是否达到要求的标准。但是，这种方法的运用基于公益理由，其获得的收益必须足够大，能够证明付出的大量成本是值得的。行为结果可能带来灾难性以及在形成执行标准两种情形中可能会带来巨大的收益。② 环境和环境要素的利用，具有极大的外部性，对于环境和环境要素的许可利用，具有很强的公益性。环境要素的使用者从环境要素上获得的利益或非金钱效用，可能给环境系统、其他环境要素利用人或者社会带来负效用。因此，在环境问题上采用许可形式具有重要的制度功能。

具体而言，在环境物权规制上采用许可形式具有两个重要的功能：一是便于有效控制环境风险。控制环境风险是环境行政许可最主要、最基本的功能。生态环境一旦被污染或破坏，往往需要付出昂贵的代价才能恢复，甚至无法弥补和恢复。这一客观现实，要求解决环境问题的方法以事前预防为主，这是许可制度在环境法上得到广泛运用的根本原因。立法机关可以通过设定环境行政许可项目，将某些环境危险性行为纳入许可证管理的范围，从而避免了这类行为的任意性；行政机关可以通过实施环境行政许可，使相对人在环境法上的权利、义务和责任

---

① 关于行政许可，我国《行政许可法》第2条："本法所称行政许可，是指行政机关根据公民、法人或者其他组织的申请，经依法审查，准予其从事特定活动的行为。"
② [英]奥格斯. 规制：法律形式与经济学理论[M]. 骆梅英译. 北京：中国人民大学出版社，2008：218.

具体化、现实化，从而使环境风险处于政府可控的范围内。二是配置环境资源。行政许可便于国家从有意向的资源使用者中选择较佳的使用者。并确定环境和环境资源的分配形式。对于作为环境要素的自然资源分配一般采用有偿分配方式；对于作为环境功能的环境容量，通常以免费分配为主，同时从总量指标中抽出一部分指标，采用拍卖等有偿方式进行分配。

(三) 刚性规制与柔性规制的二元结构

环境和环境要素上承载的环境公共利益，决定了国家干预的必要性和合法性。放任自由的自然资源利用，无疑会加速了公共地悲剧的出现。但是，国家公共权力对于环境物权规制的正当性，并不等同于规制的有效性。一是国家公共权力物权规制具有内在的局限性，即公共权力的有限理性和公共权力异化；二是国家公共权力采用何种形式和方法，对环境物权利用进行干预，效果也不同。总而言之，公共权力规制的正当性并不意味着公共权力干预的有效性。例如，我国的自然资源单行立法，基本是在改革开放初期计划经济体制的背景下制定的，这些带有计划经济特征，是刚性干预为主，即采用禁止性、规范性、计划性的义务设定为主。忽视柔性的、非刚性的方式，务实市场机制在自然资源利用上的作用。为此，必须更加注重市场机制与政府干预在环境物权规制领域的相互配合和协调。坚持市场在资源配置方面的基础作用，重视政府作为克服市场失灵的功能，明确政府在具体事项中的角色定位，注重规制工具的不同选用。

此外，环境物权的公共规制，还需要强调的是国家和社会之间的合作。这种合作是为了克服单纯的社会市场运行机制所带来的市场失灵问题，也是为了克服单纯的国家权力干预机制所带来的政府失灵问题。这是纯粹的政府单一规制主体到多中心治理的转变。社会的治理是一种多中心治理、网络结构治理的模式。这种模式既通过国家与市民社会的合作来排除社会中心论，也排除国家中心论，成为一个拥有多中心的网络体系。[1] 就公共权力的运行而言，无论是在公共物品的提供机制上，还是在社会事务的治理上，都要改变其原有的单向度、"唱独角戏"、强制性的运行模式，而代之以多维度、合作共赢、软性的和社会高度协同

---

[1] 郁建兴，吕明再. 治理：国家与市民社会关系理论的再出发 [J]. 求是学刊，2003 (03).

的模式。

环境物权规制,本质上是一种公共产品的提供过程。在公共物品的供给机制上,要区分公共物品的提供和生产而采用不同的供给机制。①

环境物权规制,要求改变过去过于刚性的、单一的政府治理工具和机制,而提倡根据不同事物的类型、考虑社会民众的多元诉求以及社会公共利益的需要来选择公共治理工具。公共利益是政府存在的合法性基础,也是公共权力运行的逻辑起点和终点。因此,要从公共利益出发、综合考虑效率和公平标准来选择和评估不同的治理工具;同时,由于公共问题的复杂性,使得单一的政府规制工具都不足以完全解决某一公共问题,应考虑综合选择不同的治理工具。②

(四)权利确认和公法规制的二元结构

在环境法上,历来有权利本位和义务本位之争。环境义务的设置的重要性,不言而喻。而通过权利配置来实现环境规制,虽然不乏学术主张,但是在环境法的社会实践中,并没有得到真正的立法确认。例如,环境容量的使用,在当前的法律实践中,并没有发展出一种私法性的权利,而是被认为是行政许可行为的一种映射利益。对于环境和环境要素利用,如果没有权利化,其实很难实现对于环境物权的真正的有效规制。本书也反复强调,环境物权的规制,需要在权利确认基础上进行的公共权力干预。当然,在当今法律制度、社会背景下,公共权力对

---

① 孙柏瑛. 当代政府治理变革中的制度设计与选择 [J]. 中国行政管理,2002 (02).
② 张成福. 论政府治理工具及其选择 [J]. 公共行政 (人大复印报刊资料),2003 (04). 文中指出,依据政府使用权威的程度,政府介入提供公共产品和公共服务的程度,政府介入社会事务管理的程度,可以把政府治理工具和机制划分为如下主要类型:一、以市场为核心的治理工具和机制,就是政府利用市场机制的运作,来解决公共问题,实现政策目标。凡公共事务能够以公开、公平、自由竞争的方式,达成较大效益者,便适合市场的机制。市场机制治理工具的基本指导思想是利用市场机制达到资源的最佳配置,向公民提供更好的服务。二、财政性工具与诱因机制,就是通过改变产品和服务相对价格的补贴以及课税,提供诱因,促使政策的目标群体能够改变其行为,以符合政府治理的目标和要求。诱因性工具的核心是利用人们趋利的特性,达成政府治理的目的。三、管制性工具与权威机制,就是政府利用公共权力和权威,利用法律和法规来规范社会组织和公民的行为。管制性工具的主要目的在于维护社会秩序和公共利益,维护交易公平。四、政府直接生产或者提供公共产品与非市场机制,就是为解决公共问题,满足社会公众的需要,直接运用政府的公共权力,为社会提供公共产品和公共服务。

于环境物权的规制内容，包含了对于环境物权私法性权利生成的干预，即通过公共权力干预以形成环境物权，回归环境物权规制的内在逻辑。

环境公共产权转为私有性产权的内在动因，是因为公共产权或者国家所有权，有时候不是解决环境问题的最有效的方法。大致说来，公共国家所有权的问题可以归结为对公共资源管理人的激励问题，这经常导致管理人采取无效率以及对环境有害的管理政策。私人财产所有者不一样，管理公共所有的资源的官僚和政客并非受利益动机驱使来最大化他们所控制的资产已折现的净经济价值；公共资源管理人很可能比在其他财产权安排下更少关注维护，更别说最大化他们所管理的资源的经济或环境价值。[①] 这也是所有权、财产权失灵的一种状态。解决的方法，是将公共或者国家所有的环境物权，转为个体性的环境物权，界定清晰、可执行且可转让的环境物权，通过市场机制，来实现环境物权利用外部性的内部化，决定资源的最优使用问题。这也是经济学产权学派的主要解决环境问题的进路。产权理论认为，当环境和环境要素的产权界限不清或者产权保障无力的时候，很容易发生环境污染和生态破坏现象；反之，当环境和环境要素的产权清晰或者产权保障得力的时候，产权人会基于自身利益的最大化，对自己支配的环境要素成本收益进行科学评估，并有效分配和利用。外部性的问题，可以通过达成一致的协议，将外部性内部化。

在环境物权规制上，是在原有的环境公共产权上进行个体性产权的设置，因此可以认为是部分公共产权的私有化或者个体化进程。对于功能性环境物权，其利用客体环境容量有限，而且，确定产权也相对困难。主要是采用行政许可等公法规制来解决外部性问题。但是，设定了行政许可，实际上等于界定了支配环境容量的内容和范围，就形成了权利边界清晰的个体性产权。为了更好地发挥市场机制的资源配置作用，在这种情况下，政府应当允许市场主体自由交易许可证上的权利，实现资源的优化配置。因此，功能性环境物权的物权取得的许可规制，是在获得许可证之后，通过市场机制对许可证内容进行交易。由于许可证涉及初始权利分配、总量控制等复杂问题，因此，需要政府对交易客体、交易市场进行必要的干预。

对于环境要素物权，能进行个体化物权形态转化的，是经济性利用的自然资

---

① [美] 科尔. 环境污染与财产权 [M]. 北京：北京大学出版社，2009：40-41.

源物权。即在国家所有权或者公共所有权的逻辑性下,对部分的自然资源的开发和利用权利私有化,进行经济利用。环境许可的目的,是对自然资源进行初始配置,形成自然资源物权的内容。自然资源具有有限性、稀缺性的特征,国家只能将资源配置给较佳的使用者,以保证其得到合理且良好的开发利用。当然,对于非自然资源的环境要素,即使将公共性物权个体化,但是可以通过特许经营的方式,通过招投标方式选择合适的环境要素或者生态系统的管理者。

(五) 义务设定的二元结构:社会性义务的宏观规制和微观设定

社会性义务的宏观规制和微观设定,实际上是要重视在环境物权规制过程中,整体性义务的设定方法和个体性义务方法的运用。整体性义务配置,需要解决的是为环境物权行使设定基本的、整体性的框架,而个体性义务的设定,需要解决的是具体环境物权行使过程中,针对不同环境要素利用而设定的具体作为和不作为的义务。

1. 社会性义务的整体设定。环境作为物权客体,最大的特点是其整体性和关联性,整体性特点决定了环境物权利用上需要从整体上考虑物权设定和利用的效果;其关联性特点决定环境物权利用上需要充分考虑对其他环境要素的影响程度。这需要对环境物权限制性义务进行整体性设定。这种整体性设定体现在规划、生态红线控制、总量控制、特殊资源专门保护、生态功能区划分等方面。以总量控制方法为例①。不管是在功能性环境物权,还是要素性环境物权,总量控制是前提和依据。对于功能性环境物权,其总量控制体现在对环境容量总量分配和交易控制;对于要素性环境物权,其总量控制体现在自然资源开发利用过程中,对资源总量占有、开发和利用的控制。这也是控制自然系统平衡,避免其超

---

① 总量控制方法作为一种整体性控制方法,是为了克服浓度控制方法的局限性发展起来的。浓度控制,是指以控制污染源排放口排出污染物的浓度为核心的环境管理方法体系。其核心内容为国家环境污染物浓度排放标准。长期以来,浓度控制方法一直是我国主流和主要的环境污染控制方法。以大气污染浓度控制方法为例。它是根据大气使用功能要求及自净能力,对污染源排放的污染物总量实行控制的管理方法,基本出发点是保证大气使用功能的空气质量限制要求。为实施大气污染防治的总量控制,首先应通过制订区域性的空气质量规划,拟订排入大气各主要污染源及各企业的污染物允许排污总量,还应与各企业的污染物排放总量控制规划提出的排污总量相互协调统一。污染物总量控制可使大气环境质量目标转变为流失总量控制指标。它是环保部门发放排放许可证的根据。

出控制限值而导致系统崩溃的基本要求。

2. 社会性义务微观设定。社会性义务微观设定，是要解决具体上环境物权规制性义务的设定、应该包括哪些方面，以及大体上应该如何设定的问题。在解决了环境物权产权形态设定，物权获得这些基础性的问题之后，需要对获得的环境物权进行进一步的规制，以实现对环境物权的全程规制。主要是在环境物权行使、转让和终止过程中，设定必要的义务以防治污染环境或者生态破坏的外部性问题。

社会性义务的微观设定基本方法，是要实现在环境物权的开发利用过程中，进行全程控制，即设定环境物权行使中环境和环境要素的动态保护义务。从环境法的发展看，环境法作为"生存法"，其权利本位思想越来越得到认同。但是，权利保护的重要一面，是通过设定相对人或不特定多数人的义务进行的。因此，环境义务的设定，是环境权利保护的传统方法，也是重要的方法。环境物权的行使过程，是以环境功能和环境要素为载体的。尤其环境要素中的自然资源，其开发和利用，基本上是以物理形态的消耗、损害或者消灭为前提，对环境质量影响很大。这种影响体现在两方面：一方面是由于这些自然资源本身是作为环境要素，构成环境系统的一部分，对其开发本身就是对环境系统的损害；另一方面，开发和利用这些自然资源，需要进行各种生产要素投入，开发和利用这些自然资源的过程，也会产生噪音、粉尘、浓烟等环境污染。因此，需要在环境物权的获取、开发和利用过程中注重其环境义务设定。这种义务设定，应该具有动态性、全程性。从物权获得开始，就应该设定，即作为环境附随性义务附加与环境物权取得之上，作为物权人获得某种物权的前提条件。

设定动态性义务，应该考虑到不同环境要素的主要功能和性质。生态价值突出的环境要素，例如湿地、沼泽、国家公园等，应该主要设定禁止性和限制性的义务，以及设定政府公共权力的规制责任；对于生态性价值较大，但是也具有一定经济功能的环境要素或者环境系统，除了设定禁止性和限制性义务之外，还应该对经济功能价值的开发利用类型、形式和方法等进行限制性规定，防止不利于生态系统保护的经济利用模式。对于经济性利用价值较大的环境要素，即可以作为自然资源进行经济开发和利用的，主要是设定在开发和利用过程中构成外部性问题的行为义务，即将经济开发和利用控制在环境无害的要求之内。

四、我国环境物权规制的路径依赖问题：需要国家干预的供给机制

在国家政策的发展过程中，似乎存在大量的"路径依赖"现象，一旦一个国家开始实施某种政策，就会导致某种固定模式的政策导向、学习效应以及未来接受政策工具的经验。①

中国社会无法解决自身的公共性缺失问题，也无法解决集体行动动力缺乏的问题，社会无法自发形成环境物权规制。由于社会资本的缺失，在环境物权规制问题上，我国缺乏需求诱致性的制度变迁模式的社会诉求。制度供给只能依靠国家，并采用强制性制度变迁模式。问题是，国家是否存在物权规制供给的基本动力。

在理论上，国家具有制度供给的义务。环境物权规制供给的国家义务来源于国家的环境责任。国家的环境责任是环境公共信托的内在要求。环境信托理论②认为，环境资源属于公共资源，具有公共物品的性质，因此在"私域之治"无法通过民法的私有产权进行制度安排以妥善地保护环境，为此，人们将环境资源作为信托财产、以全体公民（包括当代人和后代人）为委托人和受益人，以政府作为受托人、以环境资源的可持续性利用为目的设立公益信托，政府因此具有了环境公共治理的权力和职责，公民也因此具有了在环境权益受到侵害之时诉求公权机构寻求救济的基本权利。环境公共信托是自然权利让渡在新时代的基本内容，由此产生了环境公共治理的国家责任，使得国家环境公共治理权具备了合法性基础。

由于国家环境公共权力权在实际运行中陷入了困境，几乎在任何的环境问题治理领域都存在不同程度的权力失灵，动摇了国家环境公共治理权的合法性基础。这种权力失灵主要表现在地方政府对环境问题的治理失灵。这种失灵从经济、法律等多层面表现出来。从经济学角度看，政府环境职能失灵表现在环境公共政策失误、政府工作机构的低效率、政府的盲目扩张、政府的寻租活动等方面；从法律的角度看，政府环境公共权力的失灵表现在环境公共权力设置不当、

---

① [瑞典] 托马斯·思德纳. 环境与自然资源管理的政策工具 [M]. 张蔚文、黄祖辉译. 上海：上海三联书店、上海人民出版社，2005：201.

② 关于该理论的详细阐述参见吕忠梅. 沟通与协调：公民环境权的民法保护 [M]. 北京：中国人民大学出版社，2005：74-87.

环境公共权力运行不当和权力监督机制不健全等方面。① 公共权力曾一度偏离其根本的目标和价值——公共性，并陷入了在官僚制主导下的低效率、高成本和结构失衡的局面，其合法性基础不断受到来自社会的质疑，为此，国家在制度供给的层面上存在很大的压力。

国家权力系统内部的结构失衡推动了环境公共治理模式的转变。在我国，关于环境物权规制的最大的问题是公共权力的内在局限性，使得环境物权规制往往流于形式，环境物权人的权益得不到充分保证的同时，环境物权规制也缺乏绩效。个中原因，除了公共权力自身的扩张特性和官僚科层组织的内在缺陷外，更重要的是地方政府公共权力和经济利益的联姻导致的地方保护主义。在某种程度上，国家权力和地方政府权力在博弈的过程中已经慢慢丧失了对地方环境问题治理的实质控制权，地方政府公共权力和地方资本合谋产生的社会分利集团对国家的社会控制能力造成了根本性威胁，政令不通已经成为国家公共权力运行的重大障碍，因此，国家需要通过有效的公共权力运行来取得对地方环境公共权力的有效制约和平衡。确立环境物权的私人性权利，有利于打破这种地方利益化现象。环境物权规制的内在动力，其实一部分来自企业，通过企业的环境物权权利行使的成本和收益平衡，取得环境权益和企业经济利益之间的平衡。通过确认企业的环境物权权益，并赋予一定的社会性义务，在本质上转移了环境物权规制方法和路径，减少地方政府对于环境物权人的直接干预，使得环境物权利用的利益在一定程度上远离地方政府干预的半径，利于实现分配正义。这是更为广泛意义上的环境物权规制。

环境物权规制机制回应了社会利益的需要，是对潜在环境利益集团诉求的平衡协调机制。环境物权行使很容易导致环境侵害的发生。环境侵害发生后，不管是司法救济、行政救济还是自我救济，所能解决的只是对侵权责任、损害后果的一种程序性分配，并不能真正解决实际的风险规制问题。生态利益和经济利益之间的张力依然存在，这种张力构成了传统物权规制方法内在的局限性，也是引发社会冲突的因子。环境物权规制，尤其是宏观性的物权规制方法，例如功能区规划、环境规划以及生态红线控制等，使得环境物权权利的行使，具有实质性的预

---

① 赵俊. 环境公共权力论 [M]. 北京：法律出版社，2009：184-192.

期。国家可以通过宏观上操作物权利益的分配以及社会性义务的设定，来达到环境公共利益实现的整体诉求，缓和社会与企业之间的张力。环境物权规制在此实际上是作为一种环境治理机制，作为一种治理机制，释放作为规制主体的政府与作为被规制主体的企业以及企业之间对社会潜在环境利益集团利益张力，这比其他的政治技术、行政技术等更具有优越性。

过去，我国在环境问题治理上主要采用国家管理模式，这种模式以环境义务为本位，以维护统治秩序为目标，追求统治阶级利益的最大化。法律虽然确立了国家环境保护基本义务，但是，在社会现实中，经济发展优先的思想还占据主导地位。在公共权力运行不断出现失灵的情况下，政府垄断社会资源、包揽所有环境保护和救济事务的做法不断受到质疑。为此，利益诉求和环境刚性规制之间的冲突得到一定程度缓和，这种缓和体现为国家和政府真正承认企业利用环境的正当性和合理性，并通过环境物权的逐步确认（包括环境容量使用权和自然资源利用权）得到强化。这种纠正体现在国家对垄断的环境问题治理权力保持了一定开放性，在环境问题治理上吸纳和整合了公法和私法统一调整的综合性机制，实现环境公共产品提供主体的多元化。但是，纯粹通过私权方法调整环境和环境要素的开发利用问题，对于环境公共利益实现的深度和广度很有限，但可以表明社会已经逐渐形成一种变革环境治理权力的内在需要，这种需要正在对国家制度供给产生持久压力。

具体到环境物权规制的技术层面，国家通过环境物权规制构造了内在的软性激励机制，可以改善对企业环境风险行为的治理。过去，对企业环境风险行为的规制主要是采用行政处罚等刚性措施。这种措施是点对点控制模式，需要政府充分掌握企业环境风险信息，为此，必须对企业的环境风险行为进行动态跟踪。这在理论上即使可以讲得通，但在实践中由于政府的有限理性、官僚体制弊端、信息收集成本高等因素而使这种控制模式难以奏效。地方保护主义的形成更使得这种机制陷入了死胡同。而通过构造环境物权规制的二元结构方法的运用，国家与社会的整体环境风险治理专业能力将得到强化；通过赋予企业环境物权、并构建交易机制的软性经济激励机制的塑造，对企业构成经济强制性，可以改变企业的市场选择并强化了企业的社会责任。影响政策工具选择的一个因素是决策者自身的性格特点。由于决策的理性程度和时间都是有限的，不要期望决策者了解与所有主题有关的每一个内容，他们收集与所确定主题有关的信息的时间通常也是短暂的，因此他们普遍会借助各种方法来作出决策，如向专家咨询、凭经验估计、边做边学或者遵从某种意识形态。意识形态从某种程度来说是一种信念体系，这种信念体系不仅包括规制目标，同时也包括规制方式。①正如奥尔森指出："对组织进行系统研究的逻辑起点是他们的目的。"② 组织目的决定了组织的基本诉求和行动方式。国家公共权力的目的在于在整体上平衡整个社会的利益诉求。在目前的情形下，国家需要通过二元结构的环境物权规制方法，达到环境风险的有效规制。但是，在我国当前的国家背景下，需要国家主动提供制度供给。

---

① [瑞典] 托马斯·思德纳. 环境与自然资源管理的政策工具 [M]. 张蔚文、黄祖辉译. 上海：上海三联书店、上海人民出版社，2005：301.
② [美] 奥尔森. 集体行动的逻辑. 陈郁等译，格致出版社、上海三联书店、上海人民出版社，1995：5.

第四章　功能性环境物权规制

功能性环境物权,以环境所呈现的功能——环境容量作为权利客体。环境是环境要素的结构呈现,是一种非实体性的东西,因此不具有分割性和个体性,在一般法律意义上,只能根据公共信托理论,认定为公共性财产,并将之设定为公共性财产权利或者国家所有权。而进入社会进行利用的,则是环境容量的利用权利,可以称之为环境容量使用权。功能性环境物权的规制,主要体现为环境容量权的规制,即个公权力对环境容量使用权取得、行使和终止的过程规制。在我国,环境容量使用由于没有私法上的明确规定,因此,其物权性质尚在争论之中。从某个意义上讲,环境容量的适用,是基于行政许可行为的一种映射利益,还不是独立个体性产权形态。因此,公共权力规制环境容量使用的目标之一,是将其塑造为一种独立的物权形态(没有得到物权立法确认时为独立产权形态),并为之塑造一种实现产权效率的外在机制——产权交易制度。

对环境容量进行产权交易,便是将环境容量作为一种经济发展的要素,让其真正发挥其物权这一民事权利对推动自然资源市场化的积极作用。功能性环境物权因其具有公共物品的属性,资源的配置必须要通过市场来提高分配使用效率。社会经济是不断向前发展的,对资源的需求也是不断增加的,环境功能性物权如果能采取产权交易制度的形式,反而也是为如何解决公权力分配环境资源提供了更为高效和市场化的解决路径,符合政府调配资源的目标。[①]

[①] 王万山.中国资源环境产权市场建设的制度设计[J].复旦大学学报(社会科学版),2003(03).

第一节 功能性环境物权规制基本问题

一、环境容量使用权的法律性质

(一) 功能性环境物权的法律表达：环境容量使用权还是排污权

是否需要将环境容量利用的权利法律化，涉及是否要通过法律权利的形式来保护人类对环境容量利用的正当性。用怎样的法律用语概括人类社会利用环境容量这个行为事实，是权利法律化进程方面要解决的问题。

提到环境容量使用权利法律化，需要先对一个相关用语进行辨析。与环境容量权利接近的，是社会实践和各种文献提及的"排污权"。对于把排污权确认为法律权利，学者们持有不同的看法。例如，有的学者指出，排污权不是一种权利，而是一种得已而为之的有害于环境和人类自身的行为，应该给予严格控制而不是将其权利化。[①] 这些主张有一个共同的特点，是建立在对排污权进行批判基础之上的。这些批判遵循了一条共同的逻辑：排污是一种有害行为，是应该控制的行为，法律将排污权利化在法理上难以自圆其说。其实，本质上，环境容量使用权与社会实践上所言及之排污权，本质上是一致的，并无根本矛盾之处。社会实践上所言及的排污权，只是解决环境利用上的效率问题。排污权交易实践，只不过是用市场机制来解决排污问题的无序性和无效性问题。最为关键的是，排污权的确认，是建立在环境容量总量控制基础上，是在总量额定情况下，对污染排放的一种分配机制。因此，在这个意义上，排污权即环境容量使用权。只是在法理上，用排污权、污染权这样的称谓，给人一种错觉甚至于不良的社会引导，即企业或者个人有"污染"环境的权利。作此理解，则离排污权应有之义，已相去甚远。因此，用"环境容量使用权"之称谓，更能本质地表达人类利用环境功能而产生的权利内容。因为在本质上，法律所确认的并非污染环境的"污染

[①] 周训芳. 环境权论 [M]. 北京：法律出版社，2003：129.

权"，而是使用环境容量的"环境容量使用权"。① 从这个意义上，环境容量使用并不必然导致环境污染。诚然，环境容量使用必然对环境系统产生扰动，伴随对自然生态环境的改变，但是只要将社会行为限制在合理的范围之内，就不会对环境造成根本性的损害。环境容量使用权利法律化，所要确认的基本权利，是合理限度内的环境容量利用，而不是向环境任意排放污染物或污染环境或者超出环境容量利用权限制范围的利用行为。后者恰恰是法律所有禁止和重点规制的。

对于环境容量的使用，是人作为自然人一种天然的行为。因此，不管承认与否，这种利用行为是一种客观的存在，而且为一种不可剥夺的存在。因此，从这个意义上，人类利用自然进行"排污"，具有天然的合法性，只是这种"排污"不能造成环境"污染"的后果，需要控制在一定的范围之内，这个"一定范围"即是科学技术所揭示的"环境容量"。因此，环境容量使用的权利，具有基本人权的属性。对于环境容量使用的权利，为环境权利的一部分。在环境权层次上，对于为生存需要而利用环境容量的产生的利用权利是一种自然法意义的利益。在法治语境下，利益要通过权利机制加以确认和保护，环境容量的利用权利需要转换为法律权利。否则这种利益游离于法律制度调整的范围之外，难以真正得到保证。因此，否认将这种利益法律化，只能导致这种利益的虚化。

（二）环境容量使用权的法域归属和权利性质

对于环境内容的利用和管制，都包含了某种财产性权利的主张。在大陆法系的框架之内，有公法和私法两大法域之分。但是两大法域的划分远远无法解决一些当前社会中公私权相互交叉的复杂法律关系。② 随着社会的发展，在理论上又衍生出社会法域的"第三法域"。权利归属也分别归属于这三个法域之中。但是，本书需要指出的是，法域问题，只是表明权利本身所包含的权利特征和属性，对于认知权利形态和性质，具有重要的作用。但是，不能根据法域归属来确定一个权利的法律性质。即不能根据环境利用权利自身的公法和私法特征，来确定其本质属性。

---

① 吕忠梅. 沟通与协调：公民环境权的民法保护 [M]. 北京：中国人民大学出版社，2005：172.
② 赵红梅. 第三法域社会法理论之再勃兴 [J]. 中外法学，2009 (03).

第四章　功能性环境物权规制

在我国，对环境和环境要素的取得、开发和利用，很多情况下，都是国家通过一定的行政手段实施的，这可以认为是环境和环境要素之中，公法内容较为丰富。这使得环境容量使用权的客体"环境容量"与民法上典型物权的客体相比有一定的特殊性。环境容量使用权以权利人对环境容量的使用和收益为权利内容，而不以担保债权的实现为目的，属于他物权；又因它与一般的用益物权在权利对象、行使方式、权利效力等诸方面存在着明显的不同，所以将其定性为特别法上的物权为宜。① 所谓特别法上的物权或称特许物权，是公民、法人经过行政特别许可而享有的可以从事某种国有自然资源开发或作某种特定的利用的权利。②这种特别法，在我国体现为各种单行的自然资源立法，具有浓厚的行政色彩。而环境容量取得，也体现在各种单行的环境污染控制的单行立法上，例如《大气污染防治法》确认了大气环境容量的取得和使用规则、《水污染防治法》确认了水环境容量的取得和使用规则、《固体污染防治法》确认了土壤环境容量的取得和使用规则。这些规定行政管理色彩很浓。这三部法律后来分别于2017年、2018年和2019年进行修订，但是并没有实质性地改变立法侧重行政和管制的定位。正是在这个意义上，有的学者认为，针对环境公共物品的使用而产生的企业环境资源使用权利，是一种行政法上的请求权，即企业请求国家允许排污行为，而不是一种物权。③ 环境容量通过公法途径确定，这是毫无疑问的。但是，不能随之认定环境和环境要素的权利，都是公法性权利。特别法上的物权，在根本属性上仍属于一种物权，因为尽管特许物权需要经过行政审批才能产生，具有较强的行政色彩，但不能因为这一原因而否认这些权利可以成为物权。以行政许可审批为其设立的前置程序，是物权较为特殊的取得方式，所要解决的是权利来源问题而已，即环境容量使用的行政许可，明确了权利人以何种途径获得某种权利，而非该权利自身。因此，是否经过行政许可审批不是能否作为物权存在的理由。

从本书前面有关分析可知，从本质上，环境容量使用权具有作为物权权利的一般属性，是一种基于环境和环境要素国家所有权衍生出来的权利。事实上，不

---

① 邓海峰. 环境容量的准物权化及其权利构成 [J]. 中国法学，2005 (04).
② 王利明. 物权法研究 [M]. 北京：中国人民大学出版社，2002：610.
③ 白平则. 公民环境权与企业环境资源使用权 [J]. 山西师大学报（社会科学版），2005 (04).

管是环境容量使用权、还是自然资源利用权,都是环境国家所有权(包括功能性环境国家所有权和要素性环境国家所有权)的一种权能进入社会进行私人性利用的一种权能配置形态。由于环境社会利益实现的制约,这种公共利益在法律形式上,以国家所有权形式作为基础,国家所有权作为实现这种公共利益的潜在力量,而将所有权权能配置到社会中进行运用。在这个意义上,可以认为这种环境容量使用权是一种社会性私人权利,国家基于环境社会公共利益保留了对其规制的潜在可能性。毕竟,从公共信托理论上来说,各类国家所有的自然资源本身就是源于公民对资源所有权利的让渡,虽然自然资源为国家所有,但国家并非是开发使用资源的主体,更多则是体现为一种资源调配的公共信托服务。①

于此而言,这种社会性私人权利,很自然地成为物权的一种形态。那么它又是何种具体的物权形态?代表性的观点主要有:一是用益物权形态。所谓的用益物权,是指非所有人对他人之物所享有的占有、使用、收益的排他性权利。② 环境容量使用权,是权利人依法享有的对国家所有的环境容量进行占有、使用、收益的权利。用益性,是用益物权的基本属性。排污者享有的排污权,从国家有偿或无偿地获得使用权。③ 另外,当排污者获得的排污权有剩余时通过交易体现出的收益权能,可以使出卖者的经济利益增加,从而实现排污权的收益权能。前者是间接上的用益体现,后者是直接的用益体现。这些都符合用益物权的基本特征,因此应定性为一种用益物权。根据用益物权的基本理论,用益物权论证的难点,是如何论证环境容量具有特定性、独立性和可分割性。二是准物权形态。至今为止,"准物权"虽然在理论上得以广泛运用,但是准确地讲,它还不是一个学界共识性的概念。有的学者认为,因其以权利人对环境容量的使用和收益为权利内容,而不以担保债权的实现为目的,故排污权属于他物权;又因其与一般的用益物权在诸方面存在明显的不同,所以学者们一般将其定性为准物权。④ 在物权立法体系划分中,并无准物权类型的划分。物权类型一般分为用益物权和担保物权。之所以认为一种权利形态为"准"之状态,在于这种权利在特征上,具

---

① 张颖. 美国环境公共信托理论及环境公益保护机制对我国的启示 [J]. 政治与法律, 2011 (06).
② 王利明. 物权法研究 [M]. 北京:中国人民大学出版社,2002:409.
③ 元元,李晓华. 环境容量使用权的法律分析 [J]. 重庆环境科学,2003 (12).
④ 崔建远. 准物权研究 [M]. 北京:法律出版社,2003.

有与立法类型典型的用益物权和担保物权具有很大的不同之处，即虽相似不够"典型"。由于环境容量使用权利的获得，必须经由行政许可。环境容量使用权的客体是环境容量，环境容量是环境系统功能性的呈现，属于无体物，不符合用益物权客体为不动产的特征。因此，环境容量使用权可以认定为准物权。① 从这些分析也可以得知，学者们并不否认环境容量使用权的用益性，只是用一种在学术上认为更能表达其特殊性的"准物权"理论概括而已。三是新型财产权利形态。有的学者认为，从内容看环境容量利用权利具有财产的属性，是对生态功能的商品化、经济价值化；从公私属性看，为公私兼顾；因此环境容量利用权是基于环境保护需求、孕育于环境利用之中、以环境容量市场化为背景的一项新型权利。②

本书认为，环境容量使用权为用益物权无疑。所谓准物权理论，是基于解释一些物权形态具有较强的公法性干预而产生，即为区分传统用益物权与新型用益物权所作的区分。其逻辑前提，仍然以承认用益物权属性为准则。否认环境容量使用权为用益物权的主要观点，是环境容量使用权不具备用益物权客体之特定性、占有性、不动产特性以及经济收益目的。详言之，其客体是环境容量，环境作为一种无体物，是不确定的；取得环境容量使用，仅仅是取得一种资格，对环境容量的支配是一种观念上的支配，并不能实际地占有；用益物权客体是不动产，需要通过登记进行公示，同时，不动产的数量有限、价值较高；用益物权是实际上占有该物，行使对该物的使用、收益权，可以在平等主体之间自由地流转而无须经行政机关的批准认可；环境容量进行利用目的兼顾经济效益和生态效益，然而用益物权实现目的是经济效益。这些观点似有道理，然而经不起推敲。从物权构造进程看，环境容量作为无体物，成为物权之客体，并具有支配性、特定性和独立性，论证逻辑上并无法律和物权法的理论障碍，只是要拓展理论视野和转换解释方法。③ 如果一种理论体系之中，能够通过拓展适应新的事物要求，那么这种理论仍然具有动态的解释能力。用益物权论通过客体概念的认知拓展、占有行为的扩大化以及功能化解释，完全可以适用与环境容量权。至于认为环

---

① 邓海峰. 排污权：一种基于私法语境的解读 [M]. 北京：北京大学出版社，2008：84-94.
② 王社坤. 环境利用权研究 [M]. 北京：中国环境出版社，2013：230.
③ 这个问题具有大量的文献证明，本书第一章也专门阐述了这个论证过程。

容量权为新型财产权利,是看到了环境容量使用权与传统物权不同之处,但是并没有指出这种新型权利是何种性质的权利。如果以民法对接,归为何类并不明确,难以与现有的物权法律制度进行有效切入。因此,实无必要。

二、环境容量使用权权利行使的特殊性

环境容量使用权为一种新型的物权形态,当前并没有进入民法物权法的立法体系之中,还属于一种建构中的权利形态。认知这种权利行使的特殊性,有助于权利的实现和对权利必要的规制。从法律关系主体、客体和内容三要素出发,其权利行使的特殊性可以归纳为以下几个方面:

1. 权利主体的特殊性

人是自然的一部分,人依赖于自然而存在。因此,利用环境容量是人自然的、当然的一部分。因此,自然人都可以成为环境容量权利之主体。因此,自然人如果处于生存需要,当然可以成为环境容量的权利主体。法人和非法人组织,其利用环境容量,并非出于自然性生存,而是经济利益和社会利益的追求,因此,法人和非法人组织,只有在一定情况下,符合一定的条件,才能成为环境容量使用权的主体。从实际情况来看,虽然人对自然资源的需求是人赖以存在的基础,但组织较于个人的优势才是最大限度挖掘自然经济潜力,提高资源利用效率的关键。[①] 整体上,环境容量使用权主体为一般主体,包括自然人、法人和非法人组织。只是法人和非法人组织,如果要成为主体,需要经过法律创制,这种法人创制不是一般意义上的法律主体成立,而是在一般法律主体已经经过法律创制的基础上,经过特别法的再确认。特别法选择或者确认何种组织为环境容量使用权主体,受制于国家和政府的环境目标追求。

2. 客体利用的特殊性

环境容量使用权指向的客体为环境容量。环境容量是环境要素综合功能的体现。环境容量可以通过一定的科学方法转化实现定量化计算,所谓的环境容量分割,是在这个意义上的分割,而不是实体上的分割。即环境容量客体利用具有整体性。这种分割在相对的意义上存在,例如大气环境容量可以按照一定的空间进行分割、水环境容量可以按照流域或者区域进行分割、土壤环境容量可以按照土

---

① 蔡守秋. 论当代环境资源法中的经济手段 [J]. 法学评论, 2001 (06).

地范围进行分割，但是这个分割具有一定量的限制。因为，过于划定更小的单元，则环境功能不复存在或者说没有容纳排污的价值和意义。而在更大的范围之内，基于环境系统的关联性，环境容量具有系统的整体性。例如，可以将某条河流进行独立计算得出该条河流的水环境容量总量，但是从整体意义上，河流是流动性的，最终归入更大的河流或者海洋之中，因此水环境容量具有相对性。从另外一个角度看，即使是出于规制需要，划定特定的环境容量，环境容量也处于动态变化之中。动态的变化给环境容量的监测带来了不小的困难，分割独立的处理方式无法对环境的整体容量做出一个准确科学的判定。① 因为环境容量不能单独存在，因为环境容量受制于组成的环境要素和环境要素之间的关联结构。

3. 权利内容的特殊性

法律权利内容，是指权利能够支配对象的能力或者能够获取的利益程度。环境容量使用权人行使权利，具有四个方面的特殊性：一是权利人行使权利目的是排放污染物或者能量。二是由于环境容量为功能，因此，环境容量物权人难以实际占有和控制环境容量。这个特性使得环境容量物权支配范围在形态上难以界定，物权人在利用过程中产生的道德风险概率更高。当然，不同类型的环境容量载体，占有和控制的可能性不一样。大气环境容量的占有几乎不可能，而水环境容量、土壤环境容量等，可以通过占有和控制水体或者土壤范围，而占有环境容量。② 三是权利人对环境容量难以占有和控制，导致环境容量物权人使用环境容量不具有排他性。即一个环境容量使用权人利用环境容量，不妨碍其他环境容量使用权人利用同样的环境容量。由于环境容量总量具有有限性，因此，环境容量利用权之间存在竞争关系。针对某一地区、区域、空间或者载体，在一定的时间范围之内，环境容量可以视为确定不变的，环境容量分配存在竞争关系。当然，从另外一个方面看，即使可以通过技术手段占有和控制环境容量，例如，通过技术手段完全可以占有整条河流，由于环境容量的公共性特征，任何人均不得排斥其他人对环境容量的利用。四是环境容量使用权人对环境容量进行使用，是手段而非目的。就自然人而言，其利用环境容量目的，首先是实现生存需要；对于企业而言，其利用环境容量目的，是实现排污时顺利进行生产。这使得企业之间进

---

① 邓海峰. 海洋环境容量的物权化及其权力构成 [J]. 政法论坛, 2012 (02).
② 邓海峰, 罗丽. 排污权制度论纲 [J]. 法律科学, 2007 (06).

行环境容量交换具有合理性。

三、环境容量使用权规制路径和方法：从浓度控制到总量控制

（一）环境容量使用权规制目标

环境容量使用权的规制目的，是要解决环境容量这一有限资源的合理分配和有效利用，以实现环境公平和环境容量的有效利用。环境容量首先要处理的关系，是环境容量使用对生态环境的影响。环境容量使用，具有生存和发展意义上的社会功能。个体性环境容量的利用行为，对整体性环境容量具有很强的社会关联性，这可以视为使用过程中产生的一定外部性行为。这种行为是否需要矫正，涉及环境容量使用权利的规制。并非所有的外部性行为都需要进行规制，而要视利用行为的目的以及利用者所要承担的社会成本。因此，环境容量权利规制，涉及环境容量如何公平分配的问题。

环境容量分配除了考虑公平性之一问题，还需要解决分配效率问题。环境容量作为一种自然性资源和社会性资源，稀缺性资源需要通过适当的机制进行合理配置，以发挥其最大的社会功能。在实现资源有效配置上，市场机制是可以有效利用的配置方式。市场机制能够高效地引导资源流向，用先进的技术和雄厚的资本淘汰低效的开发者，从而最大限度地开发资源的经济价值。[①] 但是市场方法的前提是产权清晰。因此，环境物权规制的另一重要目标，是实现环境容量有效率配置，以及为了有效配置资源促成环境容量使用权私法性权利的生成。

（二）从浓度控制到总量控制的规制方法

由于传统民法自身理念、调整规则的局限性，尤其是传统民法物权法对调整客体之物的严格规范性和选择性，使得其对物的定义过于狭隘和片面，为环境容量进入民事立法领域设置了障碍，环境容量长期难以进入民法物权法的立法视野。即使是现在民法物权法对物的概念一再扩张，但是环境容量就算是作为了物权的一部分，依然会因其一些异于其他物权的特征，而受到学界学者的攻讦，理

[①] 袁恩桢. 从市场的基础性作用到决定性作用的演变 [J]. 毛泽东和邓小平理论研究，2014（01）.

论地位的确立还需时日。① 环境容量使用权行使所带来的环境污染问题，主要通过政府公共权力的介入，通过行政强制手段予以调整。详言之，通过设置各种排污标准，限定环境容量使用权行使的内容和方式，通过个体性排污标准的行政刚性控制，达到规范环境容量使用权、进而有效保护环境的目的。一般称这种方法为浓度控制方法。

浓度控制方法，是指通过以控制污染源排放口排出污染物的浓度为核心进行环境管理的方法体系。这种方法的核心内容，是建立体系化的国家、地方或者行业环境污染物排放标准。这种方法一直被作为我国环境污染控制管理的核心工具使用，至今仍然是我国污染控制的基础与主要方面。环境污染控制的其他核心制度，例如中国现行污染收费制度、三同制度和环境影响评价制度等，都是建立在以浓度排放评价标准基础上。具体而言，浓度控制方法在我国具有两个层面的内容：一是环境容量使用权具有规范化的行为标准；二是环境容量使用权的行使具有程序性，受制于环境保护法上的程序性规定，或者结合特定的环境制度程序来行使，例如环境影响评价制度、三同时制度、排污申报登记制度等规定的法定程序。从浓度规制方法可以看出，环境容量使用权是一种公共权力深度干预的权利，权利人行使权利难以有民法意义上的意思自治和交易自由。

但是这种浓度控制方法具有很大的局限性。正如有的学者指出，个体性排放率控制排放的一个负面作用，在于它们并不意味着对污染总体水平或环境污染水平的完全控制，总体水平也取决于每个参与者的产量和参与者的量。即使当所有的个体排污量都得到完全控制，社会也没有全部控制排污总量。总的排污量仍然取决于污染者的数量，因此，环境污染水平可能会过高。② 因此，为了整体上控制污染程度，有效规范环境容量使用权，对排污进行总量控制成为优化权利行使方式的有效方法。

---

① 袁翠松，谢力君，王瑞. 试析我国环境物权市场发展的约束因素及其对策［J］. 价格月刊，2015（01）.
② 书中还举了一个恰当的例子说明此原理。例如，在按里程计算补贴的规制下，即使排污率已经得到控制，"干净的"（低污染）车仍然会导致较高的排污量，因为出没有得到控制. 杨洪刚. 中国环境政策工具的实施效果与优化选择［M］. 上海：复旦大学出版社，2011：122.

总量控制，是指以控制一定时段内一定区域中排污单位排放污染物的总重量为核心的环境管理方法体系。① 这种控制方法由排放污染物的总量、排放污染物总量的地域范围和排放污染物的时间跨度三个要素组成。即对于总量的控制，不仅仅是数量上的控制，还有时间和空间上的控制。从这个意义上，总量控制具有动态性和区域性。较之传统浓度控制的方法体系，总量控制的特点和优势体现在：一是总量控制管理的是排污单位，这样就与市场经济体制的规则相适应。总量控制管理的对象不是污染源而是企业。总量控制不管企业的哪个污染源，而管的是企业的总排放量；二是总量控制的操作性更强；三是总量控制可以显著降低污染控制成本；四是总量控制比浓度控制更严苛；五是总量控制更关注于企业的连续达标；六是总量控制比浓度控制更能适应政策的变化。② 虽如此，但并不意味着总量控制方法与浓度控制方法之间具有排他性，两者应该是兼容共存的。总量控制方法和浓度控制方法，当前是环境容量使用权权能行使的主要路径和方法，对于实现环境污染控制具有重大意义，两者不可偏颇。

但是，即使实现浓度控制基础上的总量控制方法，也并不意味着环境容量使用权的权利配置、权利行使和运用是有效率的。因为，浓度控制和总量控制，仅仅是表明了环境容量使用权规制的基本要求，但是具体如何实现这一基本要求，采用何种路径和方法，又是另外一回事。浓度控制和总量控制，即可以采用刚性的控制方法，也可以采用柔性的规制方法。刚性的方法，是命令—控制式的，即根据环境容量总量来调整排污标准或者企业的排污行为，强制执行；柔性的方法，即可以通过将环境容量使用权进一步物权化，构造产权清晰的私法性物权，在此基础上，运用市场机制进行有效配置，达到环境容量使用权的有效率的利用。柔性的方法，即使当前中国正在实践的排污权交易，也是本书重点论证的问题。

---

① 总量控制法律制度源于美国，是美国联邦环保局于 1979 年"清洁生产法"（Clean AirAct）修正案所提出，其中包括"泡泡政策"（bubble Policy）以及"排污交易"（emissiontrading）等法律制度。

② 朱锡平，陈英. 浓度控制、总量控制与排污权交易 [J]. 财经政法资讯，2007（06）.

(三) 功能性环境物权规制要点

将环境功能物权引入社会进行利用，形成个体性的环境容量使用权。这是环境功能物权由国家所有权向个体性利用权利的转化。在过去，这种环境利用权利的获得，主要是通过排污许可制度，获得排污许可证，从而获得排污的合法性。这种环境利用的利益，实际上是一种行政许可行为的映射性利益，不具有私权性质。但是随着对环境容量使用权认识的不断深入，环境容量使用权的财产性质得到发现和确认，因此，确认环境容量使用权私人权利性质已经成为一种社会内在要求。从排污控制效果看，过去刚性的浓度控制方法，由于信息不充分，规制效果并不理想。即使实现总量控制，也存在信息缺乏这个关键问题。由于制度和技术等各种原因，私权性的环境容量使用权很难通过社会自组织形成。为此，功能性环境物权规制具有特殊性，这种特殊性体现在规制是二元的：一是需要通过政府的公共权力干预，创造有利于形成环境容量使用权的制度性条件；二是对环境容量使用权（或者说当前的排污权）进行合理外部规制，以将权利行使控制在有利于环境保护范围之内，防止权利滥用。主要规制环节包括：

1. 环境容量总量控制

这是环境容量使用权规制的第一环节，也是关键的环节。在控制方法由浓度控制转为总量控制与浓度控制二元方法后，通过科学方法和合理程序，确定环境容量总量是能否进行规制的第一步。对其测定不能通过传统的实体测定方法，只能通过功能界定方法。这个过程只能由政府来完成，是政府提供公共产品的过程，具有很强的行政规制色彩。

2. 环境容量使用权的初始分配

环境容量使用权的初始分配，在广义上，所要解决的，是社会组织和个人如何获得环境容量使用权，以及环境容量使用权的性质。在排污权交易实践中，环境容量使用权的初始分配，主要指排污企业如何获得排污权问题，即实践中排污权一级市场的建立。环境容量使用权的初始分配，是环境容量资源初始配置的过程，也是排污权交易的重要基础。企业通过国家资质标准审查，根据企业自身的生产需要，取得相应的排污许可。[①] 一些学者将环境容量使用权的初始分配理解

---

① 张颖，王勇. 我国排污权初始分配的研究 [J]. 生态经济，2005 (08).

定位于排污权交易领域,是不完整的。实际上,即使没有排污权交易,也要解决环境容量使用权的初始分配问题。传统的排污许可,即为环境容量使用权的初始无偿分配。只是在交易背景下,要解决环境容量使用权的产权问题。环境容量使用权的初始分配,是稀缺性公共资源的分配问题,涉及不同利益主体的权利分配,也需要政府公共权力的积极介入。

3. 环境容量使用权使用和交易

取得环境容量使用权后,即为该权利的行使过程。我国主要是采用环境标准控制方法进行环境规制,或者环境容量使用权人配置适当的社会性义务。总的方向是在经济利用过程中,取得环境保护绩效。如果环境容量使用权私权性质明确,那么就可以进行交易。这个交易即为当前社会实践中排污权交易二级市场的建立和运作问题。排污权交易实际上是环境容量使用权的再分配过程,它依靠市场的价格机制,来决定环境容量的配置。市场机制的确立条件,是产权清晰、信息畅通、价格机制合理,因此,此时政府公共权力的介入,主要是通过必要的机制配置,提供公共产品,降低交易费用,为交易市场形成提供必要的保证。同时,通过政府的规制,防止交易市场上企业道德风险、机会主义的现象出现。

由环境功能物权规制要点可知,功能环境物权规制过程,实际上就是私人产权性质的环境容量使用权形成过程。从规制方法视角看,是环境污染规制机制的转换过程。规制离不开政府的公共权力,因此,这个过程也是政府公共权力在排污控制上的重塑过程。这种在排污权交易下的政府干预,相对于传统的环境管理方式,具有功能和方式上的区别:[①] 一是功能上最大的不同在于政府是否决定资源的最终配置。根据传统的命令—控制型环境机制,政府通过选择适宜的控制技术,再根据这些技术制定排放标准来强制排放者遵守这些排放标准的限制。在这种管理方式之下,政府完全掌握了资源配置的权力,这也为企业寻租留下了机会。排污权交易则相反,它把费用和效益的分配留给市场。二是在方式上,在命令—控制型管理方式之下,政府通过规定环境标准以及违反标准所应承担的法律责任的方式来强制公民和企业保护环境、治理污染。政府作为公共政策的制定者和执行者和主要的责任承担者,在排污权交易方式之下,政府不再直接干预企业的环境决策,而是通过建立环境容量资源产权并建立排污权交易市场的方式来间

[①] 秦天宝,汪园. 排污权交易中的政府干预初探 [J]. 西部法学评论, 2009 (02): 2-3.

接管理企业的环境行为。政府在排污权交易中的角色应定位为规划者、监督者、管理者和引导者。

第二节 环境容量总量的确定

一、环境容量的影响要素和确定方法

环境容量最初是一个生态学上的用语。1968年,日本学者首先将"环境容量"的概念借用到环境保护科学中来,提出在环境保护领域,环境容量是人类在生存和自然状态不受危害的前提下,某一环境所能容纳的某种污染物的最大负荷量。① 随着自然技术和社会的不断发展,对于环境容量的认知也在不断加深,用环境容量来进行社会控制的方法得到广泛运用。用环境容量进行社会控制、以保护环境的方法,是总量控制方法。因此,总量控制方法是否得以有效运用,在于环境容量的准确测定和评估。这种测定和评估,既有技术性因素,又有社会性的因素。以水环境容量为例,水环境容量影响因素有水域特性、水质目标、科学技术水平和时间空间因素。② 可见,环境容量因自然客观原因和社会主观价值判断,其内涵具有动态的变化性。这种主客观性质使得环境容量具有两个层次:第一层次是维持生态平衡的环境容量;第二层次是维持人们满意的环境容量。第一个层次相对比较客观,其环境容量具有相对稳定性;第二层次相对比较主观,其环境容量具有不稳定性,会随着人们生活水平的提高而发生变化。与人们对于环境质量的满意度有关。③

虽然环境容量是一个动态发展的概念,并且不断具有新的内涵。但是有一点是肯定的,即环境容量是一个极限值,只要相对测出其大体的容量即可运用总量控制的方法,只是环境容量测定和评估越准确,总量控制方法越具有科学性而已。

环境容量的影响因素,从大层面上为主观因素和客观因素,即科学技术和社

---

① McGaw—Hill Encyclopedia of Environmental Science, 21cn, New York: McGaw—Hill, Inc. 1980, p. 125.
② 唐献力,郭宗楼. 水环境容量价值及影响因素研究 [J]. 农机化研究, 2006 (10).
③ 沈满洪等. 排污权监管机制研究 [M]. 北京:中国环境出版社, 2014: 79.

会评价。为此发展出两种环境容量的确定方法：容量总量核算法和目标总量核算法：

1. 容量总量核算法

容量总量核算法就是根据环境容量来确定总量控目标，即从环境质量标准出发，应用环境质量模型，推算在保证给定的环境质量的前提下，某地的环境所能容纳的最大排污量，在此基础上，再来确定总量控制指标的一种方法。由于环境系统有一定的自净能力，因此，容量总量控制无疑最符合环境科学，是设置总量控制的最理想的标准。鉴于环境条件和污染物排放的复杂性，如何精确计算环境容量是一个难题，技术要求极高。一般可以借助于数学模拟估算一定条件下的环境容量，尤其是维持生态平衡的环境容量。

2. 目标总量核算法

目标总量核算法，是立足于现有的技术水平、立足于现有的污染削减能力及经济发展状况，来确定总量控制指标。

根据有环境容量核定方法，在实践中发展出环境总量控制和目标总量控制两种总量控制方法。前者是从环境质量标准出发，应用环境质量模型，推算环境受纳污染物的允许量，从而确定总量控制指标。后者即从现有的污染物排放水平出发，针对特定的环境质量目标要求，以技术、经济水平为基点决策的总量控制指标。具体采用哪一种总量控制方法对环境总量利用进行规制，由一个国家或者地区经济、社会和文化发展状态，以及社会目标等各种因素决定。

二、我国的环境容量确定存在问题

（一）我国的环境容量确定现状

自 2000 年开始，我国要求对环境容量进行核定，主要集中在大气环境容量和水环境容量两个领域。2003 年 8 月 18 日，原国家环保总局下发了《关于印发全国地表水环境容量和大气环境容量核定工作方案的通知》。要求全国重点环境保护城市上报地表水和大气环境容量测算结果。2003 年 12 月，原国家环保总局又下发《加强环境容量测算工作的通知》，到 2004 年 11 月下发了《关于报送 113 个环境保护重点城市大气环境容量测算结果的通知》。

但是，环境容量核定工作一直停滞不前。① 环境容量的不确定，也让排污权交易的法律实践失去基本的依据。

(二) 我国的环境容量确定主要问题

环境容量使用权规制方法，是从浓度控制到总量控制的转向。因此，环境容量确定对于整个的环境容量使用控制是基础性和前提性的。而且，环境容量使用权交易市场构建，是以总量控制为出发点和归宿的。排污总量是根据区域的环境质量标准、环境质量现状、排放源分布、经济和技术水平等因素综合考虑而确定的，而实际上，操作起来非常复杂。但是，这些要素都准备不足，具体问题体现在：②

1. 污染源监测基础薄弱

由于污染源监测的覆盖范围不够广，目前只是较少的排污企业真正是由监测手段和按照排污总量控制监测来实施排污总量核定，主要是针对主要的排污单位，除此之外其他面广、量大、污染严重且处理水平低、排放无规律的排污企业排污核算问题还尚未解决。同时，在排污口整治、排污设施建设、排污企业监测能力等排污总量控制监测硬件方面的投入普遍不足。这是排污总量核定以及实施的重要原因之一。污染源监测水平不高、监测投入不足从而导致的监测数准确性不足。

2. 核算方式方法缺陷

从宏观角度看，污染核算主要包括建设项目环境影响评价、三同时验收、排污申报、环境统计、污染减排、污染源普查6类。不同类别污染源核算所采取的方法各不相同。不同环境管理工作中的有关污染源排污核算的方法、标准、范

---

① 2014年8月，重庆两江志愿服务发展中心向环保部及31个省（直辖市、自治区）的环保厅（局）申请公开环境容量的核定情况，所有省市回复的信息都表明：环保部尚未对各地完成的区域环境容量测算结果进行核定；而环保部答复称：由于各地工作基础和技术水平差异，最终未形成完整的区域环境容量核定结果，并表示根据十八届三中全会要求，正积极酝酿开展环境容量测算工作。

② 部分内容参考了沈满洪等著. 排污权监管机制研究 [M]. 北京：中国环境出版社，2014：82-83.

围、程序、内容、要求各不相同，排污计算口径混乱，结果出现同一污染源有多个不同的排污数据。① 出现一个环保部门存在多污染源信息库的现象。由于存在着自然损耗、信息损耗和技术损耗，基于不同方法得到的宏观总量数据往往并不一致，那么在执行总量控制政策时，宏观总量数据就有选择性。从微观角度看，企业的排污量是由污染减排技术、管理水平以及产品结构等微观因素决定的。但企业的经营受到原材料价格、运输费用、人力成本、宏观经济政策等因素的影响，所排放的污染物也受到影响。宏观与微观数据联动性的把握并不容易，且两者的耦合存在难度。

3. 总量核算的环境统计工作滞后

环境统计工作是其他环境管理工作的基石，目前区域环境统计与实际排放情况已经出现了一些明显的脱节现象。环境统计执行的是企业自报及县（区）、设区市、省、国家各级环保部门由下至上、各级汇总审核逐级上报的工作制度。这一制度有个最大问题，就是企业填报的数据不够准确，基层环保部门的审核与综合分析能力较弱，相关制度还不够不健全、配套，环境统计数据的质量难以得到保证。

4. 地方政府和企业的自利行为导致总量确定偏差

从政府角度看，由于地方的排污情况，影响到上级部门或者中央对地方的环保能力以及水平的评价。环境排污统计数据是总量减排的依据，与环保责任考核、创建国家环保模范城市、政绩评价等工作密切挂钩，牵涉多方的利益。少数地方政府为了捞取政绩，增加数据水分，导致统计数据失真。不仅如此，严格的排污规定往往会在短期内影响地方经济的发展速度，引发社会群体性事件，地方政府往往为了确保经济发展而在地方企业的排污监管上留有余地。② 从企业角度看，企业存在逆向选择的道德风险问题。

---

① 在统计上，目前我国环境部门有环境监测部门的企业污染源信息库、环境监察部门的排污申报数据库以及环境管理部门的环境统计信息库、污染减排数据库和污染源排污数据库。以哪个数据库作为排污总量统计，没有明确规定。

② 劳可夫，刘思华. 地方保护主义影响企业排污控制的机制研究 [J]. 开发研究，2007 (02).

三、我国环境容量总量确定规则构建

(一) 我国环境容量总量确定的管理体制规则

环境容量总量确定是一个提供公共产品的过程，这个过程很难由社会组织或者个人提供，因此，政府有提供这一公共产品的内在义务。但是，哪一级的政府进行环境容量确定，环境容量确定的组织程序如何，影响到环境容量确定的准确性和公平性。从避免和减少地方政府的自利行为出发，环境容量的确定的行政层级不宜过低。如果每一级政府环保部门可以自由决定本行政区的排污总量，那么，为了获取更多的财政收入或者发展地方经济，地方政府很可能会盲目扩大本区域的排污总量，进而导致整个社会排污总量远远超过真实的环境容量。

在保留行政层级的基础上，可以实行国务院领导下的省级总量指标确定方式。省级人民政府对本省环境质量负责，在国务院有关部门指导和监督下，评估和确定本省的环境容量总额，并接受国家有关部委的重新核算。省级以下地方政府，不能确定地方的环境容量，而只能申请环境容量。在管理体制上，要统一环境统计职能，从省级到县区级环保部门设立专门的环境统计核查机构负责排污申报、数据汇总和总量审核，根本解决"数出多门"的问题。

(二) 我国环境容量总量确定的方法选择

在容量总量和目标总量两种宏观方法上，究竟选择何种方法作为环境容量确定方法，不能一概而论。因为，从区域性生态环境保护而言，是否允许企业或者个人进行排污，无疑与该区域的环境控制目标相关，但是任何环境排污规制，都必须以环境容量作为基础和依据。换言之，目标总量方法是建立在环境容量方法基础上，并不能超越环境容量方法所确定的环境容量，而应是通过目标容量方法，实现更为严格的环境容量使用权规制。从这个逻辑出发，一般情况下，应该采用环境容量总量方法，而特别控制区域，则采用目标容量方法。根据国家有关主体功能区规划、生态红线划定等，对于生态敏感脆弱区、重点生态功能区，应该采用目标总量方法，严格控制环境使用权的行使。

总体上，一个地区排污总量指标的总和，应当小于或等于控制区污染物排放总量控制指标。从理论角度出发，应该以区域内环境容量为基准，污染物排放要小于或等于该区域内环境的容纳量。因此，环境容量是根本，也是"生态红线"。但目前，很多地区和区域的排污总量，已经远远超出环境容量的负荷，如果一味要求按照环境容量作为总量控制的标准，经济发展难以持续。从目标总量控制到环境容量总量控制的转变，可能会损害地方企业的生存和发展权。但是，如果不从目标总量控制逐渐转变到环境容量总量控制，地方环境得不到有效改善，难以达到原来总量控制所达到的目标，总量控制失去了意义。

由于环境容量确定主要责任在政府部门，为了保证容量确定这一公共产品的真实性、可靠性和科学性，还需要建立一套系统的、多元的环境容量总量确定的监管机制。具体而言，可以通过建立完整的环境监测体系、探索规范的核算办法、建立严格的环境统计制度、不断完善总量核定的法律法规体系和核定总量的信息公开等途径，强化对总量核定的监督和管理。[①]

第三节 环境容量权利的初始分配

环境容量使用权的初始分配，是环境容量使用权的第一次分配。广义上的环境容量初始分配，指国家环境容量使用权如何转化为社会法人、非法人组织和个人的环境容量使用权。只要涉及环境容量使用的社会主体，必然为初始分配法律关系上的主体。狭义的环境容量使用权初始分配，则是指经营性排污企业的环境容量权取得。即依据某一地区（区域）的环境容量总量控制，政府把环境容量总量进行分割，再把排放污染物的量化指标在各企业之间进行分配。对于自然人取得环境容量使用权方法，出于生存性目的的，为免费自由取得，而且无须任何法律程序；而出于非生存性目的的，不同国家采用的管制政策不同，但大体上也是趋向免费取得，自由获取。经营性企业取得环境容量使用权则相对复杂，不能自由取得，而必须经由特定的法律程序（主要是排污许可）。并且根据情形不

[①] 以强化污染源动态管理信息系统为例。在污染源普查的工作成果上，逐步将现有的各类污染源信息、数据整合为统一的动态管理的污染源信息管理系统，将环境监测、环境监察、项目审批、排污申报、环境统计、排污许可证管理、企业环境行为信用等级、评比等级等信息进行统一整理、分析、储存，以提高污染源监管能力。沈满洪等著．排污权监管机制研究 [M]．北京：中国环境出版社，2014：84-87．

同，采用有偿或者无偿取得方法。本书所要加以论证的，是企业环境容量使用权的取得问题。

一、环境容量使用权初始分配方法

(一) 代表性初始分配方法

环境容量使用权初始分配，被普遍采用的分配方法，主要有无偿分配和有偿分配两大模式，有偿分配又可分为定价出售和公开拍卖。

1. 无偿分配

这是一种较为传统的分配方式。经企业申请，政府环保行政主管部门按照一定的标准（区域环境容量、环境政策、主体功能区划分、行业排放强度等因素），经过审查，按照一定程序，对符合条件的申请人无偿地授予某种污染物的排放指标。申请人获得排污权利之后，只要不超过浓度控制标准，就可随意排放污染物。无偿分配还可以分为祖父制（grandfathering）和基准制（output-based）两种方式。前者是指依据排污企业的历史排污量，按一定比例确定其可获得的排污权数量。在这种分配方式下，企业历史排污量越高，获得的排污许可量就更多。反之，则越少。后者是依照企业单位投入或产出的排污率，确定其可获得的排污权数量。又可分为投入基准制（input-based）和产出基准制（output-based）两种方式。

2. 有偿分配

有偿分配，是在总量控制的基础上，将市场竞争机制，引入到环境容量使用权初始分配。主要是采用公开拍卖、定价出售等公平竞争的方式，把排污许可证授予申请人或者竞拍人。申请人或者竞拍人通过市场对价取得环境容量使用权。实践中，主要有定价出售和拍卖两种形式：

（1）定价出售。定价出售，是由环境行政主管部门，先对初始排污许可指标进行定价，然后定价出售给排污主体。排污的定价由环境行政主管部门主导，综合物价部门，环境科学机构等相关部门对污染物的定价意见，并最终形成最后的出售价格。[1]

---

[1] 储益萍. 排污权交易初始价格定价方案研究 [J]. 环境科学与技术, 2011 (S2).

(2) 公开拍卖。拍卖一般为进入拍卖程序,参与拍卖的企业出价最高的排污企业获得该污染物的区域排放指标。

不同的环境容量使用权初始分配方法,具有各自的优劣性:

无偿分配方法,使得企业在不增加任何经济负担的情况下,获得环境容量使用权。相当于无须支付任何经济成本,而获得一定的资产。容易被企业接受。但是,这种方法最大的问题是资源的获得开始不需要使用者付出任何的代价,那么"公地悲剧"[①]的现象就会层出不穷。由于无须任何代价获得排污权利,因此,可能会造成环境容量使用权的争夺滥用的现象,并增加企业违法排污的道德风险。

有偿分配方式能很好体现排污权的产权价值,是对排污权市场价格扭曲的纠正。同时它还能有效提升企业治污的积极性,有效防范道德风险。在此过程中,国家也将环境污染造成的损失内部化,拓宽了环保融资的渠道,为环保事业提供资金支持。在定价出售分配下,政府主导价格高低,难以反映真实的需求和供给。拍卖的过程是一个市场机制的运用的过程,因此大大提高了排污权分配的效率。公开拍卖方式不利之处,在于增加企业成本。拍卖的结果可能是使不具备较好条件但愿意出高价的人申请人获得许可。

(二) 域外国家和地区环境容量使用权初始分配方法

在环境容量使用权初始分配制度的实践方面,美国采用的最多的分配方式,便是免费分配中的祖父制分配方式。[②] 从整体来看,只采用一种分配方式的排污

[①] 公地作为一项资源或财产有许多拥有者,他们中的每一个都有使用权,但没有权利阻止其他人使用,而每一个人都倾向于过度使用,从而造成资源的枯竭。过度砍伐的森林、过度捕捞的渔业资源及污染严重的河流和空气,都是"公地悲剧"的典型例子。之所以叫悲剧,是因为每个当事人都知道资源将由于过度使用而枯竭,但每个人对阻止事态的继续恶化都感到无能为力。而且都抱着"及时捞一把"的心态加剧事态的恶化。公共物品因产权难以界定而被竞争性地过度使用或侵占是必然的结果。这一个概念经常运用在区域经济学,跨边界资源管理等学术领域。

[②] 祖父制是指以排放实体在基准期的历史平均排放量为基础确定应获得的碳排放份额的一种方法。比如,在第一阶段欧盟各成员国制定的国家排放权分配计划(national allocation plans)中将基准期大多定为 1998—2002 年。排放实体分得的碳排放份额与其在基准期的平均碳排放量成比例关系。基准期并非固定不变,基准期可向前滚动,以更好地反映企业经营状况的变化。

权交易项目较少,一般都是综合采用几种分配方式,但是这些项目基本坚持了以祖父制分配方式为主导的原则。如美国的酸雨计划中,97.2%的初始排污权按祖父制分配,余下的2.8%通过拍卖出售。

欧盟国家大部分也是采取了祖父制分配方式。

但是,随着对免费分配方式的缺陷的认识进一步加深,欧美国内近期开始的一些排污权交易项目以及立法提案开始转变方向,逐渐从以往的以祖父制为主导的分配方式转向要求以拍卖制为主导。

欧美国家在初始排污权分配方式上的转变主要是基于以下几个原因:一是这些国家的排污权交易制度已基本发展成熟,并得到了排污者的广泛接受,因而不再需要以免费分配方式获取支持。二是免费分配方式对排污者的经济激励作用有限,这与排污权交易制度实施的目的并不相符。相反,虽然拍卖出售的方式加重了排污者的经济负担,但它毕竟是理论上与排污权交易的目的最为一致的分配方式。三是拍卖分配方式的效率性及公平性对于注重市场机制的欧美国家来说具有很强的吸引力。

二、我国环境容量使用权初始分配现状与问题

(一) 我国环境容量使用权初始分配现状

长期以来,我国在大部分地区实行的是浓度控制政策指导下的排污权无偿使用制度。在试点地区,则根据本城市实际情况,探索在传统排污许可方式基础上,环境容量使用权初始分配的有偿模式。试点政策一方面能够稳定当前排污权交易市场秩序,另一方面给全国立法提供一定的实践经验,并给予企业可控的发展预期。[①]

1. 企业环境容量使用权一般取得方式:排污许可

排污许可制度是建立在总量控制基础上的一项制度。对污染物的排放必须建立在总量控制的基础之上。而鉴于污染物种类的复杂性和监测技术的局限性,并不是所污染物的种类都可以进行总量控制,如噪声污染、光辐射等无形污染就不

---

① 刘炳江. 强力推进排污权交易试点——努力开创减排工作新局面 [J]. 环境保护, 2014 (08).

能进行量化控制的。因此应根据污染物的性质进行分类，针对不同的污染源和污染物实行不同的排放标准；对于某些有毒的或特定种类的污染物则禁止排放，而对于二氧化硫等污染环境、依据现有的环境监测水平可以从总量上进行控制的污染物要设定排污权。即政府环保部门根据国家总量控制的计划，确定本地区对某种污染物的容纳总量，然后根据需要发放的许可证的数量将该容量分成若干份，并以许可证的形式发放给相对人，每个许可证上记载着可排放的污染物的种类、数量、期限、去向等，排污者必须严格依照许可证的记载依法排污。

2. 试点城市企业环境容量使用权取得的有偿方法

从我国现有试点的运作模式上看，虽然部分排污权交易试点已经开始采用由企业来支付费用的方式取得排污权，但是从全国试点的整体情况上来看，我国在排污权的取得途径上采取的还是免费发放的形式。排污权是政府通过排污许可的形式发放给提出排污许可申请的企业的。当企业取得了排污许可，排污权的第一次分配即宣告完成。

各个试点的有偿方式主要是定价出售和公开拍卖相结合。

（二）我国环境容量使用权初始分配存在问题

1. 免费分配模式带来的问题

虽然我国从 20 世纪 80 年代末就开始了排污权交易制度的试点，但在相当一段时期内，我国一直主要实行浓度控制基础上的排污权免费分配模式，并以排污收费制度作为环境管理的匹配制度。由于实践中免费无偿方式的存在，不同的地区、行业和新老企业之间还存在着有偿、无偿并存的不公平局面，导致不少企业对有偿取得排污权的方式有着极大的排斥。

单纯采用无偿发放方式分配排污许可指标还会产生一个问题，新加入的企业，面临着环境容量的取得公平性问题。

2. 有偿分配方式带来的问题

目前，我国初始排污权有偿分配的模式尚处于探索阶段，拍卖方式还没有广泛得到应用，而主要以统一定价出售方式为主。即环境行政机关按照一定的标准确定一个统一的排污许可指标价格，然后让排污企业购买。该方式虽然简单易行，但如何科学合理的定价是一个难以解决的问题，且常主观成分较大，忽视了市场机制的作用。统一定价方式的更重要问题在于其忽视了市场规律，无法引导市场资本的流向，如果定价过高，企业成本的增加必然会影响整个经济发展的大局，相反定价过低则会加重环境污染,企业也不会把更多的精力放在生产的节能减排上。①

3. 无偿模式下的排污许可证取得方式存在问题

环境许可机关给区域内排污企业发放初始排污许可指标的依据,是企业的实际排放标准,不可能对区域内所有行业和企业的排污状况有详细的掌握。因而环境行政机关往往处于信息劣势地位,只能依据申请人提供的材料作为信息来源确定企业的初始排污许可指标。而该信息的真实性、安全性就很难判断,因此导致排污许可的决定往往效率低下且不公正。

同时,定价出售为非公开竞争的方式,使行政相对人不能了解排污许可指标分配的依据、具体核定标准和方法,容易滋生暗箱操作、权力寻租问题以及排污乱收费等一系列违法和不公平的现象。作为弥补方式的现行排污收费制度效果并不理想。由环境行政主体征收排污费,本质上是发生在政府和排污企业之间的一种非市场化的交易。我国的排污费征收,经历了从超额排污收费到排污收费的进程。② 采用超额排污收费的方式,让很多企业钻了空子,比如企业可以将污染物稀释后排放,这样浓度没有超标但是排放总量并未减少。这样致使治理投入多、排污少的经营者与投入少、排污多的经营者处于不平等的竞争状态,使收费制度形同虚设,因此十分不合理。之后改为排污收费和超标加倍收费并行的收费标准。③ 这一做法虽有所进步,但收费标准依然偏低,这样虽然超标排污让企业多缴纳了一倍的排污费,但给企业带来的经济效益却可能数倍于排污费,因此企业就缺乏削减排污的积极性。

三、环境容量使用权初始分配模式的选择:基于物权公平和效率

(一) 环境容量使用权初始分配与物权公平

保障排污权初始分配的公平性是实现这一目标的关键和前提所在,因为初始

---

① 胡民. 排污权交易中的特征及价格形成机制 [J]. 价格理论与实践, 2007 (11).
② 1982年国务院《征收排污费暂行办法》开始对工业企业超标排放的废水、废气、废渣征收排污费,并且对征收排污费的目的、范围、标准、加成和减收条件等做出规定。很明显,该办法执行的是超标排污收费制度,即只对浓度超过规定标准的排污者收费。
③ 2003年国务院颁布实施了《排污费征收使用管理条例》,此后国家发展计划委员会和环保总局等部委联合颁发了《排污费征收标准管理办法》,将原来超标收费改为排污收费和超标加倍收费并行的收费标准。

配置除涉及排污主体、环境消费者、现有污染源以及现有与将来污染源间的经济利益关系外，还直接影响到环境资源定价的合理性以及价格机制调控的效果。①因此，保障初始分配的公平性已成为排污权交易制度实施中各方争论的焦点之一，既是一个技术上的难题也是法律上的难题。公平的基本要求一般表现在机会公平和结果公平两个方面，排污权初始配置方式的机会公平是指初始配置方式能给每个排污企业相同的机会参与排污权的争夺，结果公平是指分配结果能使每个排污企业获得与产品市场份额相匹配的排污权数量。②

(二) 环境容量使用权初始分配与物权效率

稀缺性资源必须得到公平的配置，但是另外一方面，这种配置必须是有效率的。否则，也是对稀缺性资源的某种浪费。有效率的资源配置方式，一般是竞争性机制。通过市场竞争，资源可以配置到真正需要的社会主体手上。竞争性机制的形成，除了采用竞争性的方式之外。其能否实现，在于参与竞争的主体足够多。因此，从理论上，要求参与竞争获得环境容量使用权的主体尽可能多。因此，在环境容量使用权的初始分配中，引入某种竞争机制是实现物权效率的有效方法。以参与环境容量使用权竞拍主体为例，竞拍者一般是需要取得排污容量的企业。但是，从实现物权效率的角度看，竞拍者并不能仅仅局限于排污企业。还可以是申请排污许可证的公民、法人或其他组织。对于其竞拍到的排污许可指标也不必实际使用。③

(三) 环境容量使用权初始分配与社会状态

因此，环境容量使用权初始分配，既要考虑分配的公平问题，还要兼顾环境容量使用权配置的效率问题。在排污总量控制调整过程中，如何在各个地区存在

---

① 邹伟进. 排污权初始分配的一种改进模式 [J]. 经济理论与经济管理, 2009 (07).

② 李艳梅. 排污权初始配置方式选择：效率与公平的比较 [J]. 环境保护与循环经济, 2009 (05).

③ 例如, 公众和民间环保组织出于不同于企业的目的, 完全可以通过购买排污许可指标的行为, 直接参与并影响地区环境质量目标的确定, 竞得一定数量的排污指标而不使用, 这就在实际上有效减少了环境污染的程度。从社会参与的角度, 排污企业经营的直接关系人, 例如附近居民, 也可以组织起来联合参与竞拍, 以保护自己的生活环境。

各种差异情况下,考虑和平衡公平与效率,是环境公共政策所要面对的问题。例如,按照环境效率标准,应该通过技术进步和制度设计提高环境资源生产率。一些地区由于经济相对发达、技术相对先进、生产率相对较高,从市场逻辑上,应该拥有多的排污总量;而按照公平标准,每个人享有公平的环境权益,经济落后地区同样拥有地方发展权,为实现发展权,这些地区应该有更多的排放总量,这就构成了在总量调整过程中公平与效率的冲突。

环境容量使用权初始分配,在效率和公平的平衡之间,国家的经济发展目标和环境保护定位,以及一个国家的社会状态或者社会资本,起决定作用。例如,如果社会整体对环境保护的认知,在较高的层次上,那么,要求实现环境容量使用权效率的社会压力就大些,反之,如果社会并没有产生对竞争性进行环境容量使用权配置的持续压力,而是考虑区域性、地方性的发展权问题,那么要求实现环境容量使用权公平配置的压力就大些。但是不管如何,由于有环境容量总量控制的目标,环境容量使用权的公平配置和效率配置总在一定比例上得到平衡。

四、环境容量使用权初始分配规则的建构

(一) 环境容量使用权初始分配的宏观配置:总量的宏观分割

环境容量使用权初始分配的宏观配置,涉及环境容量总量的宏观分割问题。在我国排污权初始分配实践中,更多关注的是地方政府如何将容量分割配置到企业手上,即过于关注企业通过何种配置方式获得环境容量使用权,是有偿还是无偿、拍卖还是定价销售。然而,对于被分割的环境容量,如何获得,应该先进行何种配置,则关注不够。环境容量的宏观配置,必须要考虑两个问题:一是环境容量的用途配置,二是环境容量如何在区域之间进行分割。

1. 环境容量的用途配置:环境容量的公益性预留

环境容量的公益性预留,考虑社会公共利益的需要和社会可持续发展,来划定环境容量分配比例,预留一定的配额,作为实现社会公共利益实现的需要。为此,可以按照盈利性需求和公益性需求对环境容量进行分割。

环境容量的公益性预留另外一个层面,是考虑社会的可持续发展。企业的产业升级或者企业不断进入生产体系,是社会可持续发展的一部分。因此,要统筹

现有企业和未来企业之间的环境容量配额问题。可以在公益性和盈利性需求环境容量分割的基础上，对盈利性需求环境容量进行再分割，一部分的环境容量分配到现有企业，一部分分配到未来企业。如果将现有的环境容量分配总量全部配置出去，一些地方和区域基于环境总量控制目标，便无法接受新项目和新投资，因此，政府应为区域经济发展以及生态环境建设预留出一部分环境容量使用权份额给未来企业使用。为达成这一目标，建立地方性的主要污染物总量指标基本账户制度和动态管理系统；并由省级统一规范管理，是非常必要的。省级以下各地方政府分配企业初始环境容量使用权时，在确保完成减排任务之外，可以预留一定比例环境容量额度，作为政府排污权储备纳入基本账户，用于各地产业转型升级的重点建设项目新增主要污染物总量的替代来源。这部分预留配的分配方式将以拍卖的形式进行，这有利于政府筛选项目，地区转型升级以及进行地方产业结构调整。①

2. 环境容量的层级配置：环境容量的配额设定

由前文分析可知，为了避免地方政府环境容量确定的乱象，环境容量总量测定和评估应该由省级政府完成。同时，环境容量总量分配也应该从省级层面统一确定，而不能由各区县分散设定。

每个行政区域应向上一级政府部门申请排污指标，即省所辖市根据当地经济发展状况，向省政府申请当地排污总量指标，由省政府根据当地的经济结构、发展趋势、国民生产总值等综合情况确定各市的排污总量，并明确其治理责任。市级以下行政区域依此顺序申请并由上级政府部门决定。这样可以有效避免各区域盲目扩大排污总量，出售排污指标而造成更为严重的环境污染。

上级政府决定下级行政区域排污指标的标准，应考虑一个地区的排污总量是根据区域的环境质量标准、环境质量现状、排放源状况、经济和技术水平等因素综合考虑而确定的。

（二）环境容量使用权初始分配的微观配置：分配模式选择

结合我国实际，对于我国在环境容量使用权初始分配模式选择，学者们分歧较大。有的学者认为，我国应采取免费分配为主，拍卖、固定价格出售、奖励、

---

① 沈满洪等. 排污权监管机制研究 [M]. 北京：中国环境出版社，2014：97.

赠与、储备为辅的方式。之所以采用免费为主方式，因为免费分配为主的初始分配可降低初始分配的成本、有利于实现社会公平和可以调动企业治理污染的积极性。① 有的学者主张，在分配模式上，建议以拍卖为主。从免费分配方式转向有偿分配模式——拍卖为主，同时妥善建立针对既有设施的过渡性措施，确立进入和退出的统一规则以及做好配额拍卖的相关安排。② 有的学者认为，从公正和公平的角度，及双重红利的正面影响上，政府还应该选择拍卖而不是免费分配。同时拍卖排污权也体现"谁污染谁付费"的原则。而且免费分配的标准在实践中很难确定，且会引起很大的争议，因此免费分配应该仅是暂时的分配方法。③

我们认为，环境容量使用权初始分配采用何种模式，需要结合当前我国的实际情况来定。从根本上，从实现稀缺性资源公平和效率配置的双重价值追求来讲，应该实现以拍卖为主，其他方式为辅的初始分配方式。但是，拍卖模式运行，需要特定的外部条件，我国目前全面实施拍卖的外部条件并没有具备，因此：一是作为过渡，为了保持制度的连续性，应该以无偿方式为主，拍卖的有偿方式为辅；二是在通过政府公共权力的适当干预，促成拍卖机制所依赖的基础条件的形成，再过渡到以拍卖为主、其他方式为主的初始分配方式。

过渡阶段以无偿分配方式为主，除了学者们分析的种种机制内在原因，主要基于我国的外部社会状态：一是在环境物权取得上，自然资源物权采用竞争性方式较为成熟，拍卖方式已经得到社会普遍认同，自然资源价格体系相对完善。而环境容量使用权取得，长期采用无偿取得方式，二级市场难以形成，拍卖得到的环境容量使用权如果难以在二级市场上流转，那么其私权性、财产性功能难以释放，企业经营成本过高；二是我国整体上属于发展中国家，经济发展压力相对较大，尤其是西部地区，对环境容量增容需求较大，采用竞争性方式取得环境容量使用权，那么，在一定程度上阻碍西部地区的投资。相对于高额费用取得环境容量使用权方式，环境容量使用权免费分配的方式，无疑会吸引更多的资本输入，从而增强地方的经济发展实力；三是我国环境政策处于变动之中，环境管制加强，并有利用提高环境标准和加强环境管制倒逼行业和产业升级的趋势。如此，

---

① 李霞，狄琼. 排污权初始分配方式法律问题探析 [J]. 理论导刊，2006 (06).
② 沈满洪等. 排污权监管机制研究 [M]. 北京：中国环境出版社，2014：98-99.
③ 陈德湖. 总量控制下排污权拍卖理论与政策研究 [M]. 北京：经济科学出版社，2014：73.

企业可持续发展无疑受到影响。无偿分配方式可以避免企业因套牢资产而承受巨大损失。① 从美国二氧化硫排污交易制度的历史进展看，即使是这样一个市场经济发达的国家，但从企业参与的积极性出发，考虑到有偿的初始分配方式，可能会阻碍这项制度推广，在政策权衡下最终还是采取无偿分配方式。相比之下，我国的市场经济尚欠发达，资源竞争性分配方式初始使用，从社会接受度考虑，更应采取免费分配方式以降低制度运行的阻力。而且，经济学上也证明，不论采取什么样的初始分配方式，排污企业都对投入因素的调整是完全一样的。结果是排污权免费分配条件下生产规模，雇用员工的数量，使用的资本流量以及能源消耗数量和拍卖分配模式下是完全一样的，同样市场的产品价格也是一样的。免费分配和拍卖分配的主要区别在于对利润的影响。排污企业在免费时其利润要高于拍卖分配时，相反，政府部门的收入在拍卖分配时要高于免费分配时。② 也就是说，采用无偿方式或者有偿方式分配环境容量使用权，最大的区别在于资源经济利益获取的主体不同。在以经济增长为主导的发展中国家，一定时期之内采用有无偿分配为主的方式，是对企业发展的某种让利，这种让利在一定程度上反倒会激发市场活力。

但是，从目标模式上，应该逐渐过渡到以拍卖方式为主，定价销售和无偿分配为辅的模式。③ 因为社会让利是阶段性和政策性的，而不是本质上和终极上的。如果竞争性市场已经逐步形成，还采用无偿分配环境容量使用权方式，无疑有损于

---

① 所谓环境中的套牢资产（stranded assets）问题是指由于环境法规或环境管制的改变，致使企业在传统管制下所从事污染治理资产，因市场竞争者的加入，以及新兴的环境治理技术和设备已能提供成本较低的污染治理方案，在政府鼓励发展新兴治理技术和设备情况下，致使传统污染企业的治理资产受到贬值甚至由于不符合环境治理标准而遭到淘汰，从而出现企业蒙受损失的情况。由于排污权交易政策的引入，传统的治理资产会因为更为严格的环境管制要求而价值减少，因此排污权的免费分配可以认为是对这些套牢资产的经济补偿。陈德湖. 总量控制下排污权拍卖理论与政策研究 [M]. 北京：经济科学出版社，2014：72.

② 陈德湖. 总量控制下排污权拍卖理论与政策研究 [M]. 北京：经济科学出版社，2014：71.

③ 拍卖为主的竞争性模式，也是法律的基本要求。我国《行政许可法》第53条规定："对于有限自然资源的开发利用、公共资源配置以及直接关系公共利益的特定行业的市场准入等需要赋予特定权利的事项，除法律、行政法规另有规定外，行政机关应当通过招标、拍卖等公平竞争的方式做出决定。"这一规定，就意味着将竞争性机制引入特许权的分配过程。环境容量作为一种有限的公共稀缺性资源，要保证其初始分配的公平性，就应该在排污权初始分配机制的建构中引入竞争机制。

稀缺性资源价值的实现，进而损害社会公平。此时采用拍卖为主方式，避免了全部无偿分配初始排污权所造成的效率损失。从市场规制角度看，拍卖方式的引入，实际上是提高了市场准入的条件，形成进入该特性行业或者市场的有效激励。

但是，区分性地保留一定的非市场价格和无偿取得环境容量所有权，区分排污权不同性质的行使主体，① 兼顾到不同的利益群体需要，比全部有偿分配更容易被接受。

采用公开拍卖模式对环境容量使用权进行初始分配，可能产生的负面作用，是可能会使少数大企业，利用其资本绝对优势，将特定区域的污染物初始排放指标占为己有。在排污权二级交易市场中，这些大企业可能出现对环境容量使用权的垄断地位，高价出售其剩余的排污许可指标，或者让其他污染排放者不得不依靠其是否愿意施舍一定的排放量才能够生存下去。② 为了防止此类垄断现象发生，可以通过两个途径进行预防：一是随着特定区域内企业排放污染物量的增多，环境行政主管部门应当不断削减排污许可总量。这样在排污权分配的过程中，即便是资本雄厚的大企业也不能占有数量过大的排污许可指标；二是可以对初始分配的环境容量分割单位进行额度规制，对企业在拍卖中购得的排污许可总量设定上限。

第四节 环境容量使用权交易规制

一、环境容量使用权交易基本原理

环境容量使用权交易，在实践中体现为排污权交易。对于我国，由于环境容量使用权并没有被物权法确认为私法性权利，而是产生于排污权许可之中，长期

---

① 从目标模式来讲，能无偿取得环境容量使用权的组织，应该是不以营利为目的事业单位和公益性组织，这些组织不以营利为单位，因此在初始排污权的拍卖中，很难以资金方式与其他排污企业进行排污权的竞争，从而可能导致某一区域内的初始排污许可指标可积聚到少数企业手中。为了体现建立排污权制度真正的价值和目的，建立竞争性机制是必然的，但是对于此类公益性组织基于社会公共利益目的，可采用定价出售或者无偿授予的模式进行初始排污权的分配。

② 王小龙．排污权交易研究——一个环境法学的视角［M］．北京：法律出版社，2008：11．

以来被认为是环境行政许可的映射性利益，是行政许可确认的一种利用行为。但是，这已经被证明是一种缺乏效率的资源配置方式。环境行政许可功能需要重新加以认知。而市场机制，被认为是稀缺性资源配置的有效机制。但是市场机制运行需要几个前提性的条件：一是环境容量使用权产权相对清晰；二是需要必要的规则以降低交易成本；三是市场交易行为需要进行必要规制以降低市场风险。因此，我国的环境容量交易规制的重点，在于通过必要的规则，确认环境容量使用权的私法性权利，提供给交易主体必要的交易激励，并通过必要的政府规制工具促进市场形成。

建环境容量使用权的交易市场建立，实际上包含了环境容量确定、环境容量的初始分配和环境容量交易三个阶段。环境容量确定和环境容量的初始分配，是环境容量交易的前提和条件。前两者的目的，是通过必要的公共权力干预，在环境公平基础上，将整体性的环境容量分割为个体性的环境容量使用权。即促进私权性环境容量使用权的形成，为后续的交易奠定前提和基础。这三个要素是密不可分的。没有环境容量总量和公平的初始分配的环境容量交易市场，非但不能实现稀缺性资源的有效配置，反倒带来新的不公平状态。关于环境容量总量确定和环境容量初始分配的方法，本书前面已有分析，此处所言之市场交易，是建立在此基础上的交易。

其交易基础原理为：通过制定环境容量总量控制指标，环境保护行政管理部门按一定的比例原则和方法将该指标分配给不同的污染物排放单位，这些单位在满足一定条件下，通过某种交易平台，自行对各自所拥有的排污指标进行市场交易。相对之前从初始分配获得的环境容量使用权而言，企业拥有剩余环境容量使用权，从利益最大化出发，它可以将自己剩余的环境容量使用权在公开市场上进行出售。而环境污染物治理成本相对较高的企业，可以在公开市场上购买其他企业剩余的、进入市场进行交易的环境容量使用权，同时，在区域环境容量总量指标允许的范围内，增加污染物的排放。通过不同环境容量使用权人之间的市场交易，环境容量使用权得以在生产成本状况不同、污染治理水平不同企业之间重新进行分配。本质上，这种分配是排污行为和排污治理责任分离下，重新对污染物排放责任进行分配。在排污总量不变的情况下，实现经济效益。同时，如果再配以一定的经济激励机制或者规制机制，就可以促进治理成本较高的企业采取更为先进的污染治理技术，降低排污量，从而实现区域的污染物减排的总成本最小化和排污总量减少。如果该区域经济发展，而允许保持既有的环境容量总量不变的情况下，还可以为新设立的企业留下环境容量空间，从而促进经济的可持续发展和产业结构的升级。

二、我国环境容量使用权交易现状与问题

我国排污权交易试点工作积累了不少经验，但是从各个地方试点看，也存在不少的问题。主要体现为定价问题、交易不够活跃、交易要素不清晰等问题。

（一）出让定价地方性差异较大，定价不公平

对于排污权交易，我国之前采用无偿发放的方式为主。转为排污权交易试点之后，各个地方同行的做法是继续无偿发放模式或者以一定的时间节点为准，节点之前为免费发放，节点之后为有偿出让。无偿发放排污权利，最大的问题可能是，排污量较大的企业分到的排污权大、获益较多；而后进入的企业，即使拥有先进的生产工艺、高效率的环保设备，也需全额付费，容易造成市场竞争失衡，有失公平。即使是采用有偿分配形式，但是当前一级市场的价格主要是政府定价，而且价格制定的环节欠缺统一、明确的规范和技术方法。

一级市场的免费和政府定价方法问题，使得二级市场交易价格很难形成。排污权交易的本质，是企业在追求利益最大化的过程中，针对污染控制方法问题，在购买排污权与减少排污量之间做出选择，这是排污行为经济规制方法。每一个企业的选择行为，都出于其在经济效益和成本之间做出选择，从而形成不同企业的微观市场价格，进而形成排污权交易市场的均衡价格。在市场经济中，价格是资源优化配置的关键，由于我国企业在形成二级市场价格上的问题，二级市场交易均衡价格很难形成。

（二）排污权交易试点不活跃

从各个地方实践情况看，排污权市场交易并不活跃。当前环境污染违法成本较低，排污权为无偿获得。因此，企业并没有内在的动力进入排污权市场进行交易。

第四节 环境容量使用权交易规制

与排污权交易试点不活跃相关的问题是,交易主体的错位。按照市场交易的基本要求,排污权交易的主体应该是市场主体。然而在我国,企业在交易试点工作开展的过程中并没有积极参与,导致目前实施的排污权交易必须要在政府干预下才能进行的,而并非是完全的市场行为。一些地方侧重于交易一级市场的推进,从财政角度出发,明文规定排污权交易必须发生在排污企业与环保部门之间,但是对于推进交易的二级市场,并无实际行动。如此一来,市场机制的功能不能够完全发挥,降低了市场主体参与的积极性,市场行为不够活跃,使得交易结果只能靠政府的行政安排来调动和配置资源,交易情况只能通过个别典型案例来反映。

企业排污权交易动力不足的主要原因:一是与我国环境污染违法成本较低有关。在我国,环境污染标准相对较低,即使是超标排放,其处罚标准也比较低。企业是一个精于计算的理性"经济人",有些企业在经过计算和比较之后,发现在违法处罚和超标排污之间,超标排污更具有经济效益,因而企业在某些时候更愿意选择超标排污。不仅如此,有些地方的超标排污企业往往吸纳了大量的地方劳动力,在面临企业关停整治的处罚过程中,往往还会受到地方群众的阻挠,取证困难。[①] 在一些地方,由于环境污染排放监管不够严格,守法企业的经济成本更高,反而因此导致其市场竞争力减小,企业治理污染缺乏应有的激励。二是企业参与动力不足,与一级市场问题有关。排污权的指标的控制和分配,是形成排污权市场交易的前提条件和基础。由于初始分配缺乏一个科学的方法,有偿使用定价方法和依据不够充分和明确,在地方性利益的驱动下,一些地方政府对环境容量总量控制不严格,排污权指标分配不规范,企业从一级市场无偿获得排污权配额可能性很大,如此,企业从二级交易市场中购买环境容量的动力必然不足。三是企业进入市场参与交易动力不足,与环境污染控制方法有关。企业购买和运营节能减排设施方面,投入了不少资金,也难以再有精力去考虑排污权交易问题。我国实行达标排放和总量控制两种污染规制方法。但是,达标排放所要求的减排量远远高处总量控制所要求的减排量。企业可以通过选择较为容易达标的总量控制要求,从而轻而易举地完成任务,并还有可能获得补贴。如此,企业在完成减排之后,都有富余指标。即市场上卖方市场剩余、买方市场不足,市场活力

---

① 张忠潮.府谷治污怪招的理论分析[J].生态经济,2004(09).

自然不足。

(三) 排污权交易市场机制的不完善

目前,我国缺乏一个全面的交易市场。排污权交易试点,是利用市场机制发挥基础性作用,从而进行环境保护的规制方法。一个有效率的市场交易,除了交易主体明确、产权清晰之外,需要一个规则化的交易体系。但是我国各个试点工作,规则化的交易市场体系并没有建立。

排污权交易难以形成一个真正有效的市场体系主要原因有:一是多种污染的控制方法交叉使用,降低了排污权交易的空间。在我国,对于污染控制有多种行政方法,例如严格的环境污染物排放标准、排污费收取等,这些方法的运用在一定程度上降低了企业通过市场交易降低污染程度的可能性。[①] 二是政府作为交易主体参与交易行为,使得政府既有交易规则的制定权,又有规则的执行权,如此一来,排污权交易市场很难形成完善的交易规制。

(四) 交易成本较高

理论上,排污权交易是假设市场是完全竞争的,市场参与各方面都有充足的信息,交易是频繁的,价格完全由供求关系决定。但是在我国,由于完全的排污权交易市场尚未建立,市场主体过少,而且企业参与度不高。这必然导致交易信息欠缺,容易导致排污权交易费用过高。交易费用的存在,会降低交易主体市场行为的积极性,从而影响整个排污权交易体系,使交易成功率下降。

总而言之,当前排污权交易罪主要问题是企业参与动力不足问题。包括出售排污权动力不足、购买排污权动力不足。上述这些问题,都与企业参与动力不足有关。除了上述各种原因之外,从环境政策制定角度看,源于我国当前的排污权交易没有兼顾地方性和区域性问题。

[①] 以试点的火力和电力行业为例。目前,国家对于火电企业的污染物控制非常严格,其中重要的一项控制措施,就是在这些企业中强制使用脱硫设备。很多企业实施这个政策之后,二氧化硫的排放已经符合国家标准。而且,在企业统一安装脱硫设备之后,减排技术路径单一,各个企业之间减排效果并没有明显的差距。而排污权交易是建立在不同企业排污控制能力差异性基础上,如此,企业取得减排交易配额的可能性不大。

三、域外环境容量使用权交易市场规制的经验和启示：以美国为例

(一) 美国的环境容量使用权交易

美国目前的排污权交易制度，是以美国国家环保总署于1986年12月颁布的《排污交易政策总结报告书》和1990年颁布的《清洁空气法（修正案）》为法律基础的。排污权交易的发展过程可分为两个阶段：第一段始于20世纪70年代中期，到20世纪90年代初期为止；第二阶段是以20世纪90年代通过的《清洁空气法》修正案并实施酸雨计划为标志。

第一阶段建立了排放削减信用为基础的排污权交易。大致包括补偿政策、泡泡政策、净得政策以及排污储存银行政策四项政策措施，具体如下：

1. 补偿政策

1976年12月，为满足新建污染源和现有污染源扩建的需要，美国环保局颁布了《排污权解释规则》，创立了补偿政策，并在1977年的《清洁空气法》修正案中获法律认可。如果新企业安装了污染控制设备，达到最低排放率标准，并且通过该地区他企业污染物削减来补偿该企业污染物的增加，就允许其发展。具体而言，它允许新建、扩建的企业，在污染控制未达标地区投入运营，条件是他们需要从现有的排污权人处购买排污权，并且该排污权容量为其设计排污量的120%。之所以称为"补偿"，实际上是通过新企业的介入，扶持和加速环境污染控制没有达标地区的经济发展。新进入的企业，在该地区运营时，为其排污行为提供充足的资金保证，并使得该区域的环境保护水平得到提高。这种政策的目标是，鼓励未达标区已有的排污企业，将污染源排放水平削减到目标水平以下，这种差额后来被称为排放削减信用（Emission Reduction Credits，ERCs）。排放削减信用可以被出售给欲要进入该地区的新排放源。

2. 泡泡政策

该政策是自1979年12月开始试点，是《美国清洁空气法》中实行的一项排污抵消政策。即在一定的"空气泡"范围之内，新污染源的排污量要等于旧污染源的所减少的排污量，新旧污染源排污量相抵后的总排污量不能超过该地区的之前确定的环境容量。"泡泡"的内涵实际上是将一个企业的多个污染源作为一

个"气泡",只要该"气泡"向外界排出的污染物在政府按照环境要求计算出的排污量限度之内,并且保持不变,则允许"气泡",也就是某企业在减少某些污染物排放的同时,允许增加一些其他污染物的排放。1986年,美国环保总署扩大了"气泡"的应用范围,将邻近企业捆在一起作为一个大"气泡"。这一政策目标,是以"泡泡"为单位,对污染物排放总量进行控制,而不是对其内各个污染行为的排放量进行控制。这一政策给予企业控制污染很大的灵活性,变刚性规制为柔性规制。这是以环境质量为目的的、确保排放总量和排放强度。而不考虑排放标准的环境政策。泡泡政策是后来区域排污总量控制的雏形。

3. 净得政策

净得政策是指企业如果并没有使得其排放的污染物总量有明显的增加,则企业进行改、扩建时,免于承担新污染源对符合排污审查要求的责任。企业还可以用其持有的"排放减少信用",来对改建、扩建的部分预增的排污量进行抵消。反之,则对该改、扩建项目进行重新审查。

4. 排污储存银行政策

排污储存银行政策是美国《清洁生产法》确立的环境政策。企业可以将某一时期富余的污染减排信用,存入银行,以便在将来合适的时候出售或使用。各州有权制定本州的银行计划和规划,包括"排放削减信用"的所有者资格、所有权及其管理、发放、持有、使用条件。该政策实际上是对"排放削减信用"所有权的法律确认。该政策通过将"排放削减信用"物权化和财产化,增强企业的信心,有效激励企业采用新的污染治理技术、新生产工艺。这体现了排污权交易的基本思想,减排下的富余指标可用于转让。

第二阶段以20世纪90年代通过的《清洁空气法》修正案并实施酸雨计划为标志。1990年美国国会《清洁空气法修正案》建立了"酸沉降控制"计划,试图到2000年削减1000万吨SO_2排放量,以及200万吨NOx排放量。对于削减NOx排放量,国会主要依赖于传统的基于技术的标准,命令—控制型管制,要求被管制的企业必须改进对现有锅炉的控制。作为对照,对于削减SO_2排放量,则主要依赖新的、分两阶段进行的基于财产权的方法,即可交易的排放量。真正将排污权交易在法律上制度化,形成了以市场为导向的排污交易机制。[1] 总体上,

---

[1] [美] 科尔. 环境污染与财产权 [M]. 北京:北京大学出版社,2009:56-61.

《清洁空气法》的酸雨项目在污染物削减和成本节约方面都取得了出人意料的成功。

除了大气污染物排污权交易，美国在一些流域也探索了水质交易。但是还在探索之中。但主要水体营养物的交易较为成功。

(二) 重要启示

美国的排污权交易制度，对于我国构建环境容量交易制度具有重要的借鉴和启示：

一是排污权市场为主导的交易机制确立。在排污权交易制度设计之初，对于这一交易制度，应以行政主导为主、还是以市场主导为主，美国社会并没有形成统一意见。后来经过反复论证，排斥国家干预的文化传统和市场机制内在的优势，最终使得美国环境保护总署选择了市场经济为主导的交易制度。因为他们坚信市场的力量可以使公众对环境保护的积极性得到提高、在保证环境质量的前提下减少投入的成本、能减少行政干预带来的干扰。

二是注重政府干预与市场机制的协同。美国排污权交易无疑以自发的市场机制位置，尤其是二级交易市场，更充分体现了市场交易的主导作用。当然，在构建二级交易市场之时，注重政府和社会的适当介入，以有效克服市场机制的内在缺陷。例如，为了降低交易成本，在构建排污权二级市场交易规则时，充分发挥了芝加哥商品交易所、纽约商品交易所等市场交易平台的作用。政府的行政公共权力，主要限制在市场基本规则的确立、企业参与交易的政策引导以及违法行为的控制。如此，市场作用与行政公共权力在各自领域之内发挥应有作用，制度功能得以有效释放。

三是注重环境保护和经济发展并行的社会可持续发展。四项经典的排污权交易政策措施中，补偿政策将环境保护与经济发展加以协调一致，其目的在于建立一种能使经济快速发展、但是环境保护却又得到加强的途径；泡泡政策赋予了企业在经济发展中高度自主权，实现由浓度控制到总量控制的转变；净得政策，衡平了行政干预与企业扩张投资之间的关系，通过对行政权力的适当限制，激活企业活力的同时也提高了行政效率；排污储存银行政策通过确认企业的减排效果，将之进行财产化和利益预期化，对企业减排行为提供了有效的激励，从而达到减排的目的，对当前环境质量与未来环境保护的关系进行平衡。从四项政策中可以看出，排污权交易出发点首先考虑了企业的经济发展，尊重企业的自主权，注重企业行为的内在经济激励，但是其目的是污染减排和环境保护。这种方法尊重了企业利益，并激活企业参与减排和排污权交易的动力，事证明是非常成功的。这给我们主要的启示就是不能为排污权交易而交易，要尊重企业自主权，并按照企业的经营逻辑设计有关交易规则。

四、环境容量使用权交易机制适用问题：基于我国的制度和技术背景

（一）环境容量使用权交易机制适用的制度和技术条件

虽然排污权交易机制在一些国家得到成功的运用，但是，排污权交易是否在每一种生态和制度背景下对于所有的环境物品都有效仍然是值得怀疑的。只有在非常有限的情况下，可交易的排污权计划才可能以相对较低的成本达到环境保护的目标。在某些制度和技术背景下，"命令—控制"型管制与可交易的排污权相比，可能同样（或者更）效率和有效。① 美国经济学家通过长期观察，酸雨项目和其他的案例都不能证明可交的许可或其他的混合财产权/管制体制在任何情况下都比传统的命令—控制型管制更加优越。它们最多显示了这种混合财产权管制体制，在某些情形下，在重要的制度和技术背景下，可能在经济上和环境上都优于命令—控制型管制。实际上，在其他的制度和技术背景下，完全可上预期公共财产权/管制体制比可交易的许可体制更加优越。② 一种环境规制工具能否有效运用，与其国家的制度背景和技术背景有关：③

1. 制度背景

一个国家，不能脱离各种环境保护工具运作的制度和技术背景，孤立地探讨它们的比较效率。以排污税的市场工具为例。现实世界里，它们的效率和有效性取决于制度和技术方面的前提条件。如果没有一套有效的市场制度作为支撑，根本就无法运行，更别说有效率地运行了。如果缺乏竞争性的市场制度，政府事实

---

① ［美］科尔. 环境污染与财产权［M］. 北京：北京大学出版社，2009：64.
② ［美］科尔. 环境污染与财产权［M］. 北京：北京大学出版社，2009：74.
③ ［美］科尔. 环境污染与财产权［M］. 北京：北京大学出版社，2009：76-78.

上不可能理性地设置税率水平。尤其是发展中国家，在地方性的预算软约束下，污染者——实际上都是国有企业，对价格信号一点都不敏感。中央计划制订者定期地补偿那些符合生产定量的企业所缴纳的环境罚款。因为经济上的生存取决于产出最大化而非利润最大化，国有企业没有任何激励参与那些可能提高效率但却会减少产出的活动，包括污染控制。在一种制度背景下有效的管制体制，在另一种制度背景下未必有效。在市场制度很弱或者不存在以及预算软约束的情况下，排污税无论从经济理论上来说多么有效率，都将是一种糟糕的政策选择。

2. 技术背景

技术限制也会影响环境政策的选择。在传统的命令—控制型管制和济工具（例如可交易的许可或排污税）之间进行选择时，这一点体现得为明显。考虑一下政府缺乏监测点源污染排放的技术能力的情形。政府感觉到现有的排放标准造成了公共健康问题，但它无法得知每一个特定的污染源为这个问题贡献了多大的份额。在这种情况下，基于技术的命令—控制型体制可能比可交易的许可或排污税更有效率。如果政府仅仅命令所有潜在的污染者安装可得的污染削减技术设备，它就至少有信心实现某种程度的排放量削减，即便它无法准确地测量到底削减了多少。在可交易的许可制度下，监督污染者是否守法的成本必然更高。政府为了实施一个成功的、可交易的许可项目，必须要通过测量当的排放水平来决定计划要减少的排放量水平。从现有的排放量减去计划要减少的排放量，在被管制的污染者之间分配剩余的排放量，并持续地对其排放量进行监测，从而确保污染者的排放量没有超过他们的限额。如果缺乏点源监测技术，无论是在可交易的许可还是在排污税体制下，污染者几乎都不会有什么激励削减排放量或者交易排污权。为了确保污染者遵守排放限额，政府必须知道污染者真实的排放量，如果政府无法核查他们实的排放量，理性的污染者不会选择减少排放量或者购买排污权。由于技术限制无法对点源排放进行监测，那么，很显然，命令—控型体制很有可能比可交易的排污权更加有效，因为它并不依于点源排放监测。

（二）我国环境容量使用权交易市场构建问题

环境容量权交易实施需要制度和技术条件，以在制度上，需要具有一定的竞争性市场的形成、环境物权的权利有基本的法律制度保障，在技术上，需要实现环境容量总量的科学测定以及对于排污标准的科学量化测定。从我国目前的社会状态来看，已经具备一些基础性的有利条件，这些条件包括：

1. 我国的社会发展目标调整有利于排污权交易实践

当前社会背景下，在生态文明语境下，环境保护和生态安全问题被提到一个更高的议程。环境法治得以加强，环境政策得以强化。总量控制、生态红线、功能区规划等一些新型规制方法得到立法确认。就是通过排污交易，激励环境保护技术型企业的兴起，形成污染小、效益高的新工业结构，这与国家产业政策调整目标是一致的。因此，排污权交易具有良好的政策背景。

2. 竞争性市场机制基本形成

美国在排污权交易方面成功的经验表明，排污权交易运行于竞争性的市场机制不可分离，排污权交易的主要依赖于市场，而非政府管制。信息畅通、透明的市场机制，可以使得合理的价格机制得以形成，并可以大大降低管理成本。经过几十年的建设，我国已经建立社会主义市场经济体制，竞争性市场机制方法在自然资源开发利用上，具有多年的实践运用，积累了一定的经验，这为实施排污权交易制度提供了基本的条件。随着政府职能的转变和体制改革的深入，企业的自主经营权日益具有法律保障和社会认同，企业的财产权利日益得到物权法的确认和保护。财产权利的观念在社会得到深化。进一步释放了企业的活力。这为实施排污权交易制度所必须的企业自主权和市场体系等提供前提性条件，减少制度运行的社会阻力或摩擦。

3. 社会现实存在交易的需求

交易市场的形成，需要足够的供给和需求，以及由供给和需求互动形成的价格机制。排污权交易本质，是在环境总量控制基础上，低环境保护成本的企业，在一定的污染管制条件下，通过削减排污，获得可出售的余额；高环境保护成本的企业，由于难以通过削减排污来获得多余的环境容量，只有通过购买环境容量余额，以获得排污权或者进一步扩大生产。基于市场发展需要，我国各行各业中，存在大量的新建、扩建和改建项目，也存在大量的新进企业，这些项目和企业需要获得排放环境容量总量指标，因此，买方市场的形成不成问题。另外，通过一定的环境政策，通过加强企业内部环境污染治理以及确立必要的激励机制激励企业采取各种有效的治污措施，削减排放量，以形成排污权交易卖方。这样，就有了买卖双方,进行排污权交易的可能性就存在。当然,卖方和卖方的形成,需要一系列的政府市场干预,创造市场形成的一些外部条件和环境。

4. 具有排污权交易实施的技术基础

排污权交易实施需要具备一定的技术基础,包括企业的污染治理技术、环境容量测定技术以及环境污染控制监测技术等。随着技术交流和自行研发的进程加快,企业的污染治理技术也在不断进步,污染削减水平不断得到提升。环境污染控制监测技术也在不断发展,点源性污染监测技术已经成熟,对企业的排污监控已经形成网络化、体系化和全自动化。各个地方的环保部门通过环境监测技术和管理体制创新,积累了大量的环境资料和数据,如地方环境本底数据、污染情况数据、污染物排放监测数据等,为实行排污权交易制度提供了大量的环境技术资料。

5. 建立排污权交易制度的现实制度基础

环境总量控制制度和排污许可制度是排污权交易实施的前提和基础。环境容量总量控制和排污许可都得到我国法律和法规的立法确认。排污许可制度相对成熟。排污许可通过许可证的方式,规定污染源许可排放污染物的种类、数量和去向。从某个角度看,排污权交易就是排污许可证的交易,对排污许可证的买卖就是排污权交易的表现形式。因为排污许可证上记载了排污者在一定时间范围内最大允许排放量。这实际意味着对于环境容量这一稀缺资源的分配。在排污许可行业,已经建立了内容丰富的管理制度。所需要做的,只是将排污许可证的性质重新定位,明确其财产属性、物权地位。而总量控制制度,也在不断地实践中积累了很多经验。从环境科学的角度看,污染物排放总量的控制,实质在于明确了环境容量的有限性,并确立了环境质量与污染物排放量的数量相关关系。也决定了配额的确定必须以环境容量总量为基础。总的配额的确定,以确定区域总量控制目标以及总的污染物排放水平为前提,这是实行排污权交易的前提。排污权交易实施过程中,环境保护行政主管部门首先确定一定区域的环境质量目标,根据所定区域的环境容量总量和排放水平,确定某污染物的总排放量,并以一定的形式分配到各个污染源。我国大部分的试点工作都是在这一个模式之下进行,积累了丰富的经验。各个地方也针对环境容量交易制定了大量的对方性法规和规章,奠定了坚实的制度基础。

五、交易市场构建路径：政府主导的二级容量交易市场

（一）政府主导的二级容量交易市场的主要理由

当前，我国排污权交易试点是在政府主导下进行的，反之也表明交易的市场化程度并不高。在很长一段时间之内，政府主导的环境容量交易市场建立，还是主要的方式。主要理由有：

一是公共性资源的分配需要政府干预。由于排污权交易涉及环境容量这个公共性资源分配和流转问题。关于环境容量利用的目标和方向，具有公共性。也承载这社会的共同要求。政府作为公共资源的管理代理人，有责任和义务去保证环境容量这一公共资源的合理利用以及利用目标的实现。不难看出，公权力的介入已经成为解决当前排污权交易困境的关键所在，其如何运行关系到整个二级市场秩序的稳定和市场的导向。[①]

二是需要政府干预提供企业参与交易的激励。我国排污权交易存在的一个核心问题，就是市场主体缺乏参与交易的动力普遍不足。除了需要通过完善排污标准、改革排污许可制度、形成合理的初始分配机制等之外，还需要政府通过一定的环境政策，提供给企业足够的激励，促使企业参与环境排污权交易。

三是市场交易外部性条件形成需要政府干预。排污权交易，核心的环节无疑是交易形成，卖方和卖方的交易行为。但是交易行为需要各种外部性条件的保证，例如交易场所、交易平台、交易信息获取等，这些问题都涉及交易费用。交易费用越高，交易越难进行。而且，这些外部条件很难通过卖方和卖方自发形成。以交易信息搜寻、获取和加工为例，企业获得其他企业的排污权信息并不容易，即使获得也要支付过高的陈本，导致交易失败。这些都需要政府提供外部性的技术或者政策支持。

（二）政府主导二级容量交易市场的角色定位

政府的角色定位，是构建排污权交易规则体系所必须予以解决的一个问题。

---

① 李葆华，王晓敏. 我国排污权二级市场交易模型构建 [M]. 价格理论与实践，2012 (08).

政府的角色定位，根据排污权交易市场不同而有差异。

在环境容量使用权交易的一级市场中，主要实现的是环境容量使用权的初始分配问题，如果采用市场交易形式，那么，政府主要是作为环境容量是使用权的分配者，应当处于主体地位。政府的公共权力干预主要体现为组织测定环境容量、按照行政层级或者区域分配环境容量、地方按照分配所得的环境容量无偿或者有偿二次分配环境容量使用权、颁发排污许可证、收取排污费。在排污权交易的二级市场中，理论上应当以市场机制为主导，政府尽量退出和尽量避免干预市场交易。但是在我国，由于市场交易并不成熟，需要政府主导来推动市场机制的形成。政府的主要作用具体体现为搭建交易平台、排污量监测、交易主体准入审查、交易类型规制、交易额度核准、交易行为审批、市场价格调控、违法排污处罚等。

六、环境容量交易规制要素之确立

环境容量交易规制要素之确立，是指政府在环境容量使用权二级交易市场中，通过何种要素对交易行为进行规制，以实现环境容量规制目标和经济发展目标的协调。归纳起来，这些要素应该包括：

（一）交易主体规制

交易主体，是指有资格进行环境容量使用权交易的个人和各种组织。理论上，政府、社会组织（包括排污企业和非排污企业）和个人，都可以进入市场进行交易。但是，获得环境容量使用权利，意味着获得了环境容量这一公共资源的支配性权利，不管这种权利是直接利用还是间接利用。因此，确立一定的主体规制条件，是有必要的。具体而言，对企业而言，可以设定交易主体必须具备的条件：一是主体为合法排污企业。即交易主体为已进行过排污登记、获得排污许可证且排污达到环境标准的企业。如果一个企业没有进行排污登记，没有排污许可证，那么，交易失去前提条件。或者排污排放不达标，不能进行环境容量排污权交易；二是同质主体交易。即环境容量使用权的交易主体，其范围限于排放同类污染物的企业之间；三是交易主体治理能力差异性。交易各方削减相同环境效益的排污量，所需要的治理费用要有明显不同，治理能力具有差异性；四是具有环境容量剩余的企业。参与交易的企业主体，并非拥有环境容量即可进行交易。

至于其他非排污企业的社会主体，能否进入二级市场进行交易，有不同的主张。例如政府能否基于宏观调控目的，充当环境容量使用权买方，类似于土地制度中的土地回收制度，或者中央银行公开市场业务，在环境质量恶化时买进大量许可证。我国目前尚存问题是交易市场尚未成熟，因此，交易之主体应限于排污企业之间。而不涉及政府、非排污社会组织和个人。

（二）交易客体规制

交易客体即企业进行交易的环境容量类型。关于交易客体，涉及两个方面问题：一是宏观上，应确认何种环境容量类型进入市场交易，换言之，大层面上应该构建何种环境容量类型的交易市场；二是微观上，在环境容量类型之下，企业获得的环境容量使用权如何参与市场交易。

确定合适的污染物种类进行环境容量使用权交易是保证交易成功的条件之一。环境容量使用权交易种类的确定依据，主要根据市场交易实施基础、环境治理技术水平以及经济发展阶段等因素综合考虑。以排污权交易较为成功的美国为例，最初其排污权交易仅限于污染气体的排放，后由于"泡泡"政策的成功，推广至污水控制。但其主要交易市场，集中在大气环境容量使用权交易方面，水环境容量使用权交易的面并不广，而且也没有大气环境容量使用权市场交易那么成功。考虑到我国现阶段污染治理的特点，考虑到大气污染和水污染是我国目前污染治理的重点和难点、国外有相对成熟的经验可以借鉴、环境污染治理和监控技术相对可行等因素，应把环境容量使用权交易限定在大气环境容量使用权和水环境容量使用权交易两种种类较为合适。而在大气环境容量使用权和水环境容量使用权交易市场构建上，应以大气环境容量使用权为重点试点领域。而废水污染物的排放，既涉及工业生成引起的点源污染，又涉及生活、农业等引起的面源污染，情况相对较为复杂，实施排污权交易的难度较大，因此，在对废水污染物排放开展水环境容量使用权交易时，应根据水污染物的排放实际情况分步进行。

其他形式的交易类型，在大气环境容量使用权和水环境容量使用权交易实践经验成熟后，再进一步拓展。

微观上，排污企业环境容量使用权所交易的客体，一般为企业富余的环境容量使用权，而不能为排污许可证上整体的环境容量使用权。排污权交易客体，是法律允许享有的、企业合法取得的环境容量使用权。在年度调整系统结转之前，各污染源可以就企业当年污染子账户上的余额自行决定是否进行交易。① 在我国现有社会背景下，参与交易的，必须为企业的富余环境容量使用权。不能通过环境容量使用权来进行纯粹的投机性交易，否则偏离了环境容量使用权交易制度设置的价值目标。环境容量使用权通常是先有由一级市场获得。企业取得环境容量使用权之后，因为产业升级、技术改造等各种原因而出现环境容量的富余，这种富余的环境容量使用权才能进入二级市场进行交易。在技术上，这些环境容量使用权是可以定量测定及审核的，且企业应该保证有持续削减排污量的真实可靠的技术力量。为了避免投机性交易行为，政府对排污指标的监控和管理，是必不可少的。在此过程中，企业对交易客体的保证义务为：一是企业需要证明排放污染物具有合法的，需要提供某一时段的排放量、排放浓度符合排污指标要求的证明；二是定期报告义务。排污企业应该定期向环保部门提交详细检测报告，按规定上报监测计划，定时报告排污、流量、设备运转及监测装置运转情况。如有违反，则可以取消企业交易资格。

除了企业富余环境容量使用权交易之外，一些特殊情况下的环境容量使用权，也可以进行市场进行交易，主要包括：一是老企业将现有的环境容量使用权指标有偿转让给新建企业；二是关、停、并、转、搬特定企业和项目所产生的环境容量使用权。这些企业一般为经济效益差、工艺落后、污染严重的能耗、物耗高的企业或项目；三是部分重复建设的项目被行政主管部门依法撤销，被撤销项目所产生的富余环境容量使用权，可以进行交易或者调控使用。

(三) 交易平台（范围）规制

交易平台（范围）规制，包括交易场所、交易范围等要素的规制。

环境容量使用权交易需要解决交易场所问题，这是一切市场交易的共性问题。市场交易的过程，都必须要受到地域、时间、位置等综合因素的制约，这些因素都会影响交易费用变动。从降低交易费用出发，应该建立交易市场。目前，环境容量使用权交易方式主要有分散交易和集中交易两种方式。分散交易可能会导致交易过程中产生各种复杂的问题，企业之间的交易费用较低，但是对政府环

---

① 关阳. 追踪美国"酸雨计划"[J]. 环境保护, 2011 (09).

境监管要求较高,整体交易成本较高。因此,建议借鉴股权交易模式,采取集中交易的方式,建立统一的交易市场。

建立统一的交易市场,涉及一个问题是交易范围问题。当前试点的排污权交易,有中央推进型、地方政府推进型的。中央推进型的排污权交易主要是火电行业排污权交易。其交易范围自然是全国范围的。一般而言,环境容量使用权交易实施范围越广,越能促进环境容量使用权这一公共资源的优化配置,进而节省污染治理成本。但是,由于环境容量使用权交易不同于一般的商品买卖。环境容量使用权交易具有很强的外部性,这种外部性体现为排污污染的地域性转移,即其环境容量使用权交易,意味着所交易的污染物排放点发生地域性转移,对于买方而言,购进环境容量使用权,意味着引进排污,即使没有突破本区域的环境容量治理控制,但必然导致地方性污染量增加,对买入地的环境质量产生负面影响。另外,确立环境容量使用权交易市场,必须确立交易的跨区域性,以增强环境容量使用权交易的流动性,但是这需要地方政府之间形成某种达成一致的协商,这是一个有相当难度的问题。

(四) 交易信息规制

完整、准确的企业排污信息,是有效实行环境容量使用权交易规制的关键。只有当环境容量使用权交易与实际排污量对应起来,才能使环境容量使用权真正成为一种可自由交易的商品,但这必须要在保证环境质量的前提之下。

环境容量使用权交易与实际排污量对应关系的确立,重点是要建立相应的信息规制系统,具体包括:

一是排污跟踪系统。排污跟踪系统由各参加交易的企业连续监测装置提供支持,保证排放数据的及时、完整和精确性。目前的排污跟踪系统包括水污染检测的 COD 和大气污染检测的 CEMS。[①] 以 COD 检测技术为例,我国从 2007 年开始

[①] 化学需氧量(COD 或 CODcr)是指在一定严格的条件下,水中的还原性物质在外加的强氧化剂的作用下,被氧化分解时所消耗氧化剂的数量,以氧的 mg/L 表示。化学需氧量反映了水中受还原性物质污染的程度,这些物质包括有机物、亚硝酸盐、亚铁盐、硫化物等,但一般水及废水中无机还原性物质的数量相对不大,而被有机物污染是很普遍的,因此,COD 可作为有机物质相对含量的一项综合性指标。CEMS 是英文 Continuous Emission Monitoring System 的缩写,是指对大气污染源排放的气态污染物和颗粒物进行浓度和排放总量连续监测并将信息实时传输到主管部门的装置,被称为"烟气自动监控系统",亦称"烟气排放连续监测系统"或"烟气在线监测系统"。

全面启动了在线检测能力建设项目,通过 COD 在线监测技术对企业的排污情况进行在线监测。通过在线检测系统,有关环保部门可以通过多频次动态数据监测来对企业的排污浓度和总量监测,及时掌握企业排污的实时数据。由于排污动态跟踪人员投入少,监控效率高,所以这极大地方便了环境部门对实行排污总量监督和环境风险监控工作,成为了当前排污监测的主要手段。但就目前来说,该系统在具体的排污浓度和排放总量的准确性以及监测频率上还有待提高。因此,排污跟踪系统还需在不断完善的同时,结合过去传统的监测方式,共同对企业排污动态进行追踪。

二是年度调整系统。年度调整系统的主要任务,是计算出各污染源年终要扣除的许可证数量。这个系统能够使政府明确各污染源是否具有足够的许可证数量,同时计算结转各污染源账户并进行相应的调整。如果某污染源当年的许可证使用数量超过了其当年持有的许可证数量,那么该污染源将面临相关环境部门的罚款,并同时补扣许可证。不过这种调整系统也为企业提供了平衡自身当年账户的方式。通过排污权交易的方式,各个企业可以根据自身许可证使用情况来选择许可证交易或结转下一年度的企业排污账户。年度调整系统有固定的计算期限,在期限之内,各污染源可以通过许可证交易的方式平衡各自账户内的当年子账户额度,从而避免受到相关部门的处罚。这样一来,不仅政府能够有效地监控企业排污状况,行使行政监督职能,还可以通过出售排污许可增加企业收益,从而增强企业推进生产节能减排的积极性。

三是许可证跟踪系统。许可证跟踪系统主要是为环保主管部门提供有效的自动监测各参加交易的企业是否达标的手段。可以借鉴美国"排污储存银行政策"的做法,企业可以存放如某一时期富余的环境容量使用权,以便在将来合适的时间出售或使用。美环保局通过许可证跟踪系统对污染源的许可证交易进行跟踪,保证年末污染源排放的污染物不超过企业持有的许可量。[1] 许可证跟踪系统对许可证的签发、交易、达标审核进行登记记录,形成数据存档的官方记录。该系统通过对许可证流向的持续跟踪,使政府及时地掌握企业排污账户变动。除此之外,政府也将这些信息通过各种方式向社会发布,这样一方面方便了人民群众,尤其是污染源附近居民的环境监督,保障其知情权,另一方面也能让企业及时了解许可证信息,根据自身生产对排污的需求来调整其生产计划。

---

[1] 关阳. 追踪美国"酸雨计划". 环境保护, 2011 (09).

第五章　环境要素物权规制

环境要素物权，以环境要素作为权利客体。环境要素是实体化的存在，通过空间分割或者土地范围分割，可以使其具有分割性、个体性和独立性。但是，基于地理上和生态上的关系，环境要素具有很强的关联性，这决定了环境要素物权具有公共性。在整体意义上，其产权性质一般为公共性财产，应该设定为国家所有权。基于环境要素的国家所有权，从技术、制度和社会利用目的出发，符合自然资源条件的，在一定条件下可以设定为自然资源进行经济利用。基于资源的稀缺性和公共性，进入社会进行经济利用的自然资源，需要通过特定的行政许可取得，自然资源权利形态为自然资源使用权。自然资源利用权的规制是环境要素物权规制的主要方面，其规制的过程贯穿了自然资源使用权取得、行使和终止的各个方面，以取得自然资源经济利益和生态利益之间的平衡。

第一节　自然资源物权形态规制：国家所有权

一、我国自然资源的物权形态

我国的自然资源物权没有统一的立法，而是分散于各种综合性法律和单行性法规之中：

1. 综合性或者基本法

这主要包括《中华人民共和国宪法》《中华人民共和国民法典》《中华人民共和国土地管理法》。其中，这就是《中华人民共和国宪法》第9条确立了我国的自然资源国家所有制度。《中华人民共和国民法典·物权编》第250条也进行了明确。有鉴于此，不仅海域、矿藏、水流属于国家所有形态，其他的自然资源也采用国家所有和集体所有的形式。

2. 各种自然资源单行立法

我国制定了各项自然资源单行法律，主要包括《中华人民共和国水法》《中华人民共和国矿产资源法》《中华人民共和国草原法》《中华人民共和国森林法》等，其主要的划分依据是自然资源要素的不同，每一部都针对所调整的自然资源要素的所有权进行了明确的规定。其他的法律，也分别确立了国家所有权或者集体所有权的物权形态。《中华人民共和国土地管理法》第 2 条是针对土地所有权、《中华人民共和国矿产资源法》第 3 条是针对矿产资源所有权、《中华人民共和国草原法》第 9 条是针对草原所有权、《中华人民共和国森林法》第 3 条是对林业资源所有权、《中华人民共和国水法》第 3 条是对水资源所有权、《中华人民共和国海域使用管理法》第 3 条是对海域所有权、《中华人民共和国渔业法》第 11 条是对滩涂、水面所有权进行了规定。这些单行立法基本上都是对《中华人民共和国宪法》《中华人民共和国民法典》所有权规定的进一步重申。

3. 关于自然资源所有权之外的物权形态

这方面的立法方式是由《中华人民共和国宪法》《中华人民共和国民法典》等确定所有权形态之后，再由单行立法确定具体的自然资源物权，主要是自然资源利用权。可以看出我国物权法一定程度上承认了自然资源使用权的用益物权性质，并对权利的取得、权利的变动及权利的保护方面作出了原则性规定。例如《中华人民共和国民法典·物权编》第 118 条、第 123 条规定。

总而言之，我国自然资源物权所有权及其权能实现路径体现为几个特点：首先在所有权结构上，是分为国家所有权和集体所有权的二元结构。来对具体的自然资源的归属通过列举的方法进行划分，资源的所有权形态进行具体的规定。同时，采用国家所有权推定原则，即不属于集体所有的自然资源规定为国家所有权、无法确定为集体所有权还是国家所有权的自然资源，推定为国家所有权。从自然资源类型和数量比重看，国家所有权和集体所有权二元结构中，国家所有权占绝对的优势地位，自然资源的集体所有权只是其中的特殊一部分。二是在国家所有权和集体所有权二元结构下，构建用益物权体系。具体来讲，从所有权主体和管理主体上，自然资源国家有权，由国务院代表国家统一行使，地方政府和部门依法根据法律法规规定的权限，对自然资源进行管理。因此，政府在自然资源物权上，具有自然资源所有权人或所有权代理人和自然资源管理者双重身份；在所有权下，规定所有权物权化的各种自然资源权利，主要是自然资源的利用权，并实行有偿使用制度。①

二、我国自然资源国家所有权的性质

（一）我国自然资源国家所有权的性质争论

对于我国各种法律中规定的自然资源国家所有权应该处于何种法律地位，属于何种性质的所有权形态，一直处于不断的争论和论证之中，主要是公法与私法性质之争，其他方面也有主张，代表性观点具体如下：

1. 认为我国自然资源国家所有权属于私法性质

因为自然资源国家所有权是重要的物权形态，并在《中华人民共和国民法典·物权编》中得到确认，所以，通说认为自然资源国家所有权与集体所有权、个体性所有权都是所有权形态的表现，在民法意义上都是私法性质的所有权形态。有的学者认为，国家所有权乃是国家对国有财产（或称"全民所有制财产"）所享有的占有、使用、收益和处分的权利，是全民所有制在法律上的表现。② 有的学者针对主张因为公宪法为公法，因而宪法中规定的自然资源所有权为公法性质的主张，提出尽管《宪法》规定了自然资源国家所有权，但应当注意的是，中国宪法与西方宪法体制是有区别的，是在不同的语境下使用的，不能将中西方的宪法直接画等号。《宪法》规定的国家所有权完全有可能是具有私权性质的，私法上的所有权完全可能受到宪法的保护，不能因为宪法有相关的规定，就认为它与民法上规定的所有权是两个所有权，归根到底就是只有一个所有权。无论自然资源国家所有权作为私权规范规定在宪法中，还是作为公权规定于民法中，都是正常的现象。③

2. 认为我国自然资源国家所有权属于公法性质

一些学者对之也持有类似的观点。这些学者主要是主张自然资源国家所有权

---

① 《中华人民共和国民法典·物权编》第 325 条规定："国家实行自然资源有偿使用制度，但法律另有规定的除外。"
② 王利明. 物权法论 [M]. 北京：中国政法大学出版社，1998.
③ 王涌. 自然资源国家所有权三层结构说 [J]. 法学研究，2013 (4).

与民法物权在诸多方面有着本质的不同,自然资源国家所有权制度的设计目标,是为了维护以公有制为基础的社会主义全民所有制,体现国家在管理自然资源的权力,因此这种所有权本质上是一种公共权力,是国家管理的正当性基础。① 具体而言,学者指出自然资源所有权私法性质的主张,在貌似合理的表象下包含着诸多难以解释的矛盾:② 一是物权主体的实体化、平等性与"全民国家"的抽象性、优越性之矛盾;二是物权的内容的"私"性与自然资源国家所有权内容的"公"性之矛盾;三是物权客体的确定性与自然资源的不确定性之矛盾;四是物权行使过程中的自主性与资源国家所有权行使的非自主性之矛盾;五是物权的救济补偿性、责任自负性与资源国家所有权的救济惩罚性、无责任性之矛盾;六是用益物权的不可处分性与自然资源使用权的可处分性之矛盾;七是所有权的唯一性与动产资源的所有权双重性之矛盾。在批判基础上,该学者进一步指出"自然资源之利用比一般财产更加依赖于明确制度的规范,否则极易陷于混乱,导致低效和不公。这两个特征决定了现代社会国家干预自然资源利用的正当性和必要性——国家必须掌握资源利用的主导权,以全民整体利益的角度来看,制定有关资源之分配、利用、惠益分享的统一规则,建立起富于激励、体现公平的资源利用秩序,以实现资源利用效益的最大化"。因而,自然资源国家所有权"其实质是国家积极干预资源利用的立法权及管理权"。③本质上,它是一种"宪法性公权"。④ 这种"公共权力"即有的学者指出的,不论自然资源国家所有权是规定在物权里,或者是规定在自然资源单行法里,国家所有权的"行政管理"色彩从来没发生过变化。⑤

3. 认为我国自然资源国家所有权属于国家主权

有的学者从各种要素分析出发,认为自然资源在性质上,既不属于私权性质,也不属于公权性质,而是一种国家主权或准主权性质。国家对自然资源的所有权不是物权法上的所有权,自然资源不应也无法成为民法上所有权的调整对

---

① 王军.国企改革与国家所有权神话 [J].中外法学,2005 (3).
② 巩固.自然资源国家所有权公权说 [J].法学研究,2013 (4).
③ 巩固.自然资源国家所有权公权说 [J].法学研究,2013 (4).
④ 巩固.自然资源国家所有权公权说再论 [J].法学研究,2015 (2).
⑤ 马俊驹.借鉴大陆法系传统法律框架构建自然资源法律制度 [J].法学研究,2013 (4).

象，原因在于：① 一是客体无法满足物权客体制度的要求。自然资源这一"物"无法满足物权客体制度的要求。因为自然资源中的不少形态难以用完全满足有体物、独立物、特定物和能为人力排他支配的要求。二是不符合先占制度理论。对于诸如野生动物的自然资源先占而取得其所有权已经为当今世界的立法通例。在部分自然资源可以先占获得的情况下，再将国家对自然资源的所有权定位于物权法上的所有权，明显有违于物权法的基本原理。三是与侵权法上的责任规则不相符。反观自然资源国家所有权的私权理论，如若国家所有权真的为私法的所有权，那么其与物权法上的所有权不存在差异，那么，按照上述侵权法理论，国家对于其所拥有的自然资源所造成的他人损害也应承担侵权法上的责任，即对国家这一私法主体当然适用物的侵权责任规则，但在实践中不可能。四是物权效力的缺失。自然资源国家所有权不具有恒定性和追及性的现实说明了自然资的国家所有权不是私法上的所有权。五是私有与自由利用之间的矛盾。自然资源上所存在的自由使用权，这一立法事实说明了国家自然资源所有权不可能是私法上的所有权。六是侵害与救济之间的非对应性。从比较角度考察，各个国家对超过生存的需求经过国家的许可自然资源的利用基本上没有通过提起民事诉讼的方式予以解决，相反，采用的都是公法上的手段。鉴于自然资源与人的生存和人类社会发展的不可分离生，不同类型自然资源上所存在的国家所有权，其本质也并不完全相同。储存性自然资源上所设立的家所有权，它在本质上是主权，在动态自然资源，上所建立的国家所有权，其本质是准主权，也就是弱化的主权。自然资源的国家所有权在本质上是一种主权性权利。②

(二) 我国自然资源国家所有权的性质分析

本书赞同国家所有权不是一种私法性权利的主张，但是不完全赞同将自然资源国家所有权本质认定为一种主权或公共权力的主张。正如有的学者指出的那样，国家所有权的特殊性体现在国家自身存在着多重的身份性，从主权国家的视角来看待自然资源国家所有权，它就是一项公权力，用来确保国家对自然资源的主权。从自然资源开发利用权利的取得、行使和救济的途径等方面看，都可以看到公权力的影子：权利的取得需要国家机关的审批或者特许，权利的行使需要接

---

① 金海统. 资源权论 [M]. 北京：法律出版社，2010.
② 金海统. 资源权论 [M]. 北京：法律出版社，2010.

受行政机关的监督，权利的救济也时常需要依赖于行政机关。从权利市场流转的视角来看待自然资源国家所有权，它又是一项私法权利。"因此，正确认识和看待自然资源国家所有权，不能把其简单地归结为公权力或者私权利……必须承认的是，对自然资源的权属分配和开发利用秩序的建构，从来就不是宪法或者民法或者自然资源法所能单独完成的。或许，我们不应过多纠缠于自然资源国家所有权到底是公权还是私权的界分，而应着眼于构建一个有效的自然资源国家所有权的运行机制，在这个运行机制中，宪法以及民法、行政法、自然资源单行法、公司法等各部门法发挥着各自的功能与作用，公法与私法相辅相成、相互补充。"①

当然，自然资源国家所有权其本身属性是自然资源的公共性，因为由于自然资源的公共属性，自然资源中存在更多的国家公共权力管制。因此，从这一点来看，国家所有权是自然资源物权公共权力管制的正当性来源。当然，作为正当性来源是从根本上来讲，并不意味着国家随意干预自然资源物权人的权益。

本书进一步认为，自然资源的国家所有权，本质上是环境和环境要素这些自然法意义上的"信托财产"在法律上的表达形式。信托财产理论是解决环境和环境要素财产权意义上的理论，是目前较能接受的关于环境资源权利归属的理论形态。在法治语境下，这些信托财产需要通过法律形式加以保护，那么必须要转换为法律语言和法律表达形式。而"国家所有权"这一概念和用语，是最合适的。当然，这里的"国家所有"，是全民意义的所有。政府通过"国家所有权"这种法律形式，获得了对公共信托财产——环境和环境要素的规制权力。那又如何理解自然资源的利用权利？环境和环境要素这些公共信托财产，是全民所有，任何人出于生存和发展需要，都可以进行合理利用。信托财产理论中就包含了利用自然资源的正当性。因此，自然资源利用形成的物权，不仅仅是国家出于自然资源经济效益或者自然资源效益最大化等理由。

三、我国自然资源国家所有权的问题

（一）自然资源国家所有权主体虚位与抽象化

国家本身是一个政治概念，是抽象主体。它无法直接行使权利。这就导致了

---

① 施志源.生态文明背景下的自然资源国家所有权研究［D］.福州：福建师范大学，2014.

于国家来说，自然资源的所有权只是一种形式上的所有权。其要行使权力，必须通过具体的组织、机构或者个人。根据我国法律规定，国家所有权的行使是由国务院代表实行的，在实际操作中，是由各级政府代管，分别享有并行使的。但应由哪级政府和哪个部门代理或者托管并没有明确规定，国有自然资源产权在法律上仍然缺乏具体明确的主体代表。现行立法对国务院与各级政府之间以及各级政府相互之间的权利并未作出明确的界定，导致各地方政府之间权利边界模糊。在实践中，如果存在实际利益，有关主管部门争夺管理权；而如果有问题，那么有关部门相互推诿责任。公共权力出现缺位、错位和越位。

(二) 自然资源国家所有权异化：对自然资源利用权的不当限制

政府在自然资源的开发利用上，具有所有者代理人和自然资源资产管理者双重身份。作为自然资源所有权的代理者或者被托管人，理应为了实现公共利益，对自然资源的开发利用进行必要的行政管制，关键是坚决防止自然资源过度利用带来的负面效应，以此来管理自然资源的开发利用。身为自然资源的所有者代理人，拥有对自然资源的占有、使用、收益和处分的权利，理应为了实现国有资产的经济效益，根据市场规则，激活自然资源物权权能，加强自然资源物权流转，通过市场机制开发利用自然资源，并从中获得一定的经济效益。但是遗憾的是，现有自然资源物权实践中，政府的两个角色经常错位，要么利用管理者身份非法干预自然资源正当的开发利用；要么利用其物权人身份谋取部门利益，而忽略其管理者的身份。

在自然资源使用权上，我国民法相关立法和各类自然资源单行法均有相关的规定，但物权法和各类自然资源法对自然资源使用权的物权性质并未做明确规定。[1] 实践中，除了法律对自然资源使用权做出规定外，众多地方性法规、行政

---

[1] 我国民法相关立法看似明确了自然资源使用权的用益物权性质。能够解决自然资源使用权性质不明的问题，但其实不然。目前，我国自然资源使用权的物权属性仍未得到明确，现行自然资源使用权制度仍存在物权化程度低的问题。我国自然资源使用权主要由各类自然资源单行法进行具体规定。这些法律大多是从行政管理的角度所进行的立法，采纳的是行政法的管理思路而不是赋予私法权利。而且，现行法律制度规定的权利登记多为行政登记，而非物权登记，无法体现该类权利的物权属性。在立法上，民法典基本上沿袭了之前物权法的立法内容。

法规、部分规章对其也做出了大量规定，这使得权利性质的认定更加困难。这一制度缺陷使得自然资源在初始配置和权利流转过程中受到过多的行政干预，物自然资源物权人难以依其意愿行使权利，难以进行自然资源的合理配置，行政干预过度，也使得物权人的自然资源物权性质不明确、权利处于不稳定状态，权利人预期利益难以实现。出于风险规避的需要，自然资源物权人在短期内大肆开发自然资源，争取效益最大化，进而不用顾及自然资源开发带来的外部性问题。

（三）自然资源国家所有权未能实现自然资源生态价值的要求

我国现行的自然资源国家所有权制度，由于诸多的原因，未能发挥保障可持续发展的基本功能。在现有的自然资源物权制度框架下，当代中国的可持续发展面临大的挑战，这些挑战包括自然资源瓶颈、生态安全危机以及自然资源引发的环境公平问题。[1]旺盛的资源需求、薄弱的资源家底和粗放型的经济增长模式，使得中国经济社会的发展明显受制于资源瓶颈的约束；生态风险与日俱增、生态环境持续恶化、生态安全危机悄然而至等一系列问题到来的主要原因是自然资源的不合理利用和破坏；工业化和城市化的迅速推进，对自然资源的消耗也达到了前所未有的程度，自然资源的质量未得到保持，代际公平和代内公平问题凸显。今当代长期以来，我国在自然资源利用上存在着计划和市场两套配置体系，且两套配置体系之间缺乏明确的标准和完的程序监督，两套配置体系之间的错位和随意转换，造成大量的社会不公：在营利性领域，自然资源使用权被无偿获得；在公益性领域，市场化不当扩展，大量社会弱势群体对自然资源的基本使用权难以保障；资源产区与资源使用区之间存在不公平，资源产区因资源保护而导致的资源开采而来的严重的环境和生态问题，或是因资源保护而导致的生存与发展限制；资源所有者、资源管理者与资源使用者之间存在不公平。政府拥有强大的政治资源，企业拥有强大的经济资源，而普通民众政治表达路径和能力有限，资源开发的利益主要由政府和企业所获得，普通民众没有分享资源开发的利益，反而承担了资源开发的不利后果。[2]

当然，从政府内部来讲，由于自然资源所有权政府之间的所有权代理人问题

---

[1] 邱秋. 以法治提高生态环境保护实效 [N]. 人民日报，2014-11-05.
[2] 邱秋. 以法治提高生态环境保护实效 [N]. 人民日报，2014-11-05.

没有得到妥善解决，环境问题和环境不公平的状态，很大程度与此有关。体现在两方面：一是政府和地方政府之间。在实践中，中央政府对关系重大的大多重要自然资源自主控制，这就使中央政府与地方政府经常存在资源利益冲突。中央政府利用自然资源的方式，往往采取通过授权央企的方式进行。如此形成垄断性资源开发，并占有大部分经济收益。地方政府虽然依托资源引进了资金、技术等，甚至还要协助中央政府为央企提供各种便利条件，却难以或只能分享小部分的收益，资源所在地方政府与央企在资源配置和利用上存在利益冲突。中央政府从某种程度上限制了地方的发展权利。二是地方利益和部门利益问题。由于省际、府际之间以及不同区域之间的自然资源共享机制没能建立起来，在 GDP 增长压力下，从经济发展出发，地方政府往往通过开发利用自然资源（包括土地资源开发利用）来达到目的，对于其中带来的环境污染与生态破坏，有所回避。加上区域之间的生态补偿机制尚未有效构建，不同区域间自然资源利用矛盾和冲突难以平衡。这导致地方政府各自为政的逐利行为。"就连政府部门也常常像相互竞争的私人公司那样事，头脑里考虑的只是自己的部门利益而非公共利益。"①

四、自然资源国家所有权完善途径：作为环境物权规制工具

由上述分析可知，法学界对自然资源的国家所有权问题，主要在两个问题上产生了分歧：一是赞成者认为自然资源国家所有权作为一种物权形态，具有合理性。这也是主流或者通说。然而，反对者认为这主要基于国家所有权的虚无地位。二是对自然资源的国家所有权性质究竟是公法意义上的权力还是私法意义上的权利？大多民法学者认为从物权法所有权基础理论角度来看，国家所有权是占有、使用、收益和处分私法物权形态。部分学者主张公法性质大多基于我国社会实践上国家所有权与民法物权内在矛盾出发，认为国家所有权实际上是自然资源的管理权力。

本书认为，之所以有如此多的争论，在于国家所有权功能如何理解问题。学者们的争论之中，有一个隐含的逻辑前提，那就是自然资源作为一种物权客体。作为一种物权客体，就有开发和利用的经济价值。分析自然资源之上的种种国家

---

① J. Wilson and P. Rachal, "Can the Government Regulate Itself?" 46 The PublicrUerest 3 (Winter 1977).

权力、物权权能,没有离开自然资源作为被支配、利用以达成某种经济利益安排的逻辑。换言之,论证假设的逻辑焦点在于自然资源作为一种"资源"而非环境要素。其实,不管是从自然资源私法性质的国家所有权出发,还是从自然资源公法性质的国家所有权出发,都不难得出对于自然资源利用问题,国家都有限制其权能的正当性基础。只不过国家是从私法的平等主体地位作为所有权人对自然资源利用权人进行限制,还是从公法的非平等主体作为所有权人对自然资源利用权人进行限制。

从生态保护和环境法基本原理,也许会拓宽一些理解问题的视野。自然资源,首先是一种"环境要素",然后才是"资源"。是被社会选择、具有经济利用价值的环境要素。作为"资源",自然资源可以被特定化、具体化和专门化,而作为环境要素,其和其他环境要素一起具有生态关联性,这种关联性通过一定关系形成特有结构,进而决定了环境系统的功能。因此,从环境保护来讲,自然资源其实是具有不可特定化的方面。这样,就引出了一个问题:如果考虑自然资源作为环境要素、考虑其生态利益,那么从物权法角度,这些自然资源归谁所有较为合适?换言之,应该设定怎样的所有权?由本书前面的分析可知,如果将作为环境要素的自然资源设定为私人产权形态,会有诸多问题。① 例如产生经济学上的自然垄断现象,这种自然垄断现象,对于环境保护是即为不利的。这就是自然资源公共化、作为公共资源的内在逻辑之一。这也是自然资源公共产权作为规制工具的内在逻辑之一。因为,自然资源界定为公共性产权,符合其生态关联性,自然资源作为环境要素所承载的生态利益公共性,决定其可以限制自然资源物权人的不合理开发和利用。因此,如果说自然资源所有权上所呈现的公共性,不是所有权自身的逻辑,而是自然资源作为环境要素自身所具有的生态公共利益。如此,问题又出现了。自然资源的公共性,其实是自然法意义上的利益。这种利益需要装换,变成法律利益。那么,需要找到一个合适的法律语言进行表达,并把这种利益"合法化"(法律化)。而"国家所有权",是最好的法律语

---

① 而且,设定私人产权还有一个技术性问题。例如,我们缺乏足够的技术能力将空气作为私人所有权的客体,为其划定边界并进行分割。在这种情形下,私人财产权或共有财产权体制中的排他成本如果不是无限的,也是非常高的。一般说来,对自由获取的资源来说,最可行的选择是建立公共/国家财产权。[美] 丹尼尔·H. 科尔. 污染与财产权:环境保护的所有权制度比较研究 [M]. 北京:北京大学出版社,2009:146.

言。因此，从环境保护、环境物权规制的角度看，不能把国家所有权视为经济利益价值基础之上传统的物权所有权形态。这是自然资源国家所有权在环境法视角下的一个视角拓展。而环境公共利益的实现工具，天然就是国家和政府，国家和政府具有实现社会公共利益的责任和义务，否则就脱离其存在的合法性。因此，从这个角度看，自然资源国家所有权是国家管理自然资源的正当性基础，也就具有了公法的性质。

很多学者认为，目前自然资源的所有权为国家享有，对大气、阳光等的所有权归属问题是很难解决的。因为这些东西不符合物权对于客体的构造逻辑，也无法解决这些共有物的免费利用问题，这是"公有物"难题。学者们针对这些自然资源国家所有权的逻辑困境和实践难题给出了不少解决方案。有的学者提出了"公众公用物"这一核心概念，试图调和当前自然资源国家所有权困境。不特定多数人能对它进行非排他性使用是公众共用物的基本特点，换句话说，可共用性（包括共享性）是公众共用物的最基本特点。"环境资源保护和环境资源工作中的环境和自然资源，主要属于公众共用物。保护公众共用物就是保护人类赖以生存发展的环境和自然资源。"[①]有的学者提出了"公法人"这一核心概念，试图借助现代法人制度来确定自然资源的归属问题，以解决国家所有权虚位的困境。认为"在公法法人所有权理论下，公共财产权利的主体、客体、权利、义务和责任都是明确肯定的。"[②]有的学者借用公共信托理论的"信托财产"核心概念，认为应当把社会公共财产与国家私产区分对待，以解决自然资源的归属问题。认为从自然资源公共信托理论出发，全体人民委托政府来管理自然资源，维护其功用，公众中的任何一员，有权基于该资源本来的用途进行非排他性的使用。并且，在政府不履行其信托义务时，有权向法院起诉，以强制其履行义务。[③] 另外，有的学者还认为，应当把社会公共财产与国家私产区分对待，应用公共自然资源国家所有权和国有自然资源国家所有权将自然资源所有权区别对待。国家作为公共管理机构，拥有公共自然资源国家所有权，享有对公共自然资源进行保护

---

① 蔡守秋. 论公众共用物的法律保护 [J]. 河北法学，2012（4）.
② 孙宪忠. 统一唯一"国家所有权理论"的俘谬及改革切入点分析 [J]. 法律科学，2013（1）.
③ 肖泽晟. 社会公共财产与国家私产的分野—对我国"自然资源国有"的一种解释 [J]. 浙江学刊，2007（6）.

和管理的权利和义务，目的是保障社会共同体的全体员能够共同且平等地分享公共自然资源利益。对公共自然资源而言，国家的身份是公共管理机构，而不是民事主体；公共自然资源国家所有权具有权力与义务的双重属性；公共自然资源国家所有权的目的，是保障社会共同体的全体成员能够共同且平等地分享公共自然资源利益。从本质上看，自然资源国家所有权作为公共所有权，是一种新型所有权。它有作为一个集体对公共自然资源享有的所有权。① 而在国有自然资源所有权方面，是指国家对自然资源享有的排他性的民事权利。在这种模式下，对自然资源，国家享有的排他性的民事权利；对国有自然资源在享有控制所有权的同时也享有收入有权；国有自然资源所有权应当符合民法所有权的特征，对不符的地方，需要进行物权化改造。国有自然资源所有权的性质为排他性的民事权利，其理论基础是私人所有权。②

  学者们为解决自然资源国家所有权难题的探索是难能可贵的。但是，似乎把问题复杂化了：一是所有主张是要解决自然资源的生态价值和经济价值协调问题，以及环境资源和环境要素的立法问题。主张公共自然资源和公共物国家所有，是针对非自然资源的环境要素问题。非自然资源的环境要素利用，并不以国家所有权为前提，确定物之利用权利即可。即使主张公共资源国家所有权，无非是要解决公共资源的国家干预。二是环境要素上承载的环境公共利益，需要转化为法律利益，并通过法律语言进行表达，因此"信托财产"还没有实现法律转换。而"公法人"主张，并没有解决国家抽象性问题。三是从环境公共利益的实现出发，不管是私法意义的国家所有权，还是公法意义的国家所有权，解决的是基于私人利益的分割性问题，而获得国家公共权力对环境问题的干预。政府任何的环境管制，都隐含着一种公共财产权利的主张。③ 物权法意义上的国家所有权本质，无非是为实现国家利益和社会利益找到合法性基础。因此，统一规定自然资源（包括环境要素）属于国家所有，并无法理上的障碍。制度设计或者建

---

① 邱秋. 中国自然资源国家所有权制度研究 [M]. 北京：北京科学出版社，2011：202-203.
② 邱秋. 中国自然资源国家所有权制度研究 [M]. 北京：北京科学出版社，2011：216-217.
③ [美] 丹尼尔·H. 科尔. 污染与财产权：环境保护的所有权制度比较研究 [M]. 北京：北京大学出版社，2009：18.

构，必须要建立在现有的法律框架和逻辑之中，现有的国家所有权的法律概念，足以满足自然资源国家所有权应有的诉求。但是需要认识到，并非是纯粹的民法意义上的国家所有权，需要用环境法来对自然资源国家所有权进行解读。因此，本质上是在国家所有权的实现机制出了问题，并非在自然资源国家所有权的法律概念上出了问题。四是自然资源物权化的进不会在自然资源国家所有权的外衣下受到影响，简而言之，在国家所有权的外衣下，也完全可以构建自然资源（环境要素）利用权利。国家完全可以宣布环境和环境要素为国家所有，这并没有问题。在这点上，自然资源的国家主权说提供了一定合理的解释，因为一国主权范围之内，国家对任何物具有支配性。但是，"具有支配性"是终极意义上的，只是为国家干预环境保护提供合法性基础，并不必然意味着国家不顾及自然资源和环境要素的私人利用。至于国家何种方式配置其中的自然资源，取决于很多复杂的因素。利用市场机制配置自然资源是自然资源国家所有权的民法物权化的重要体现。换言之，国家所有权中其实隐含了私人利用的机制，民法物权化是自然资源配置的机制，但是国家和政府基于国家所有权具有干预的合法性。至于何时干预、干预到何种程度，取决于环境问题的形态。例如有的学者指出，应该将环境权利区分为本能性环境利用权和开发性环境利用权。① 自然资源国家所有的性质，并不影响这种区分和立法进程。因此国家所有权的目的，是为环境物权规制提供正当性基础，而不是环境利用本身。

由以上分析，国家所有权作为环境物权规制、为环境公共利益实现提供了正当性基础，因此，问题的中心不在于国家所有权的外壳，而在于如何将国家所有权作为一种规制工具，如何对自然资源的开发和利用、环境要素的保护发挥应有的效用。当前的国家所有权问题的实质在于缺乏一种有效的机制来保证这一规制工具功能的有效性。关于其地位虚化、中央和地方政府利益之争、利益部门化或者地方化问题，都缘于此。这些问题我们可以视为自然资源国家所有权作为规制工具的局限性问题。以地方政府为例，其主张国有化，也许更多地倾向于将自己的观点建立在政治理由非经济理由之上。即虽然其作为代理人，其目的不是实现自然资源的有效管理，而是其他政治安排或者利益需要。控制国有公司的政府可能将公司当作实现其他诸多社会目标的工具，而他们实现这些目标的努力，可能

---

① 王社坤. 环境利用权研究 [M]. 北京：中国环境出版社, 2013：146.

会导致经济上不合理的价格和投资决定。这些使用公共资金的大型国有公司会行使多的权力，却不受来自公共规制机构、私人竞争者和消费者的约束。如果国有公司因为其所有权身份而受到了其他规制机构宽容对待，得到了公众的更多信任，或者可以免于遵守其他的规则和规制，就可能会造成对其他重要公共关切的忽略。例如，经理急于看到自己公司有效率地运作，不管其公司是不是国有，可能就不会充分地考虑环境污染。如果这样的一个公司因其公共所有权身份而被免受环境规制，结果将是更多的污染。① 我国的自然资源国家所有权问题，原因不外如此。因此，在将国家所有权作为一种规制工具基础上，需要构建一套保证这种规制工具发挥效能的保证机制。

第二节 自然资源物权规制思路：分类规制方法

一、自然资源的分类和特点

不同的学科对自然资源的内涵，会有不同的理解和看法。"在一定时间和一定条件下，能产生经济效益，以提高人类当前和未来福利的自然因素和条件。"这是联合国环境规划署（UNEP）对自然资源的定义。可见，对人类的可支配性和有用性是自然资源重要属性。

自然资源资产种类繁多，分类方法具有多样性：②（1）根据主体性质的不同，分为公有（国家所有、集体所有）自然资源资产、私有自然资源资产、共有（混合所有）自然资源资产；以及无主的自然资源资产。（2）根据实物性质的不同，分为土地资源资产、矿产资源资产、水资源资产、生态资源资产、生物资源资产和综合性资源资产。这里，最基础、最重要的自然资源资产是土地资源资产，常常与其他自然资源资产具有紧密的联系。（3）根据使用性质的不同，分为公益性资源资产、非公益性资源资产和准公益性资源资产。（4）根据存在的位置不同，分为原位性自然资源资产和开采性或非原位性自然资源资产，原位

---

① ［美］史蒂芬·布雷耶. 规制及其改革［M］. 李洪雷、宋华琳、苏苗罕、钟瑞华译. 北京：北京大学出版社，2008：181.
② 谷树忠，谢美娥. 论自然资源资产的内涵、属性与分类［N］. 中国经济时报，2015（7）.

性自然资源资产位置固定,不能移动,像土地;后者位置可以移动,如矿产资源。(5) 根据所有权分割特性的不同,分为专有资源资产和共享资源资产。前者边界清楚、可以分割、可以排他;后者可能具有边界不清、不可分割、不可排他、法律规定或历史形成的公共进入等特性。(6) 根据作用大小的不同,分为战略性资源资产和非战略性资源资产。前者意义重大,往往具有最活跃、最关键、在非常态下难以获得的特性;后者资产则具有非关键性、基础性、战略性的特征。

另外,依据自然资源的可再生程度的不同,将自然资源分为可再生资源、不可再生资源和恒定资源三类,这也是自然资源的一种重要的分类方法。前者主要是指在适宜的外部条件下,基于自身特性具有自我恢复和自我更新能力的那些自然资源形态。从再生能力的强弱出发,又可将可再生资源又分为两种:一种是生物资源,像草原、森林、野生动物群落等。只要外部条件适宜,这种资源自身的繁衍和进化即可以使得生物物种和生态系统的持续存在,再生能力来自于其自身的生命力。另一种是非生物资源,例如水、土地等,他们没有生命,但只要人类的活动不破坏这些规律,在一定条件下能够自我恢复和更新,这样也可以循环使用这些非生物资源。不可再生资源,主要是指这些经过很长时间形成的,在人类开发利用后不可能再生的,并不断枯竭的资源,主要包括化石燃料矿物、金属和非金属矿物。恒定资源,是指那些在大自然界大量存在,被利用以后在预计时间内不会致其储量减少,也不会枯竭的自然资源类型,如太阳能、潮汐能等。有的学者从全球区域角度考虑,资源分为陆地、海洋、空间大气三部分,其中陆地资源最复杂并具代表性。空间大气资源主要为可循环再生资源,与水圈、大气圈作用相对应;海洋资源亦主要为可循环再生资源(与水圈、大气圈作用相对应),还兼有少量不可再生资源与自我更新资源;陆地资源则极为丰富,包含于地球四个圈层作用中,即具有可循环再生资源、不可再生资源及可自我更新资源。①

从法学学科视角看,自然资源具有以下特征:②

1. 自然资源是自然生成之物,是大自然赐予人类的宝贵财富,它是与人工

---

① 晏磊,赵虎,李国元. 可持续发展视角下自然资源的定量化动态分类研究 [J]. 中国人口、资源与环境, 2002 (12).

② 黄锡生. 水权制度研究 [M]. 北京:科学出版社, 2005:28.

资源相对应的概念。自然过程所产生的天然生成物包括地球表面、土壤、矿藏、水、生动植物等,都是自然生成物。它与人工资源的区别在于产生之初是否投入了人类的劳动,以及人类劳动作用的范围。

2. 自然资源可为人类所用,满足其需求,即具有实用价值。假如某物不能满足人类需要,即使是天然形成,也不能称为自然资源。

3. 自然资源具有稀缺性。正因为自然资源的稀缺性,才能成为物权法调整的对象。如果某物之物到处都有,随处可得,就不能成为物权法的调整对象。如空气、阳光等,因为不具有稀缺性,即使是可满足人类需求的天然生成物,也不能成为法学意义上的物。

4. 自然资源是在一定社会历史条件下可由人下可由人类直接支配的天然之物。不能为人类所直接支配控制也不能成为法学意义之物。如闪电、阳光、潮汐、气候资源等。

但我们也应该看到,自然资源的范围是随着社会和科学技术的发展而不断变化,并非不一成不变。自然资源的范围常因宗教、信仰、风俗习惯等文化因素的不同而被决定是否被看作自然资源。

二、自然资源分类的立法意义

自然资源种类繁多,分类多样。我们要正确认识自然资源,合理开发利用和保护自然资源、进行完善的法律制度设计对自然资源进行合理的分类研究具有重要的意义。

在以上所述的分类中,一些分类方法对于自然资源立法具有重要的法律意义:

1. 按照自然环境要素的分类方法

此类分类方法根据环境要素表现形态的不同,将自然资源分为土地资源、矿产资源、森林资源、水资源、农业资源、渔业资源等,不同的要素之间具有明显的区分特征,有利于进行分部门的自然资源管理。这种分类方法,对于划定不同自然行政主管部门之间的责任,可以避免公共行政过程中的部门利益纠纷以及法律责任推诿。

2. 再生资源和不可再生资源

此种分类方法的依据是自然资源的自身特征以及其生态环境价值效益的不同。不可再生资源也叫可耗竭资源，这些资源的补充率很低，在任何合的时间范围内都不具有扩大储藏量的能力。当然，部分的可耗竭资源可以再循环或重复利用。但是很对的不可再生资源，例煤、石油和天然气，用完了也就消耗掉了。这些资源一旦被燃烧并转为热能，就会以热能的形式消散到大气中，并变得不可恢复。可再生资源自身特色在于，自然补给可以扩大它的流量。水、鱼类、森林、粮食、动物都属可再生资源。当然，很多可再生资源的可再生性取决于人类。例如过度的开采森林会减少森林的存量，进而降低树木种类的自然增长率。这两种资源，需要不同的资源管理，同样这种挑战也是不言而喻的。对于可耗竭资源而言，这种挑战就是如何在代与代之间配置逐渐减少的存量，从而使其最终向可再生资源过渡。而对于管理可再生资源而言，这种挑战只涉及维持一个有效的、可持续的流量。针对不同的资源类型的特点，按照此种分类方法，可以进行不同的管理方式。可再生资源需要一定条件进行恢复和更新，我们要看到这种客观规律，引导人们正确开发利用；不可再生资源具有不可再生性，则应防止破坏浪费，注意节约，并注意提高其使用效率、延长其使用期限以进行合理开发利用。这样，根据不同的资源类型特征，可以设置不同的规制目标和方法。

3. 公益性资源、非公益性资源资产和准公益性资源

这种根据资源不同用途进行划分的资源类型。也有人根据这种划分依据分为公益性资产和经营性资产。① 公益性资产，包括风景名胜区、自然保护区、国家地质公园、国家森林公园以及公益林等特殊生态保护区域和政府的各种公共用地。经营性资产，主要指农业生产用地、经营性建设用地以及经济林木等资源，出于公共目的，对其中的一些的资源实行严格行政管制，作为特殊的经营性资产对待，比如基本农田等。当前在国家和地方主体功能区规划及相关空间规划和区划中，根据这两大类自然资源资产的社会经济属性，确立了不同区域的功能和用途，需要在这些功能分区的基础上，设置对应的管理体系，实行不同的管理目标、原则和制度。

---

① 王尔德. 自然资源资产应按公益类和经营类分类管理——专访全国人大环资委法案室副主任王凤春 [M]. 中国环境管理，2016（1）.

三、我国自然资源分类用途规制问题

(一) 自然资源和土地资源分离立法带来问题

大部分国家通行的做法是根据不同自然资源要素进行立法的。自然资源可以依据环境要素形态的不同，分为水、大气、森林、草原、土地、植被等不同的形态。为了明确职责、方便管理和加强法律责任，采用要素立法模式具有很大的科学性和合理性。根据不同的要素，制定不同的法律。并通过不同法律授权不同的行政部门进行管理。我国也基本上采用了这种立法模式。

我国在自然资源立法上采用不同的环境要素立法，首先是将自然资源和土地资源区分，进行分别立法。然后针对不同的资源要素的不同特点和管理需要，进行不同的立法。这样可以协调好不同资源之间的开发、利用关系，避免产生太多的职权冲突或利益。但是问题就出在，自然资源和土地资源立法之间存在冲突，这种冲突既有外在的方面，也有内在的因素。外在的方面，比较复杂，但是从环境保护的角度出发，无非是土地资源和自然资源经济利益和环境利益的矛盾和冲突问题。内在因素，是土地资源和自然资源之间的生态关联性决定。

自然资源最大的特点，是依附与土地资源之上。换言之，如果把土地资源作为一种独立的资源形态，那么，绝大部分的自然资源不具备物权客体上的独立性，因为他们都要依附于土地之上。广义来理解，自然资源是土地资源的组成部分，是人们根据利益需要将土地资源的一部分进行特定化产生的物权形态。这样，就产生了自然资源和土地资源利用上的矛盾和冲突。例如，即使在生态意义上，某种自然资源具有重要的和非凡的价值，但是，如果没有解决土地产权问题，那么，这种资源很难得到充分保护。具体一点，根据我国现在的土地分类管制方法，我国将土地分为农用地、建设用地和未利用地，如果某些自然资源依附于建设用地之上，那么，这些自然资源很容易随着城镇不断扩张、建设用地不断开发利用而遭受破坏，甚至于会让位与建设用地开发需要而被清除。

(二) 我国土地分类管制问题

基于自然资源与土地资源之间的这种强关联性，那么，土地物权的利用就显得非常关键。我国是采用土地用途分类管制方法对土地的开发和利用进行规制，那些,这些土地如何分类、分类是否科学合理,不仅仅是对于土地资源本身,对于自然资源就尤为重要。

依据《土地管理法》的规定,我国将土地分为农用地、建设用地与未利用地三种。① 对土地物权较强的规制状态只要是通过土地用途管制。根据土地用途管制制度,要遵循土地分类用途进行土地利用,层层审批。具体而言,基本管制过程为:一是按照土地的自然属性、法律的规定、土地的利用状况对土地进行分类,将其分为农用地、建设用地和未利用地。进而将农用地细分为林地、耕地、牧草地和农田水利用地、养殖水面等;进而将建设用地分为公共设施用地、城乡居民住宅用地、交通水利设施用地、工矿用地、旅游用地、军事设施用地等。二是进行土地分类,编制土地利用总体规划。各级人民政府编制好土地利用总体规划,对土地利用做出长远的计划和具体的安排。根据法律规定,县级和乡镇土地利用总体规划要划分土地利用区、明确土地用途,乡镇土地利用总体规划要根据土地使用条件,确定每一块土地的用途。三是每一块土地用途在土地总体规划中有明确的确定,要严格按照规定的用途审批用地。如果建设项目要使用土地,必须严格依照土地利用总体规划来执行,各级土地行政主管部门必须严格按照土地利用总体规划确定的用途审批用地,对农用地转为建设用地的情况要严格控制。为了进一步更具体规范建设用地问题,我国的《城乡规划法》对城乡建设中建设用地进行了进一步的规范,区分禁止、限制和适宜建设的地域范围。②

---

① 《土地管理法》第4条规定:"国家实行土地用途管制制度。国家编制土地利用总体规划,规定土地用途,将土地分为农用地、建设用地和未利用地。严格限制农用地转为建设用地,控制建设用地总量,对耕地实行特殊保护。前款所称农用地是指直接用于农业生产的土地,包括耕地、林地、草地、农田水利用地、养殖水面等;建设用地是指建造建筑物、构筑物的土地,包括城乡住宅和公共设施用地、工矿用地、交通水利设施用地、旅游用地、军事设施用地等;未利用地是指农用地和建设用地以外的土地。使用土地的单位和个人必须严格按照土地利用总体规划确定的用途使用土地。"第四十四条规定"建设占用土地,涉及农用地转为建设用地的,应当办理农用地转用审批手续。省、自治区、直辖市人民政府批准的道路、管线工程和大型基础设施建设项目、国务院批准的建设项目占用土地,涉及农用地转为建设用地的,由国务院批准。在土地利用总体规划确定的城市和村庄、集镇建设用地规模范围内,为实施该规划而将农用地转为建设用地的,按土地利用年度计划分批次由原批准土地利用总体规划的机关批准。在已批准的农用地转用范围内,具体建设项目用地可以由市、县人民政府批准。本条第二款、第三款规定以外的建设项目占用土地,涉及农用地转为建设用地的,由省、自治区、直辖市人民政府批准。"

② 具体体现在《中华人民共和国城乡规划法》第3条。

通过对土地用途的管制，引导合理利用土地，微观上，物权人的土地利用行为得到了合理规范，宏观上，强化土地的国家宏观调控职能，避免土地利用管理中的政府失控；通过土地用途的管制，优化配置了土地资源，使得土地利用结构与布局得到改善，实现土地的集约利用；农业用地特别是耕地和林地得到有效保护，非农业建设用地得到有效控制，土地质量、土地利用率和产出率逐步有所提高，提高资源的利用效率，土地资源得以可持续利用。

但是，我国的土地用途管制，从自然资源保护和环境保护的角度对之进行审查，存在诸多不足之处，具体体现在以下几个方面：

一是用途管制的目的生态性诉求不足。基于我国的国家粮食安全，我国对土地进行用途管制，这是其目标价值取向的主要方向。就拿农用地来说，通过对农用地转化为建设用地的严格限制，对珍贵的耕地资源进行有效的保护，以保证社会提供安全的粮食供给，以及为工业发展需要的原料提供充分的保证，满足社会发展和经济建设的需求。依照用途分配土地资源，运用科学合理的手段，实现土地的可持续利用，促进社会的可持续发展，是正确的选择。但是目标要素不够全面，使得用途管制在一定程度上偏离生态环境保护的需要，在代表经济利益的土地开发利用和代表生态利益的某些自然资源保存发生冲突，需要协调之时，不免出现目标选择问题，牺牲具有重要的自然资源为代价，来粗放性过度开发土地资源。

二是对土地分类的科学性存在不足。将土地分为农用地、建设用地和未建设用地，表面上看是合理的。但是，未利用地的概念模糊不清，性质不够明确，也是问题所在。导致了未利用地在我国土地利用政策和法律之中出于摇摆地位。实际上，未利用地之所以经济价值不明显，而没有被列为农用地或建设用地，恰恰在于其生态价值可能非常明显，例如沼泽地、荒地、湿地等，甚至可以说大部分未利用地，其实具有极高的生态价值。由于对于未利用地性质的模糊，因此，未利用地系统中没有进行可开发整理地类的划分，使得未利用地向其他地类如农用地和建设用地的调整具有很大的随意性。[1] 政府在一定程度上，也看到了这个问题所在，因此，在2009年的土地规划分类及含义中，特别增加了能表明土地生态功能和价值的自然保留地。可是，仍将未利用土地的范畴归纳其中。将建设用

---

[1] 我国对于集体土地中的荒地的鼓励开荒政策，到后面农民自留地的退耕还林政策的摇摆，可见一斑。另外，对于未利用地性质未明，也使得未利用地长期处于政府公共规制视野之外，未利用地的开发利用过于随意和自由。

地与农用地与之外的土地类型用"未利用地"一词进行解释，这和土地用途管制的目标定位和价值选择是密切相关的。"未利用地"本身不具有任何生态理念的选择，从其立法逻辑看，是对于不能作为农业利用和建设利用的土地定性，换言之，即没有经济利用价值的土地类型，这是在强调社会经济效益的理念之下，以为工农业生产服务为主要目标进行的划分，此种划分已给这类地的利用和管理带来不良的影响。

三是土地开发利用与生态利用张力较大。土地用途管制的目的生态性诉求不足和对土地分类欠缺科学性不足，带来的结果就是土地开发利用与生态利用张力不断扩大。在实践中，土地用途管制制度对于控制建设用地总量和保护耕地过分的关注了，但忽视了土地生态环境的保护，这导致出现了大量的土地生态问题。在经济增长目标推动下，各个地方出现土地开发利用的热潮。在当下的农村，分析农村的土地利用现状，一些政府为了政绩需要，实现耕地总量的动态平衡，大肆毁林开荒，盲目围海造田，全然不顾当地的实际情况。乱砍滥伐、过度放牧、盲目开垦，导致严重的水土流失、土地沙化现象频发。在土地的农业利用上，有机肥使用量少、重用轻养，以至于使土地养分减少，土地养分普遍下降。化肥和农药的大量使用，土壤、水和空气中存量较多，污染程度不断加大。在当下的城市，为了发展，在较高的人口与产业密度上，继续扩张城市。这种失控的扩张状态，已经远远超出城镇土地的承载能力，对地区原本存在的绿色植物环带带来了较严重的毁损，对城郊地区土地资源的开发和利用带来了严重的影响。并将之前的城市内部污染圈不断扩大，形成所谓"星云城市"效应。甚至，有些地方城市大量的盲目兴建工业园区、开发区，兴建违法占地、小产权房、违规建设高尔夫球场和高级别墅，生态保护和土地利用矛盾进一步升级。

四、土地用途分类管制基础上的自然资源分类规制

（一）目标调整：自然资源要素纳入土地分类管制目标

土地用途管制制度对生态环境保护的失控，很大程度上在于该制度没有从土地上承载的自然资源生态性出发，而仅仅考虑土地的经济性开发和利用。换言之，土地的生态价值被边缘化。土地生态价值和经济价值的内在冲突和矛盾，在

本质上体现了人类不同内在需要、由需要而外化为不同的利益之间的矛盾和冲突。为了解决这种冲突形态，需要将自然资源的保护问题纳入土地用途管制之中。在土地经济价值的开发过程中引进生态变量的考量和基本评价。土地的开发和利用前提和开发的后果，必须经受已经有生态内化需求的社会利益考量，不管是土地的开发早期论证，还是土地开发的后果评价以及责任追究，都要接受生态的基本评价。在协调方向和程度上，土地生态价值的实现构成土地经济价值实现的前提性条件和瓶颈性约束。

（二）土地用途类型的科学化

在我国，采用自然资源和土地资源分离立法的模式，但是在实体上，实际上任何的自然资源都依附于土地之上。因此，保护自然资源的路径，离不开规范土地的开发和利用。此外，我国的而自然资源立法中所指之"自然资源"，实际上是被特定化、具有经济价值的环境要素。很多环境要素，由于科学技术和社会价值选择问题，并没有被列入自然资源之中。环境要素和自然资源是两个不同的概念。但是，越是没有列入自然资源进行立法的，可能越是具有重要的生态价值。例如湿地、沼泽地等，其上的环境要素比森林资源、水资源等经济价值并不明显，但是生态价值可能非常大。但是，这些资源也是依附于土地之上，如果这些土地被列为农用地或者建设用地，或者在未利用地范围之中却处于无人问津的状态，那么，这些环境要素得不到有效维护、保护而受损。因此，出于对生态性环境要素的考虑，需要重新对土地利用进行科学分类。

我国的土地分类体系是与我国特定时期的特定的社会发展和特定的经济形态是分不开的。土地利用分类体系，对资源的可持续合理利用、土地资源内部结构的优化以及生态环境的保护都具有重要的影响。社会对土地经济价值和生态价值的平衡能力是该体系的科学合理程度的重要的反映。当然，土地分类体系，不能脱离现有的立法体系，推倒重来。当前，我国拥有相对合理的土地分类体系，但是对生态环境的保护考虑的还不够充分。从前文可以看到，如何对待"未利用地"的法律地位是问题的症结所在。如果能结合生态性环境要素或者自然资源保护的需要，将一些未利用地设定为生态用地；另外，在划定农用地和建设用地之时，考虑到生态性环境要素的保护问题，对划定农用地和建设用地公共权力进行必要的规制，设定必要的程度，这样未利用地总量上会更多，设定生态性用地的数量选择更大。换言之，在未利用地基础上增加专门的生态性用地。

在一些发达国家，像美国、日本以及欧洲国家，他们的土地利用分类体系相对来说较为完善、成熟。当然，这些国家在环境保护方面也是可供我们学习的。在这些国家的土地分类体系中，均无"未利用地"的分类形态。1939年，联合国公布的土地分类中，耕地与建设用地之前还有设置有内地水域、沼泽、裸地等，表明了这类土地资源的重要地位。而这些"内地水域、沼泽、裸地等"在我国的土地利用管理中是归为未利用地的。因此，我国在土地立法中，应当在充分考虑土地承载环境要素的生态功能、土地自身的生态价值的基础上，重新认识和管理"未利用地"。

我国《土地管理法》关于农用地、建设用地、未利用地的基本分类，整体上是科学合理的。这是根据土地功能进行的土地类型划分，农用地的功能定位为农业利用，建设用地的功能定位为开发建设利用，二者皆属经济利用。对于未利用地，按照之前的立法逻辑，只能定位为非经济利用。并没有之处非经济利用用于生态性利用。因此，应该明确将未利用地的功能界定为生态性用地或者根据实际情况界定一部分为生态性用地。① 当然，对于未利用地如何界定为生态性用地，需要结合该"未利用地"之上的自然资源和环境要素所形成的环境系统。例如，由于湿地、沼泽、滩涂等属于生态脆弱型、敏感型的环境系统，但他们在改善环境上有重要的作用，所以将这些未利用地划归生态用地，引导土地利用分类结构的合理化，完善土地利用分类体系。

(三) 在土地科学分类基础上进行自然资源分类用途规制

在土地资源科学分类管制基础上，结合自然资源的不同分类，可以进行自然资源的分类规制。对于自然资源的分类标准很多，从环境规制角度看，规制的合理性在于环境社会公共利益的实现。因此，将自然资源分为公益性自然资源和经营性自然资源来设置不同的规制工具，具有重要的法律意义。全国人大环资委法

---

① 在我国的《十二五规划纲要》中，已经提出了全国主体功能区战略，将我国的国土空间划分为城市化地区、农产品主产区和重点生态功能区，其中的"重点生态功能区"就是对现行土地分类体系中不存在的生态用地的补充。

案室副主任王凤春认为：设立统一的自然资源资产的管理体系，因为不同的自然资源各有特点，性质也不同，并非就能达到明显的效果，认为关键是要对自然资源资产进行合理的分类，明确其目的和功能定位及其管理原则。当下，根据不同区域的功能和用途，国家、地方主体功能区规划、相关空间规划和区划确定了不同的功能分区，再根据自然资源资产社会经济属性（公益性或者经营性等）的不同进行归类。一类是公益性资产，包括风景名胜区、自然保护区、国家森林公园、国家地质公园以及公益林等特殊生态保护区域和政府的各种公共用地；一类是经营性资产，包括农业生产用地、经营性建设用地、矿产、经济林木等资源，对一些基于公共目的而设立的基本农田等资源实行严格行政管制，并以特殊的经营性资产对待。依照这两大类自然资源资产的社会经济属性，建立相应的管理体系，实行不同的管理目标、原则和制度。① 今后，针对开发利用生态用地，具体操作上应当考虑到以下四个方面：

1. 对生态性用地进行制度性安排

要使生态用地在质量和数量上都得到保障，就要通过制定科学合理的规章制度，制度性地对生态性用地进行安排，确定相关指标来控制和保护自然生态用地。因为生态用地具有重要地位和作用，在制定和修改土地利用总体规划时，可以通过法律具体条文，明确规定生态用地指标和其他用途土地的生态标准。转变土地用途管制思维，借助于耕地保护制度中的保持耕地动态平衡的做法，保持生态用地的动态平衡。今后，在土地利用规划中，首先应当加强对自然生态用地的特定数量的强调，提高对生态用地的保护力度。另外，对农用地、建设用地和生态用地保持一定的均衡比例，保障各类用地的有效供给。

2. 明确生态用地的利用方式

生态用地范围、生态用地的保护指标与建设指标要根据土地区域性的实际情况来具体地确定，这样对生态用地的利用方式和其他类型土地的生态服务功能的确定才能更为合理。相关部门在科学、合理的分析论证的基础上，结合本地区土地的各项实际生态环境因素，针对需要保护的生态用地的位置、数量、类型，以进行科学管理和保护。

---

① 王尔德. 自然资源资产应按公益类和经营类分类管理——专访全国人大环资委法案室副主任王凤春 [J]. 中国环境管理，2016（1）.

3. 合理用地，发展生态产业，以平衡经济利益和环境利益

在地方经济和社会发展中，遵从有限利用、集约开发的理念，建立规模化、科技化的产业体系。划清产业体系和生态用地之间的缓冲地带，易造成生态破坏的危险地带，禁止发展相关产业。生态用地尽量不开发或者谨慎开发。生态用地开发项目，借助于自然保护区的做法，限于非经济性、非经营性的、具有一定公益性的项目，可以理解为，按照生态用地范围的规划，以当地实际情况为依托，发展零环境影响或者环境影响较小的教育、科研和旅游事业，最充分和最有效的发挥生态用地的综合价值。

4. 通过建立生态补偿机制，对生态用地进行补偿

国家应建立相应的生态补偿机制，对社会主体进行合理补偿，而这些主体被要求为对生态用地区域的作出特别贡献的人，以这种方式保障生态用地区地发展权。生存和发展，是每一个公民、社区和地方性组织的基本权利。发展是有效解决环境保护问题的较佳途径。清洁水源、清新空气、宜人气候、舒适环境等是人类生存所必需的，发展本身就是为了满足人类的需求，创造自然资源价值的过程也是保护和扩大自然界提供生态产品能力的过程，同样是为了发展而做出的努力。

第三节 自然资源物权的取得规制：特许、许可和市场化

一、自然资源物权的取得方式

行政许可是我国自然资源利用权利的取得的主要方式。根据我国法律规定，行政许可为行政机关根据行政相对方的申请，经过依法审查，确认行政相对方从事某种活动的法律资格。因此，自然资源开发和利用的行政许可，是指自然资源主管部门根据自然资源开发利用者的申请，经审查批准后发给许可证后，而进行自然资源开发利用的一种行为。自然资源行政许可，与一般意义上的行政许可有所不同，因此，很多学者认为应该将这种特殊的行政许可称为"特许"，同样的，"自然资源特许权"就是通过许可获取的自然资源开发和利用的权利。不管如何称呼，自然资源的行政许可具有自身的特殊性，这种特殊性主要体现在以下

几个方面：

一是自然资源行政许可的对象是自然资源。所针对的许可内容，既有人之行为，又有物的具体内容。这种物是较为特殊的物，既是自然生态系统的组成部分，又是一种经济性物品。这使得自然资源许可具有多重目的。

二是自然资源行政许可为赋权行为。一般行政许可，经过批准允许社会主体从事某种社会活动，为某种特性的社会行为，具有单一性，是纯粹的行政行为。而自然资源行政许可，准确地理解应该为自然资源物权的一种取得形式。即行政许可一旦生效，权利人就获得了对自然的支配性物权。这种物权是私法意义的物权，受物权法保护。物权关系一旦成立，就具有与行政许可相对的独立性。一般情况下，政府机构不得擅自撤销许可行为。

三是自然资源行政许可具有规制公共利益的功能。国家和政府通过行政许可配置自然资源和进行环境保护。[①] 它适用于对国家、社会和公民的利益影响程度较大的事项。因此，自然资源行政许可与一般许可不同，其在符合一般性条件的基础上，还对申请主体予以特别限制。即使申请人取得了对自然资源利用权利，也因为宏观经济问题和生态环境保护问题，而承担更多的社会性义务。因此，政策性是行政许可所具有的又一重要特征。

二、自然资源行政许可的功能：自然资源利用权利性质

在我国，自然资源的利用，需要经过行政许可而获得。在自然资源上所产生的利用权利，根据自然资源形态而有所不同，有采矿权、水权、狩猎权、砍伐权等等，可以统称之为自然资源特许利用权。这种权利的取得形式，是通过公权途径获取，有别于一般民事意义上的物权取得形式。正因为如此，才引发了自然资源利用权的法律性质之争。

目前学界目前关于自然资源利用权利的性质，多有争议。这种争议在我国物权法制定之前达到高峰，一直到现在，也尚未有定论。从名称上，对于这种自然资源利用权利，有不同的称谓，"特许物权""准物权""特别法上的物权""自

[①] 我国《行政许可法》第12条规定："下列事项可以设定行政许可：……（二）有限自然资源开发利用、公共资源配置以及直接关系公共利益的特定行业的市场准入等，需要赋予特定权利的事项。"

然资源使用权""自然资源特许权"等，琳琅满目。其中较有代表性的，为"特别法之物权""特许物权""准物权"之说，准物权基础上，又有"准用益物权"之说。例如，有的学者认为，自然资源他项权利属于特别法上的物权。特别法上的物权是针对民法上物权而言，自然资源他项权利一般由自然资源法予以特别规定，所以自然资源他项权利与地上权、地役权、永佃权等传统物权形态不同，属于特别法上的物权。① 有的学者认为，特许物权，也称准物权、准用益物权或自然资源使用权，是海域使用权、探矿权、采矿权、取水权、养殖权和捕捞权等以利用自然资源并取得收益为内容的一系列权利的总称。特许物权作为权利人对国家或集体所有的自然资源进行利用并获取收益或者直接从国家或集体所有的自然资源中获取收益的权利，表现出对特定的自然资源进行支配的属性。② 有的学者指出，这种权利是一种准用益物权，又称为准物权，特许物权、特别法上的物权、非典型物权、特别物权等，它是指由权利人通过行政特许的方式所获得的，对于海域、矿藏、水流等自然资源所依法享有的占有、使用及收益的权利。从体系解释的角度，将这几类权利作为准用益物权来表述是比较准确的。准用益物权是准物权的一种类型。③ 有学者认为，这种自然资源的权利，是准物权的一种，水权、矿业权、狩猎权、渔业权等本身具有物权属性，但与典型物权相比也有自身的特点，所以可以准用物权的相关规定，故称其为"准物权"更为恰当。④ 具体来说，权利是否具有排他性、客体是否具有特定性、权利追及效力如何、权利构成是否具有复合性、权利的优先性是否具有特色等诸多要素都可以成为准物权的判断标准。和传统典型的物权形态不同的是，渔业权、水权、矿业权、狩猎权等这些自然资源利用权利在上述要素比较上差距很大，因此，很难从物权的内涵上，涵盖这种物权形态。⑤ 但是，一些学者认为，这些差距恰恰说明环境资源物权权利的个性，只是在符合物权基本属性前提下的特殊性，它们与典型物权相比共性应该处于更为重要的地位，该共性更应受到法律的重视和评价罢了。

---

① 张梓太. 自然资源法学 [M]. 北京：北京大学出版社，2007：77.
② 江平. 中国物权法教程 [M]. 北京：知识产权出版社，2008：387.
③ 李显冬. 论我国物权法上的准用益物权 [J]. 河南省政法干部管理学院学报，2007 (5).
④ 崔建远. 准物权研究 [M]. 北京：法律出版社，2003：20-27.
⑤ 崔建远. 准物权研究 [M]. 北京：法律出版社，2003：20-27.

第三节 自然资源物权的取得规制：特许、许可和市场化

关于自然资源利用权利法律性质之争论，观点多元纷呈。但整体上可以归结到一个基本问题，即自然资源利用权利究竟似是民法意义上的私权利，还是公法意义上的公权利。认为自然资源利用权利为私权利的，认为该利用行为，为物权法意义上之占有、利用、收益和处分行为，与物权权利本质一致，只是由于其物权权能较为特殊，因此为特殊性之物权。在法律上，公法行为和私法行为是具有划分标准的："依据规范该行为的法规，并非任何一般人皆可成为该行为的权利或者义务主体，而必须并且仅能由统治权主体或者行政官署担当其权利或者义务主体的，该法规为公法法规，依该法规所为的行为，为公法行为。反过来说，依据相关法律法规，权利义务主体并非以统治主体或行政官署为限，一般人也可以。因为该法规为私法规范，所以该法规所规范的行为也属于私法行为。"[①] 认为自然资源利用权利为公权利的，认为该利用行为，虽具有物之占有、利用、收益和处分行为，与传统的物权类似，但是并不具备传统物权对物客体的标准，这是行政行为上的反射利益。而且，从权利法律来源讲，这些权利大多出于公法性法律规定之中，多为行政管理的内容，因此为公法权利无疑。[②]

自然资源利用权利既然与行政许许可直接联系，换言之，行政许可是自然资源利用权利产生的前提，那么，行政许可在其中扮演了什么角色、具有怎样的功能？我们从环境保护角度看，环境和环境要素是一个整体，如果从物权法角度看，即是一个大的所有权。在一国的主权范围之内，这个大的所有权即是国家所有权。环境和自然资源的国家所有，解决了环境和环境要素规制的合法性问题，使得国家和政府公共权力介入环境物权具有了内在的正当性逻辑。但是这种正当性逻辑，不是必然的，而是应然的。这里有两个问题：一是自然物之上承载了人类经济利益和环境利益的需求，经济利益和环境利益都是人类社会可持续发展的利益诉求，环境利益可以通过加强国家管制得以实现，那么，自然资源的经济利益呢？进一步而言，自然资源利益之上，存在人类对自然资源本能性利用和开发

---

① 崔建远. 准物权研究 [M]. 北京：法律出版社，2003：60.
② 原《物权法》第 123 条的规定："依法取得的探矿权、采矿权、取水权和使用水域、滩涂从事养殖、捕捞的权利受法律保护。"《民法典》第 329 条照搬了该条规定，定位在用益物权分编中，说明探矿权、采矿权的用益物权性质进一步得到了民事立法的确认。但是由于这些权利规定大多是指引性的规定，指明依据有关法律规定。因此，对于这些具有强烈公法色彩的物权是否为真正意义上的用益物权，学界并无定论。

性利用的需要，本能性利用解决人的生存问题，开发性利用解决人和人类社会发展问题。自然资源之上的经济利益实现，需要有确定的方式和途径；二是环境和环境要素，存在资源禀赋问题。有限的自然资源，面对人无限的欲望追求，需要有一个妥善的解决之道。那么，在自然资源的私人协议难以达成一致的情况下，由国家和政府来配置自然资源的利用，是较为合理的。[1] 因此，其实行政许可方式，只是国家配置自然资源的一种方式和途径，其目的是要解决自然资源的利用问题，以实现社会对自然物之经济利益需要。换句话说，自然资源利用是行政许可存在的必要条件。那么，从行政许可中所得到的自然资源利用权利，应该是怎样的一种权利？此时，公法权利和私法权利都有合理的见解和主张。这个问题与其如此追问，不如做这样的追问：从行政许可中获得的自然资源利用权利，"应该为"一种公法性权利，还是"应该为"一种私法性权利？如此，问题就变得相对简单了。毫无疑问，从权利人维护、私权对抗公权以及防止公共权力滥用各种理论和实践角度看，这种利用权利"应该"为一种私法性权利。换言之，如果从行政许可中获得的自然资源利用权利，还不是一种私法性权利或者私法性权利不够明显和典型，那么，法律有责任也有理由将其建构为一种私法性权利。但是，从生态环境保护角度，我们需要对这种私法性权利赋予更多的义务规制。从物权和环境保护思维上，其实这是和西方的环境保护思维是一致的：环境和环境要素上承载了经济和环境利益需要，两种利益都具有正当性，西方国家在财产私有制基础上，为了环境保护而产生物权之社会化，社会化包括了自然的国有化和对物权人财产的生态性义务规制，这是在自然资源经济利益得以充分实现情况下，切入生态利益的诉求。而我国，首先是全面的自然资源国有化，这可以视为已经实现形式意义上的物权之全面社会化，但是这种制度并没有解决自然资源的经济利用问题。在自然资源经济利用之上，构建产权清晰的自然资源开发和交易机制，激发市场经济的内在活力，才符合自然资源经济利用的内在规律。因此，在我国，是在社会化的自然资源之上，通过一定的方式，将自然资源开发利用市场化、产权化，当然，在这一市场化和产权化过程中，需要根据生态环境保护需

---

[1] 达成一致意见的交易成本非常高，以至于实现全社会的自然资源利用协议不可能。西方国家是从绝对化的个人所有权，走向社会化。也是由于社会难以达成一致的协议，导致必须由国家介入自然资源的分配和利用，国家介入方式之一，就是自然资源先国有化。而我国是直接国有化，然后再分配自然资源。

要，赋予自然资源物权人适当的义务规制。至于将自然资源国有化的物权社会化方法，在我国不存在障碍，因为本身自然资源已经是国家所有权。在自然资源国家所有问题上，我们国家需要做的，是如何设计科学合理的自然资源留存、维护制度，发挥未利用的自然资源生态价值。

因此，本书认为，将经过行政许可获得的自然资源利用权利规定为私权较为合适。其特殊性，在于其为一种"社会性私权"，即承载了较多社会义务，尤其是环境保护义务规制的一种权利，兼具私权性和公权性。至于这种权利从哪一步法律产生，并不影响它的特性。这种权利与传统物权最大的区别，其实就是它的物权取得方式，需要经过行政许可后者公共权力配置。不能根据它的取得方式为公法性，而否认其为私法性权利。权利的取得，和权利的内容，不是一回事。具体而言，这种自然资源利用权利的特殊性体现在：

一是取得的特殊性。自然资源利用权利，需要经过行政许可取得。而且，必须依照申请而取得，行政权力不能主动向社会主体配置自然资源的利用权利。于此而言，这种自然利用权利非人人所有，但是人人具有潜在的权利主体。

二是社会性义务较重。自然资源物权人的权利行使过程中，受到很大的限制性。这种限制体现在国家为了实现国家目的的经济利益而附加的经济性义务规制，以及为了实现社会目的的生态利益而附加的生态性义务规制。

三是权利内容的特殊性。在权利客体、一物一权、法律效力等方面，自然资源利用权利与普通私权具有较大差异。这种权利须经行政特许才能产生，具有较强的行政干预。但是，由上文分析可知，自然资源利用权利是否经过行政许可，不是能否作为私权存在的理由。关键是，这种权利能否具备物权效力，能否通过登记而成为一种长期稳定的财产权利。

四是权利处分受限。自然资源利用权人对自然资源没有完全的自由处分权，国家和政府根据国家所有权的权能，保留了一定的处分权力。即可以根据情势变迁，基于国家利益或者社会公共利益的需要，在权利期限到来之前撤销权利。当然，需要对权利人物权损失进行必要和适当的补偿。

三、我国自然资源许可制度主要问题：规制无序与生态问题

我国自然资源行政许可制度具有重要的作用，主要体现在盘活自然资源资产

活力、实现自然资源配置、实现国家和社会利益等多方面,它也是目前我国的自然资源进入社会进行开发利用的主要渠道。但是,其中也存在不少的问题,从规制视角看,主要是存在一定程度的许可规制失范问题,行政许可的规制失范和非理性,导致了严重生态性问题。

(一) 非理性许可导致自然资源过度开发和利用

我国当前的自然资源普遍处于过度开发和利用状态。自然资源的短缺和生态恶化,是由于资源的过度开发和低效率利用造成的,是经济盲目扩张的结果。经济发展固然是社会需要,但是盲目的经济扩张和不合理的发展模式却大大加剧了耕地、淡水、森林和矿产等自然资源的消耗,严重浪费并消耗了自然资源,严重损害了环境,包括水土流失范围扩大,森林面积的减少,水资源的严重短缺,生物多样性的破坏等。严重地破坏了人类赖以生存和发展的生态环境。

自然资源的行政许可制度设置的逻辑,本来是用于控制自然资源的开发节奏,以实现国家和社会对于有限存量的自然资源的控制以及公平配置。当前,从我国设置自然资源行政许可制度的背景来看,政府通过强制性的行政许可来保护自然资源是有效的,但是,在地方经济增长的政治压力之下,自然资源的生态价值容易被边缘化,行政许可却被滥用为对自然资源过度开发和利用、以实现地方利益或者部门利益最大化的工具。就自然资源权利人而言,由于缺乏必要的约束机制,经济逐利行为也容易使他们忽视自然资源的生态价值。自然资源构成的环境系统具有整体性,单个的自然资源权利人生态破坏性的非理性开发,表面上对环境系统损害并不明显。如果社会整体上对于这种行为没有统一的规制,个体性的权利人难以有动力主动地限制自己的开发和利用行为。[①] 这也是为什么当前我国虽然设置了自然资源行政许可,而自然资源开发利用行为引起的生态破坏和环境污染现象还随处可见的原因。

(二) 对自然资源物权的非理性限制

从自然资源权利获取的基本路径看,行政许可只是权利获取的方式,即公共

---

① 此即自然资源开发利用过程中的搭便车问题,即谁都想从自然资源开发中得到利益,谁都不愿意为自然资源开发过程中的生态保护付出代价。

权力仅仅是配置私人权利的一种手段。但是,我国自然资源权利的私法性很弱。从立法层面上看,由于物权法并无对自然资源要素的物权内容进行详细规定,而仅仅做了指引性规定。把自然资源物权的赋权问题交给专门的自然资源专门立法。而在我国,自然资源保护专门立法,实际上成为事实上的行政管制法,而不是物权赋权法。其立法内容,多侧重于行政管理体制设定、自然资源利用行为规范、国有资产利益的实现,对自然资源许可的设定、实施、期限、程序方面的内容,相对详细,而对于自然资源利用权利的私权性、物权性内容,以及这种私人性权利的保护问题,并没有做太多的规定。以自然资源权属登记为例,这种登记性质是行政管理意义而非物权登记意义上的登记,目的是为了自然资源统计、管理和规制,而非物权效力之确认和保护,也没有发生物权变动的效力公示效果。又如,自然资源权利私权性虽然得到一定程度的确认,但是公共权力过于强大,如果出现采矿安全、环境污染等突发事件或者公共事件,不少资源行政主管部门很快回到传统的管理方式,以管代治,甚至过度限制自然资源物权,给权利人带来本可以避免的经济损失。公共权力和私人权利之间的非对称性,带来了一系列的后果:一是自然资源物权人的短期逐利行为;二是自然资源权利人出于自身利益的保护和降低资源开发利用的经济成本,不得不增强对行政权力的依赖性,进而公共权力成为寻租工具。这明显违背了自然资源利用权利的法律性质,不利于实现公共利益与私人利益之间平衡。

对自然资源物权的非理性限制,一方面体现在正面权利内容规定不足,一方面体现在反面的财产征收征用问题。我国法律规定,因公共利益需要,可以征收公民财产,但是应该基于适当的补偿。相对而言,土地资源的征收补偿较为完善、程序也日渐规范,补偿方式、数额和范围也日益公平。但是,在很多自然资源领域,征收或者收回自然资源物权并没有体现对物权人私益性权利损害的补偿。以海域使用权收回为例。海域使用权收回,首先要对海域使用权人提供全面合理的补偿。《中华人民共和国海域使用管理法》第30条规定:"因公共利益或者国家安全的需要,原批准用海的人民政府可以依法收回海域使用权。依照前款规定在海域使用权期满前提前收回海域使用权的,对海域使用权人应当给予相应的补偿。"因公共利益和国家安全需要,政府代表国家对物权客体进行征收、征用、收回,具有充分的法理依据和立法依据。这是国家管理需要。但需要充分平衡公权和私权之间的利益关系,因此,在征收、收回、征用行为过程中需要对私权损失进行补偿。因为,国家收回海域使用权不同于市场交易。但是,在实际上,海域使用权收回过程中,一些自然性的物权例如渔民的捕捞权、海域使用权并没有得到补偿。在现实海域使用管理实践中,渔民权益被侵害问题严重。渔民传统用鱼问题、渔民海域使用权被侵害问题,非常普遍。①

(三) 自然资源的地方化和部门利益化

不可否认,行政许可具有弥补市场机制和社会自律机制不足的功能,但就我国目前而言,与其说,行政许可是自然资源市场机制不健全和社会自律机制不成熟的一种结果,倒不如说,它是导致自然资源市场机制发育不完全和社会自治发展缓慢的一个重要因素。主要体现在几个方面:

一是从管理部门角度看,管理部门权力交叉问题导致许可难题。由于诸多原因,我国行政管理体制改革还没有到位,对同一自然资源,不同的自然资源行政管理部门可以从不同的角度进行行政管理,这可能导致行政许可权限交叉现象或者管理上的交叉现象。比如河道采砂,相对人必须同时取得水行政主管部门的采砂许可证和矿产管理部门的采矿许可证,此外还可能涉及国土、地质、河道管理、环境保护等很多部门,不同的自然资源行政主管部门之间出现权力交叉或者权力监管真空。目前,海域使用权证换发土地使用权证问题成为社会的热点和焦点,我们以此为例来看。很多地方根据法律的规定,首先通过招标、挂牌、拍卖的方式取得海域使用权的填海项目,填海形成土地后,海域使用权人再可以凭海域使用权证书、海域使用权出让合同以及一些相关材料,向国土资源行政主管部

---

① 当然,一些地方立法就此作出了立法尝试。如《广东省海域使用管理条例》第26条第2款规定:"前款第一项情形提前收回海域使用权的,应当根据海域使用年限和开发利用情况,对海域使用权人依法给予相应补偿。"《浙江省海域使用管理条例》第35条规定"因公共利益或者国家安全的需要,原批准用海的人民政府依法提前收回海域使用权的,应当依法给予海域使用权人相应的补偿。前款规定的补偿标准由原批准用海的人民政府与海域使用权人协商确定或者共同委托具有相应资质的评估机构评估确定。收回村集体经济组织或者其成员的养殖海域使用权的,应当保障村集体经济组织成员的生活,维护其合法权益。"

门提出换发国有土地使用权证书。应该说，这些规定是合法的、也是合理的。①但是，由于《海域使用管理法》第32条本身对"海变地"之后的具体管理，尤其是土地利用总体规划与海洋功能区划的衔接没有明确的规定。对于土地的用途、对该土地是否需要缴纳土地使用权出让金、海域使用权变更为土地使用权的具体变更程序都没有详细规定，造成了"海变地"的法律真空和权力脱节。海域使用权证换发土地使用权证在实际操作中比较困难。② 地方政府对"海变地"有明确鼓励、经济上支持、基本中立、回避等不同态度，并形成不同的海域使用权换发证模式。但是，原因归根到底是国土资源部门与海洋管理部门管理权之间的冲突问题，"海变地"的过程必然涉及海洋管理部门和土地管理部门的协调与合作，海洋主管部门职责是对海域使用进行规范，而填海形成的土地却归口土地管理部门管理，这形成了条块分割式的管理体制，两个部门如何协调成为操作难题，两个部门只有协调起来才能共同应对填海造地问题。③ 但是实际上，各个部门互不相让。这种冲突使得建立在海域使用权基础之上的土地使用权难以得到顺利的许可。

二是许可内容看，行政主管部门自由裁量权过大。我国《行政许可法》第4条明确规定："设定和实施行政许可，应当依照法定的权限、范围、条件和程序。"可是，设定自然资源行政许可的一些法律和法规，却止步于此，没有对其进行细化，例如，对自然资源行政许可的条件、标准、程序、范围等缺乏规定、

---

① 《中华人民共和国海域使用管理法》第32条规定"填海项目竣工后形成的土地，属于国家所有。海域使用权人应当自填海项目竣工之日起三个月内，凭海域使用权证书，向县级以上人民政府土地行政主管部门提出土地登记申请，由县级以上人民政府登记造册，换发国有土地使用权证书，确认土地使用权。"可见，海域使用权证换发土地使用权证具有明确的上位法依据。海域使用权证换发土地使用权证的做法，是为了解决海域使用过程中填海形成的土地问题，即实践中的"海变地"权利衔接问题。

② 在海变地的转变中，需要处理几个基本关系：一是公益用地、政府用地、军事用地等属于划拨用地类型的用地，与用于房地产、工商业、旅游等目的的开发用地是否一样对待；二是换证时是否不需要缴纳任何费用、是否可以直接用原来的海域使用权证来换取土地使用证；三是如果填海造地所形成的土地用于商业开发，是否需要经过招挂拍形式办理国有土地使用权出让手续，如果这样，填海类型的海域使用权人的权益保护如何保障。

③ 例如，一般海域使用权人以土地的界址文件作为申请土地使用权的材料，这是必需的，但是最后的确认权是土地局，如果海洋管理部门文件数据与土地局测定数据不吻合，以哪一个部门的测绘为准就成为很大的问题。

或者说规定本身就不够明确，自然资源行政主管部门基于此，实施行政许可的自由裁量权过大。政府寻租，这为地方一些主管部门的权力寻租创造条件。在进行一项自然资源行政许可时，标准不一，有的增加其条件、有的扩大其范围、还有的拉长其程序等。

三是行政主管部门与行对人的合谋行为。竞争机制不充分，是自然资源许可的寻租行为多发的重要因素，我国《行政许可法》第53条规定："对有限自然资源开发利用、公共资源配置以及直接关系公共利益的特定行业的市场准入等，需要赋予特定权利的许可事项，行政机关应当通过招标、拍卖等公平竞争的方式作出决定，法律、行政法规另有规定的除外。"通过竞争性市场机制配置自然资源，将自然资源行政许可证的发放引入了招标、拍卖等公平竞争方式，可以有效地防止暗箱操作，也可以有效地制约行政机关和被许可人的恶意串通，体现了公平与公正。可是，因为不同的自然资源有不同的特征和分类，所以招标、拍卖等程序并非适合所有的自然资源配置。换言之，在自然资源领域，具有很大的寻租空间。被许可人为了获取更多的经济利益，尽量去影响自然资源行政管理部门的决定，以作出有利于其的行政决定。

四、自然资源取得之完善：许可制度的重构

自然资源的行政许可，基本功能是要实现对有限资源的有效配置。于此而言，它是自然资源物权形成的主要方式，它的目的是"创设"一种物权的权利内容。因此其应该是有助于形成私人性的自然资源物权，而不是对物权不当限制和约束。在环境公共利益诉求下，自然资源行政许可承载了新的功能，即通过行政许可的权利内容设定，达到自然资源利用的生态环境保护。即通过行政许可的规制方法，达到自然资源生态价值和经济价值的平衡。因此，自然资源行政许可制度的完善基本途径，是划清公共权力度自然资源利用干预的边界，形成私人性自然资源物权，以及在形成自然资源性物权过程中，引入合适的生态性义务，平衡自然资源开发利用过程中的经济利益和环境利益。

（一）生态性规制之引入

1. 规划和环境影响评价作为许可前置

在自然资源行政许可中实现生态问题的控制，必须将生态性规制纳入行政许

可规范之中。这种规范既有宏观方面的，也有微观方面的。宏观方面，是对行政许可自身的限制，即自然资源规划、环境规划和环境影响评价机制的导入。微观方面，是行政许可作为一种实现环境公共利益的规制工具，在许可条件中导入生态性义务的规制。宏观方面，在国外一些发达国家已经很成熟。以美国为例，其现在的联邦土地及自然资源的管理和利用体系，是行政和市场配置资源的综合性体系。从土地及自然资源权利取得过程来看，要经过计划、环境影响评价、经济评估、司法审查以及公众参与等一系列复杂的行政程序，联邦政府所用的市场化工具，只是这个复杂的行政程序一个环节。

我国的自然资源行政许可，完全可以借鉴这种生态性控制方法，将国家和政府的计划、规划、环境影响评价等宏观规制内容，纳入行政许可程序之中，即符合这些宏观规制内容的自然资源，才能进入行政许可的范围。以环境影响评价为例[1]，环境影响评价制度的目的，是从生态环境保护角度，为了预防及减轻因规划和建设项目实施后对环境造成不良影响，为政府公共决策提供科学依据。根据这个制度的核心要求，在对自然资源进行开发和利用之前，对其可能对生态环境造成的影响进行全面评估，对自然资源开发利用的生态影响进行事实的评估和论证，事先提出养护和恢复自然资源生态功能的对策和措施，把对生态环境造成的负面影响控制在自然的承载能力之内。自然资源的开发和利用，对环境形态产生深远影响，在自然资源开发利用之前，应该进行详细的环境影响评价论证。[2]

2. 区分自然资源形态设置许可

自然资源既有经济价值也有生态价值，是一种二元的价值属性。可是，在经济价值和生态价值的二元结构中，两者的比重在不同的情况下是不同的。这些不同之处，既有客观意义上的，例如门前一棵树和湿地上的一棵树生态价值显然不同，也有人类社会主观选择上的，即在一定的经济发展阶段和历史时期，人类对某种自然资源的利用期望值不一样，例如对于稀土资源的利用，是随着科学技术

---

[1] 我国《环境影响评价法》第二条规定"环境影响评价，是指对规划和建设项目实施后可能造成的环境影响进行分析、预测和评估，提出预防或者减轻不良环境影响的对策和措施，进行跟踪监测的方法与制度。"

[2] 《环境影响评价法》第八条规定"国务院有关部门、设区的市级以上地方人民政府及其有关部门，对其组织编制的工业、农业、畜牧业、林业、能源、水利、交通、城市建设、旅游、自然资源开发的有关专项规划（以下简称专项规划），应当在专项规划草案上报审批前，组织进行环境影响评价，并向审批该专项规划的机关提出环境影响报告书。"

发展和各种精密仪器制造需要才大幅度开采。自然资源一旦经过行政许可,那么就进入到经济利用的领域,自然资源作为物质形态被消耗、毁损或者消灭。那么,其作为生态环境要素的功能,必然受到损害。此时的环境保护理念,是在利用自然资源过程之中,尽量避免对环境的干扰以及通过其他方法对环境损害进行弥补和修复。因此,何种资源能够进入许可,或者说,那些资源应该开发、那些资源不应该开发,这非常重要。其中取决于人类社会保护环境的力度和决心,以及此种资源经济利益和生态利益权衡的取舍。但是,这恰恰是我国自然行政许可最薄弱的环节。我国制定了多部自然资源单行法律,对资源利用进行了规定。但有一种误解是,只要是通过了立法,就可以进行许可。例如矿产资源可以通过《矿产资源法》进行许可、水资源可以通过《水法》设定许可。这也是传统立法不足之处。例如,同样是水资源,应该根据该水资源的位置、范围、生态功能等要素,进而进行经济和环境成本效益比较,决定其能否进入许可范围,而不是统一认为只要是水资源,有市场需要,就可以进行许可。

为了达到此控制目的,对自然资源进行调查、评估,确定其资源形态,即本书前面所提到的对自然资源进行分类规制方法,区分公益性自然资源和经营性自然资源,区分土地分类管制中未利用地的生态用地形态。对于公益性自然资源、未利用地中的生态用地,不能设定行政许可对自然资源能加以经济利用。即使对于经营性的自然资源,也要区分再生资源和不可再生资源,对于再生资源的行政许可可以比不可再生资源的行政许可设定较为宽松,但是对于不可再生资源的许可要严格控制数量、时间、范围、开发企业资质等各种要素。

从环境和环境要素利用的更广泛意义上讲,环境和环境要素都涉及利用问题。法律是调整人类不同利益冲突的治理机制。同一种利益也有不同形式的利益需要,例如同样是生态利益,就有生存性的、健康性的、安全性的以及舒适性的不同生态利益层次。同样是经济利益的利用,也有不同主体利用上的冲突。因此,在设定自然资源行政许可时,要区分情况加以对待。具体来说,只有在不适用一般许可使用、自由使用、习惯使用的前提下,行政机关方才可以通过特许的方式来配置自然资源[1]:一是自由使用优先与行政许可。参照将国有财产作公产

---

[1] 欧阳君君. 自然资源特许使用适用范围的限制及其标准 [J]. 河南财经大学学报, 2016 (1).

与私产的区分的大陆法系国家的做法，强调不同国有财产的特性及配置使用方式的差异。对于国家财产上的公产，可以自由使用。当然，资源的稀缺性程度是资源是否完全开放、免费的自由使用的一个重要的前提。公众的自由使用权在自由使用并不会给公共利益造成损害的情况下，是应该得到尊重与保护的。但是，当公众自由使用会使自然资源遭到破坏或者出现使用秩序混乱的时候，政府采用限制或者许可方式予以调整自然资源的方式也是具有正当性的。二是习惯使用优先于行政许可。人们在生活习惯、历史传统中形成的一种资源使用方式就是自然资源的习惯使用。习惯权利对于大众的生存条件和生活方式具有举足轻重的作用。在习惯使用与其他方式产生冲突时，一般情况下，会有下面选择保护大众的习惯使用。在当地居民适度利用和自然资源国家所有之间产生矛盾冲突时，根据我国"靠山吃山、靠水吃水"的传统理念，承认自然资源的习惯使用，可以得到有利的缓解，进而减少影响社会和谐的不良因素。同时应该看到，国家应当承认并尊重习惯使用，但与此同时，合理使用必须在合理的范围之内，如果习惯使用危害到公共利益，比如使用者不能以习惯使用为借口而过度使用自然资源，或者用习惯使用作为牟利的手段，政府就应该而且必须对此进行干预；一般许可优先于行政特许。在公产类自然资源中，在性质上和自由使用并无本质的区别，一般许可使用是为了调和使用者之间可能产生的冲突。按照"自由使用优先于特许使用"的标准，可以得出"一般许可使用优先于特许使用"的结论。在自然资源被过度开采和使用时，就需要用特许使用的方式来规制，因为一般许可不能达到有效保护自然资源与生态环境的效果。

3. 在行政许可中导入生态性义务

在环境行政许可过程中，一方面，要保证环境风险能得到确实的控制；另一方面，要最小限度地限制公民和组织的自由，最大限度地促进环境物权利用的效益。风险预防的有效性和风险预防的比例性是实施环境行政许可要达到的两个目标，不可因一个目标而荒废另一个目标。发放带附款的许可，是实现这些目标常用的方法。① 此种附款非法律直接规定的被许可人的法定义务，而是行政机关根据具体情形通过自由裁量，在许可行政相对人从事相应的活动的同时，对行政相

---

① ［德］哈特穆特·毛雷尔. 行政法学总论 [M]. 高家伟译. 北京：法律出版社，2000：128.

对人附加若干限制条件,并结合后续的监管行为,来确保风险预防原则的实现。带附款的环境行政许可在自然资源的开发利用许可中可扮演重要角色。通过行政许可的方式授予特定主体开发利用自然资源的权利,有利于自然资源财产效益的发挥,激励公民和法人节约使用自然资源。但是,不会破坏自然生态系统,能确保自然资源的持续性利用应当是自然资源的开发利用的前提。所以,行政机关应当对自然资源开发利用人,根据实际具体情形,附加一系列的附款,包括期限、生态系统维护义务以及后续的新的义务负担等。①

在自然资源许可利用中导入生态性义务规制,需要结合自然资源的具体种类,整体上归纳出自然资源利用中涉及的要素和可能产生的问题,再设定具体的生态性义务。以取水权许可为例,在取水许可中,取水许可证主管部门批准用水权的原则或条件,一般包括:②一是用水者的有关活动必须有益于国民经济的发展和人民生活;二是批准新的用水权必须保护河流水体的正常功能;三是批准新的用水权不得损害已有用水者的合法权益;四是由于不可抗拒的原因而减少可用水量时,国家可以合理地限制、暂停和停止供水,并无须向持证人赔偿。

(二) 自然资源公法性私法物权的强化

1. 自然资源登记制度法律效力的确认

物权的权利确认、保护,物权排他性效力,来自物权登记效力。物权登记产生权利确认和社会公示的功能。2007 年的《物权法》第 10 条规定了我国的不动产登记制度,《民法典》出台以后也进行了确认。③ 然而,当前自然资源登记制度,主要是体现了自然资源行政管理的功能,并没有起到私法物权登记的作用。自然资源物权登记的缺失,使得自然资源被许可人——自然资源利用权人权利处于不稳定状态,没有得到物权法的真正保护。

在我国,目前自然资源利用权利交易流转的实际中,基本上是采用合同方

---

① 徐以祥. 风险预防原则和环境行政许可 [J]. 西南民族大学学报,2009 (4).
② 吕忠梅. 长江水资源保护立法研究 [M]. 武汉:武汉大学出版社,2006:225.
③ 《物权法》第 10 条规定:"国家对不动产实行统一登记制度,由法律和行政法规规定统一登记的范围、机构、办法。"《民法典》第二百一十条规定:"不动产登记,由不动产所在地的登记机构办理。国家对不动产实行统一登记制度。统一登记的范围、登记机构和登记办法,由法律、行政法规规定。"

式,而不是物权交易方式。即将自然资源使用权人,将行政许可证作为附随物与自然资源物权一并交易,没有进行自然资源证书的变更登记。以合同形式,而非物权形式进行交易的方式,方便了自然资源物权的交易,减少了政府自然资源部门的管束,但是,却降低了自然资源物权交易的质量与效力,也降低了行政许可的应有公信力。自然资源使用权许可证,是自然资源物权产生的权利来源,对于自然资源物权人而言,类似于原始取得的法律地位;而且,自然资源物权人的权利内容,都是在行政许可中设定的。因此,行政许可内容就是权利的内容和界限,登记的目的,不仅仅是作为一种信息,而是对自然权利人的权利确认。由此看来,自然资源的行政许可制度和物权登记制度,不能相互代替。行政许可的登记,无法全面代替自然资源物权登记的功能和法律效力。当然,单个的自然资源物权登记并无复杂,但是,统一自然资源登记是一个相对复杂的问题。把自然资源登记与土地资源登记以及其他不动产的登记统一起来,建立统一的不动产登记制度和交易制度,是未来自然资源物权制度改革的重要内容。

2. 自然资源利用权私法性内容确认

依据我国民法立法规定,自然资源利用权性质上具有用益物权性。在物权法原则性规定的基础上,应该将自然资源利用权确立为用益物权,并通过各种单行法或者物权法司法解释明确自然资源的私法性权利内容,具体包括:一是占有。占有是行使自然资源物权的前提。自然资源利用权的客体,一般是特定区域、空间之内的未特定化的自然资源。经过登记程序,自然资源利用权根据许可内容,即可以占有一定区域和范围的资源,这是资源特定化的过程,资源一旦经过特定化,那么,自然资源利用权人的占有权就具有物权法上的排他性。二是使用。依据特别法的规定,自然资源利用权有其特殊属性,要根据自然资源的法律属性和自然属性行使权利。自然资源的自然属性包括自然资源的空间、区位、资源生长特性、资源成分、资源等环境要素的特征;而自然资源的政府管制、利用许可、规划计划、权能限制等构成了自然资源的法律属性。三是收益。在传统民法意义上,物权的收益主要是指获得客体物的天然孳息和法定孳息。对于自然资源利用权利,这一基本原理也有适用之处。在通过立法,肯定自然资源利用权的物权属性之后,自然资源利用权人可以对自然资源以及自然资源权利(开发性利益)进行处分。具体而言,自然资源物权人可将其出卖、转租、发包、抵押等,以实现自然资源物权的多种收益,增加法律权利的效率。四为处分。自然资源利用权利的处分权能，有两层意义：一是对客体物之处分，客体物之处分，又分为自然资源要素和自然资源产品两种，例如煤矿采挖针对的是环境要素的自然资源，而采挖出来的煤矿，则为自然资源产品，为动产。其处分受国家自然资源用途管制规制。二是针对许可性质之权利本身而言，物权人应该具有处分之权利，即自由转让之权利。但是，自然资源物权转让，不同于普通物权直接针对客体物之转让，而是对自然资源开发利用，不同的主体，其开发和利用能力是不同的，因此，对于权利处分，应该有严格之限制。《行政许可法》第9条规定："依法取得的行政许可，除法律、法规规定依照法定条件和程序可以转让的外，不得转让。"显然，《行政许可法》以不得转让为原则，以转让为例外。但是此种规定似乎与物权自由处分原则相违背，自然资源行政许可与一般的行政许可不同之处在于，前者是一种物权的取得方式、是一种赋权行为，后者是行为许可方式，不是权利生成方式。对自然资源形态设置不同的转让规则应该区别对待。

各种环境保护的方法都建立在财产权制度基础上，都是有用的，但其效用都是有限的。没有任何一种方法总是能比其他方法更好地避免自由获取悲剧的出现。社会主义（完全的自然资源公有制）和自由市场环境保护主义（完全的自然资源私人制）都有其作用的空间。实际上，我们所需的就是我们所拥有的：通过人为设计的或由历史/文化一致性而形成的多样化的制度、体现各种基于财产权体制的方法，来解决环境问题的一个特定方面。私人、公共和共有的产权体制的混合在更多的领域能比单一的财产权体制更有效地避免自由获取悲剧的出现。[①] 自然资源私法性物权权能之强化，要赋予自然资源利用权明确的物权权能，设定其可以对抗公共权力的正当法律权利。对于其处分权尤为关键。物权人可以自由处分其自然资源利用权利，并且具有抵抗公共权力非理性干预的内在权能。对自然资源行政许可中出现的变更、撤销或撤回许可的状况，应该设置具体的公共利益要件，既能够保障相对人利益的同时，又避免给国家带来不必要的损失。在我国，私权理念缺乏，公共权力过于强大。公共权力经常以公共利益和社会利益为借口，干预私人权益。环境物权规制的出发点，不是要限制自然资源的利用，而是限制其非理性的、有生态环境破坏性的利用行为。不能以含糊的环境

---

① ［美］丹尼尔·H. 科尔. 污染与财产权：环境保护的所有权制度比较研究 [M]. 北京：北京大学出版社，2009：165.

公共利益，非法限制自然资源物权人的物权权能。毕竟，生态利益和经济利益的实现，都是同样重要。应该在自然资源各单行法中，根据自然资源的性质以及行政许可的特征来设计特殊情况下的具体制度，明确规定自然物权因正当公共利益而被收回、撤销下的合理补偿与否及其要件，达到一种公共利益和私人利益的平衡。

(三) 构建竞争性方式为主的自然资源许可方式

自然资源行政许可制度在合理利用自然资源、保护生态环境等方面，具有不可取代的价值。但是，任何一种法律制度都有其自身不可避免的内在缺陷。这种缺陷集中体现在公共权力的内在困境。自然资源行政许可具有很强的政策性，这种政策性使得这种许可方式具有广泛自由裁量空间，从而为公共权力的滥用提供一定的生存空间。公共权力在相关法律制度设计不到位，监督约束机制不健全的情况下，很容易产生滥用的现象。这种滥用一方面体现为可能产生公共权力的寻租行为，另外一方面可能产生对自然资源利用权人的不当限制。就后者而言，这种限制可能基于主观原因，行政许可被用作实现地方利益和部门利益的工具；主观上，可能因为对公共利益理解的偏差和政治考虑的偏差，而可能对自然资源权利人构成不当限制。想要实现维护社会公共利益这一行政许可制度的根本目的，只能采取以适当限制相对人行使权利进行干预的方式，如此，自然资源权利人的正当利益难以得到有效保证。因此，需要通过构建平衡约束机制，以防范这种偏差。对于自然资源权利人过分限制问题，可以赋予其自然资源利用权利更充分的私法物权、通过将自然资源权利物权化加以适当平衡。这在前面已有论述。对于前者，可以通过合理引入行政许可的竞争机制来降低其不良影响。也就是说，构建以竞争性为主的自然资源取得方式。

对于竞争性自然资源的许可方式，我国行政许可法已经有原则性规定。依据《行政许可法》第53条规定："实施本法第十二条第二项所列事项的行政许可的，行政机关应当通过招标、拍卖等公平竞争的方式作出决定。但是，法律、行政法规另有规定的，依照其规定。"《行政许可法》第13条也规定："市场竞争机制能够有效调节的，可以不设定行政许可。"从这些规定来看，《行政许可法》关于行政许可的立法精神是政府监控下自然资源配置的市场化，其基本取向是引入市场化的手段来配置资源，而非使用传统的审批方式。所谓的竞争性方式，即以招标、拍卖和挂牌为核心的新型竞争方式。

招标、拍卖和挂牌为核心的新型竞争方式，具有独特的优势。自然资源本身所具有的产权属性以及数量的有限性，需要科学合理配置自然。对于稀缺的自然资源，由行政机关以审批决定的方式配置，容易造成资源大量浪费和流失。行政许可审批方式分配稀缺资源，由于缺乏市场机制形成的价格机制，能通过价格引导而达到资源利用最优，自然资源权利人获得的自然资源的经济价值难以体现，也容易使得造成自然资源行政机关社会管理职能缺位与错位——自然资源行政管理部门的社会管理职能因为取代了稀缺资源市场配置功能而缺位。最后的结果是，自然资源开发和利用之中的社会危害性得不到有效控制。因此，竞争性方式应该成为自然资源权利取得的核心方式。

但就我国自然资源取得方式市场化和竞争化而言，有几个问题需要有效解决，主要问题包括：一是对自然资源的潜在市场价格要科学评估，形成市场化科学评估机制；二是我国自然资源立法中，大部分的立法仍然是行政管理思维为主，并非所有资源都采用了竞争化取得方式，需要在各种自然资源立法中加以修正，或者通过自然资源公共政策方式加以推行；三是在招标、拍卖和挂牌三种常用的竞争性方式中，不能绝对地高价决定论。例如，拍卖方式采取高价中标的方式，也许有利于自然资源的经济价值实现，但是对于自然资源的生态价值实现，并不见得都有利。如果竞争者报价过高，其开发和利用、经营自然资源成本过高，即使不至于拍卖流产，出于降低经济成本的内在动力，自然资源权利人很容易采用对生态环境不利的方式开发和利用自然资源以获取更高的利润。因此，自然资源行政部门不能只考虑为了获得高额的出让金而进行拍卖，在选择拍卖方式的同时，要兼顾行政许可目的和自然资源的现状以及可能带来的生态环境损害问题，对环境风险进行有效控制。

第四节 自然资源开发利用规制：社会性义务的确立和控制

一、自然资源开发利用规制社会性义务确立的基本问题

自然资源开发利用规制社会性义务确立的基本问题，涉及社会性义务的确立基本方向和基本的价值选择。自然资源开发和利用，物权人附有保护生态环境不

可推卸的责任。由于我国自然资源立法采用单行立法的形式，不同的法律针对具体自然资源设置的义务不尽相同，这是具体的义务规制。但是，即使是不同的自然资源形态，在更高层次上，无非是自然资源的经济利益和生态利益平衡问题，这种平衡并非以生态利益支配经济利益，而是追求在经济利益实现的过程中，如何避免生态环境损害最小化。因此，是以实现经济利益为前提。

(一) 自然资源开发利用社会性义务设定必须尊重自然资源物权

由于物权法仅仅是对自然资源物权性质做概括性的规定，因此，从立法角度考察，其开发利用的主要法律规则，是主要由特别法进行规定。自然资源主要的产权形态是国家所有权，然后在国家所有权框架下，设定自然资源的开发利用规则。因为自然资源涉及国家利益的实现，又承载了社会对其生态利益的追求，因此，其开发使用必然有很多的公法性规制，需要合理的规划、严格监管与合理保护。但是，这些规划、监管和保护，必须以承认、确认和保护自然资源的私法性产权为前提和基础。而且，私法性产权清晰的前提下，引入市场经济机制对自然资源的开发利用加以引导，辅之以政府规制，是被证实了的较为合理的自然资源开发利用具有效率的制度安排。遵循市场经济内在规律、尽可能使用私法手段或者结合使用公私法的手段是自然资源类配置中应该遵循的基本准则。因此，不能因为我们强调自然资源的公法规制，而走向另外一个极端。那样，公法规制非但没有达到其追求的规制效果，反倒会因为公共权力的滥用而加剧自然资源的非理性损耗。自然资源物权确认和环境规制问题，实际上即是自然资源的开发和保护问题。自然资源开发利用必然导致自然资源本身及其构成的环境系统一定程度的破坏。对自然资源的不当开发和利用而不加强保护，必然会造成生态环境不可逆转的破坏。而过度保护自然资源本身，不区分自然资源形态一味加以严格规制，不免妨碍自然资源的开发利用，也就不能全面体现自然资源本身整体价值。

(二) 自然资源开发利用需要注重宏观和微观义务的配置

既有的自然资源立法，较为注重自然资源在开发利用过程中具体、明确的义务规定。即具体规定自然资源物权人能做什么、不能做什么，注重具体的禁止性义务和限制性义务的具体内容。随着自然资源物权深入研究，对自然资源权利人权利内容及其物权化，也逐渐加以重视。义务如果规定不明确，那么，很难在立法上设置法律责任，即使设置了法律责任，那么，其操作性也会存在问题。因此，毫无疑问，从法律制度的可执行性、可操作性来讲，法律义务的规定，应该尽量具体明确。这种义务的配置方式，是微观视角配置方式。

但是，既有自然资源立法上，对于自然资源整体意义上的义务配置，即宏观视角配置。所谓的宏观视角，即从整体性、结构性问题上，对自然资源开发利用义务的配置。或者说原则性的规定。具体体现在：一是不够重视对自然资源整体性的规划，也不重视运用规划的方式来保护自然资源。二是不够重视对于自然资源的整体性的分类和控制。科学分类自然资源，合理划分自然资源功能区，实现分区控制等方面仍然存在问题。三是不够重视自然资源区域性问题。没有根据区域、位置或者空间的不同，相应地对自然资源进行开发和利用。四是注重自然资源作为环境要素在一定环境生态系统中的关联性。难以从不同的资源关联性中设定不同的环境义务。缺乏自然资源的宏观义务配置思维，导致了自然资源共性问题规制得不到体现，不同的自然资源立法设置规则过于随意；也难以妥善处理好土地资源和自然资源开发和利用过程中的土地资源和自然资源利用的冲突问题；不尊重区域或者地方性的发展和约束问题。如此，没有自然资源义务设置的宏观性考虑，难以实现一定地方的自然资源总量平衡、结构平衡问题。

（三）自然资源开发利用要注意社会性义务配置的边界

自然资源开发利用要注意社会性义务配置的边界，要处理好两个基本问题：一是自然资源物权和物权规制关系，即权利和义务之间的关系；二是自然资源开发利用过程中，政府规制义务和自然资源物权人义务之间的关系，即政府义务和物权人义务之间的关系。第一个问题在本书中反复强调，即环境物权规制必须以尊重自然资源私法性物权为前提和基础，并通过公共权力塑造有利于自然资源物权权能实现的法律规则。现在主要是谈第二个问题。第二个问题可以转换成为这样一个观点：政府不能因为自然资源物权规制问题而忽视其应该承担的规制义务。

在法律制度设计中，依据不同的情形，法律义务的履行具有不同的制度性条件和社会条件。换言之，在生态环境保护中，公民和社会组织的义务配置和义务履行，一定要考虑这些义务履行所依赖社会、经济、文化发展水平等诸多因素的制约。比如在自然资源开发利用过程中，对于自然资源权利主体设置生态性的社会义务，应充分考虑自然资源总量控制、功能区规划、企业义务履行能力、义务履行的方式等综合因素，将自然资源物权人的强制性义务置于自然资源整体性保护的考量之中。充分认识到公民或者社会组织，仅仅是该系统中的一个主体，开发利用过程中的义务配置，仅仅是自然资源整体性保护的环节之一，开发利用过程中的义务的有效实现，不仅仅依赖于自然资源物权人的履行行为，还依赖于整个系统中各个要素功能的有效发挥与系统间各要素的相互协同。物权人的社会性义务能否实现，有赖于作为自然资源管理主体的政府和有关主管部门相关义务的履行。例如，自然资源管理主体的政府或者有关管理部门，有义务协助企业建立统一性的自然资源利用残留物处置、填埋的基础设施，有义务提供相关履行环境保护义务的技术性指导或者专家顾问。换言之，自然资源的开发利用所附有的生态环境保护义务，欲要追求其较高的效能，不仅仅是依靠开发利用者环境义务的独立履行，政府不能僵化地坚守"谁污染谁负责"的准则，而应根据本地区、本区域的情况，科学合理提供公共服务和公共产品。

(四) 注意区分不同的自然资源形态设置不同的社会性义务

对于并无多大经济利用价值的，或者其生态价值远远大于经济价值的环境要素和局部环境，不应该设定用益物权，而是主要通过一些激励机制，充分保证其生态功能的实现。对于经济价值比较明显，或者经济价值利用远大于生态价值的环境要素，可以设定自然资源物权加以开发利用。但是即使如此，也需要考虑其稀缺性程度之不同。由于自然界中像水分、空气、阳光等非稀缺的自然资源，可以充分地供给人类，所以，人类总会持续地增大利用规模去使用它，资源的功能价值在"边际效用规律"的作用下不断下降，直到接近其耗散价值，其使用价值不断下降并趋近于零。对稀缺的自然资源，其使用价值通常大于零，其利用的规模受到限制。在这些有限资源中，有些是可再生资源，有些是不可再生资源。在经济增长中，再生的资源会被耗费掉，由于资源再生数量和资源耗费量之间存在差额，其可被使用的总量既有可能增加，也有可能减少。在经济增长中，不可再生资源被耗费掉，其被使用的总量也就减少了。基于资源的有限性，作为整体性安排，资源分配需要考虑有限资源在本代人与后代人之间的分配、有限资源在本代人之间的分配、有限资源代内分配与代际分配的公平与效率。① 正如有的学者指出，土地资源、水域资源和海域资源可以反复使用，设定使用权需要考虑资源的保护；水资源、野生动植物资源是可再生资源，设定收益权需要考虑资源的保护和合理利用，自然资源的利用不能超过可再生的限度；矿产资源是不可再生资源，设定收益权以考虑节约为主，使矿产资源的消耗保持在合理限度内。②

二、自然资源开发利用社会性义务的宏观配置

自然资源开发利用社会性义务的宏观配置，主要是自然资源规划、详细控制性规划、自然资源生态红线设定、生态功能区划定，等等。

1. 自然资源规划设定

当前出现物权滥用现象，很大程度上与缺乏规划相关。例如，在城镇化进程中，我国的不少地方由于对土地和自然资源缺乏合理的规划和安排，导致土地和自然资源无序开发和利用，既造成土地和自然资源的浪费，也导致了区域性生态环境破坏、环境承载力下降。自然资源规划，可以在整体上对环境物权（尤其是土地物权）开发和利用设定边界和总量，起到对环境物权的规制作用。自然资源规划，是对一定区域的自然资源开发和利用作出总体部署和行动方案的行为。自然资源规划的目的，在于对一定时间、一定区域之内，对该区域的自然资源开发和利用和保护，规定基本目标、基本任务和制定基本措施。自然资源开发利用，与环境容量利用方法同理，也是在总量控制基础上的利用。不同的是，环境容量是功能性客体，具有恢复性，而自然资源总量，是物质性客体，不具有恢复性。因此，自然资源总量决定着环境保护与经济发展之间相互平衡，是环境要素开发利用和保护的基础。所以，自然保护需要有预防性和规划性措施。随着其进一步的实施，自然会产生对所有权的干预：自然保护区、自然文物、风景保护区的所

---

① 厉以宁. 经济学的伦理问题 [M]. 北京：三联书店，1995：99-121.
② 黄锡生. 自然资源物权研究 [M]. 北京：科学出版社，2005：56.

有权,会受到一定程度的限制;而这种限制,尤其牵涉到对所有物的实际使用。① 具体来说,自然资源规划的功能主要体现在:一是明确资源环境承载力。环境承载力是在一定技术经济条件下,维持环境系统功能、结构不被不可逆地破坏,某一区域环境系统所能承受的人类活动强度的阈值。通过评估环境承载力,确定被规划范围内的环境系统对于各种经济活动的最大支持能力,进而可以确定土地资源和自然资源的开发规模和开发强度。二是利于制定生态功能区划,对生态保护划上红线。生态系统功能虽然是整体的,但是,就一定的区域和地域而言,生态功能具有差异性。一些区域性的生态系统功能对于调节水土、气候或者维持生态系统功能尤其突出,而一些区域相对而言没那么突出。从经济利益和生态利益平衡而言,对于这些生态功能突出的区域,应该重点保护。保护的方法,就是根据生态系统功能的大小、区域性生态特征以及区域生态调节的敏感度、空间分布规律要素,划定生态功能区。生态功能区的划定,对于区域经济发展目标,对于相关产业的结构、规模、布局等,具有重大的意义。在生态功能区划定后,区域的经济发展以及产业发展,都必须符合生态功能区的要求。通过生态保护红线,对特定区域的生态系统和环境要素实施强制性保护,这是环境物权限制性和禁止性义务设定的前提和依据。三是可以通过自然资源规划,明确生态环境的原则、目标和措施。自然资源规划是在宏观上把握环境保护的同时,寻求生态效益和经济效益的总体平衡,以利于社会、经济的可持续发展。因此,在通过自然资源规划进行环境保护时,要注重宏观性目标的制定,并且要把总体性的目标进行分解,制定环境保护指标体系。在制定基本原则和保护措施时,要契合区域性的自然资源状态、环境污染状态,以及区域的社会经济发状况、环境保护水平和能力以及地方环境社会意识。总体上,要以改善区域生态环境质量为出发点,根据自然资源分布规律、按照不同环境要素制定保护措施,并体现措施的科学性与合理性。

2. 自然资源生态红线设定

生态保护红线划定,是自然资源物权宏观义务设定的重要制度形态。生态保护红线,实质是生态环境安全的底线,是指对促进人口资源环境相均衡、经济社

---

① [德]鲍尔·施蒂尔纳. 德国物权法(上册)[M]. 张双根译. 北京:法律出版社,2004:572.

会生态效益相统一具有关键性的作用，在改善环境质量、提升生态功能、促进资源高效利用等方面必须严格控制的最小空间范围与最高或最低数量限值。其体系具体包括环境质量安全底线、生态功能保障基线、自然资源利用上线（简称为环境质量红线、生态功能红线、资源利用红线）[①] 一定区域的生态系统的服务功能很难被完全复制和替代，因为生态系统的多样性以及空间异质性，不能通过土地流转等方式进行保护区域的空间置换。所以，与耕地红线不同，生态红线不仅是一个数量上的概念，它更是一个蕴含空间、时间、自然资源、生态服务功能、生物多样性的综合体。[②] 我国自然资源开发利用的三大宏观规制的工具就包括生态保护红线划定与自然资源规划、主体功能区规划。对于形成环境和环境要素的整体性保护、保障国家和区域生态安全、促进自然资源开发利用的空间格局改善具有重大意义。这一制度在我国新修订的《环境法》中得到立法确认，[③] 使得生态红线保护由政策性导向为主转为一项重要的法律制度。

生态红线制度是我国环境保护的重要制度创新，当前属于试点和具体化实施阶段，需要处理好几个问题：一是生态保护红线划定与当前相关既有制度之间的协调。既有制度中，各个自然资源单项立法确立了不同的特殊区域划定与保护制度，例如土地法上的基本农田保护区制度、水法上的饮用水源保护区制度、渔业法上的渔业重要养殖水面制度和水产种植资源保护制度、草原法上的基本草原保护制度等，这些制度中也有类似生态红线的禁止和限制义务设定，要进一步理顺其中关系。二是生态红线更多体现为一种宏观规制视角，要将之变为一种宏观规制工具，避免红线变"虚线"，需要加强相关立法保障。差异化管控、监测与监察、统一监管、越线责任和公众参与等健全生态红线划定和保护具体实施的法律法规保障体系。[④] 三是生态红线具有多元结构，要达成其不同要素之间的协调。这种多元结构首先体现在生态红线上位概念下，不同行政部门基于其监管职能，根据权限划定不同自然资源的红线之间的协调机制，例如国土、林业、海洋、环

---

① 《国家生态保护红线——生态功能红线划定技术指南（试行）》（环发〔2014〕10号）。
② 李力，王景福. 生态红线制度建设的理论和实践［J］. 生态经济，2014（8）.
③ 《环境保护法》第29条第1款规定："国家在重点生态功能区、生态环境敏感区和脆弱区等区域划定生态保护红线，实行严格保护。"
④ 王灿发，江钦辉. 论生态红线的法律制度保障［J］. 环境保护，2014（3）.

保部门都有根据职能划定生态保护红线的权限，为避免职责边界不清、各自为政、多头监管等管理体制上的老问题，需要构造统一的协调机制。另外，这种多元要素还体现在构成生态红线的质量红线、资源利用红线和生态功能红线这三类生态保护红线。三类红线的关系之间要理顺。从其内在逻辑看，三类生态红线并不是平行并立关系，生态功能红线相对而言更加宏观，是质量红线和资源利用红线的基础。

3. 生态功能区的划定

在生态环境保护上，生态功能区的划定，越来越作为一种重要的自然资源的宏观规制方法。这是克服微观视角不足的一种有效途径。在我国，这一进程是与主体功能区规划紧密联系的。我国土地资源上的房地产开发以及自然资源的无序开采，成为中国区域发展所面临的国土空间开发失控的两大问题。为了解决这些难题，借助于发达国家的先进经验，我国也逐步推进主体功能区规划、优化国土空间开发格局的宏观规制方法。2010年，这一方法在国家发改委颁布的《全国主体功能区规划》中有明确的规定。并在《"十三五"规划》（2015）中得到确认和重申。[1] 具体来说，依据《全国主体功能区规划》中的规定，主体功能区，是指基于不同区域的资源环境承载能力、现有开发密度和发展潜力等，将特定区域确定为特定主体功能定位类型的一种空间单元。按开发方式的不同，可将主体功能区分为优化开发区域、重点开发区域、限制开发区域和禁止开发区域；按开发内容的不同，可将主体功能区分为城市化地区、农产品主产区和重点生态功能区。[2] 三大功能区中的"重点生态功能区"就是对生态保护有重大影响的主体功能区。开发方式与开发内容根据功能主体的不同，其对应关系也是不同的：优化开发区域和重点开发区域与城市化地区相对应，以提供工业品和服务产品为主体功能；限制开发区分为农产品主产区和重点生态功能区，前者以提供农产品为主

---

[1] 2015年11月3日发布的《中共中央关于制定国民经济和社会发展第十三个五年规划的建议》（简称《"十三五"规划》）明确提出"发挥主体功能区作为国土空间开发保护基础制度的作用，落实主体功能区规划，完善政策，发布全国主体功能区规划图和农产品主产区、重点生态功能区目录，推动各地区依据主体功能定位发展。以主体功能区规划为基础统筹各类空间性规划，推进'多规合一'"。

[2] 《国家发展改革委 环境保护部关于做好国家主体功能区建设试点示范工作的通知》（发改规划〔2014〕538号）中要求，在开展国家主体功能区建设试点示范工作时"划定城市发展空间、农业生产空间、生态保护空间三类空间开发管制界限"。

体功能，后者以提供生态产品为主体功能。生态产品是指保障生态调节功能、维持生态安全、提供良好人居环境的自然要素，其中包括清新的空气、清洁的水源和宜人的气候等。可见，生态功能区制度已经成为我国自然资源能源利用以及生态保护中的基础性、宏观性法律制度。自然资源的保存、开发和利用的具体权利和义务规则，都要建立在这一宏观性、基础性基本制度之上。主要解决的，是理顺当前的核心和关键性问题。

当前重点生态功能区需要解决的问题，是功能区保护激励问题。由于功能区是生态产品，具有社会公共性，因此，主要通过地方政府组织实施保护。但是，在我国的生态功能区建设中，政府行为在很大程度上是失范的，具体体现在：一是过于夸大政府影响力、组织力、执行力等行为能力，导致政府包揽生态功能区保护工作。二是政府保护行为手段过于单一、市场不足。这导致生态功能区的环保、道路、教育、医疗等公共产品的供给不足问题较其他地区更为凸显，没有严格将竞争性投资项目和公益性投资项目区分，使得生态功能区的基础设施建设、土地出让拍卖等方面存在漏洞。三是政府行为目标的短视性，忽视协调经济与环境整体发展。四是政府行为运转缺乏科学。政府官员为获取政绩和连任甚至升迁，迎合公众的近期福利偏好，制定一些从长远看弊大于利的决策。五是政府行为结果地方保护的自利性。① 地方政府这种失范行为，与其追求地方经济发展，谋求政绩有关。因此，在生态功能区保护问题上，出现了中央和地方政府的目标偏差。尤其是，重点生态功能区往往同时又是经济社会发展的落后地区，在这些地区开展主体功能区建设，地方与中央之间会存在这样的博弈局面：中央倾向于寄望地方政府尽量通过自身在行政管理方面的创造性，努力实现本地区经济社会发展与生态环境保护的双赢；而地方政府更倾向于在现有管理模式下，获得更多来自中央政府的直接而快速的投入以达到相同的效果。倘若来自中央政府的相关投入满足不了地方政府的需求，则地方政府会倾向于优先保证经济社会发展而减弱在生态环境保护方面的努力。② 这可以解释一个在生态功能区实践中的社会现象，即在国家级和省级主体功能区规划编制过程中，绝大多数县（市）都怕划为

---

① 曹姣星. 生态功能区建设中政府行为失范的具体表现与诱发因素分析 [J]. 云南行政学院学报，2015（3）.

② 韩博. 对国家重点生态功能区和县级主体功能区建设的思考 [J]. 云南社会科学，2016（1）.

重点生态功能区。因为重点生态功能区意味着限制开发。但是保护生态功能区是其应有职责,因此,地方政府需要加大本地财政投入,进行产业升级以符合更高的环境控制标准,加大资金投入,进行生态修复和环境保护。地方经济发展与生态环境保护之间的矛盾凸显。社会公共利益凸显的生态系统,以合理保存、限制或者禁止开发利用为原则,其价值也难以通过市场交易直接实现,因此,实现保护的目标,需要外部投入而不是内部供应。如此,加大财政转移支付支持的生态效益补偿,在当前应该是一个主要的解决方法。

三、自然资源开发利用社会性义务的微观确立

自然资源开发利用社会性义务的微观确立,主要包括尊重自然资源生长规律、禁止性义务设定、限制性义务设定、生态恢复和修复义务设定、生态损害填补性或补偿性义务设定以及自然资源物权终止的义务设定,等等。具体内容体现在:

(一) 尊重自然资源生长规律的义务设定

在自然资源开发利用过程中,可以设定要求自然资源利用权人必须考虑自然资源的储存和生长规律、合理布局,为资源再生遵守必要的义务。自然资源物权人在开发利用过程中,要按自然资源特点、遵循生态规律,选择对自然资源的生长和恢复有利的开发方式和开发强度;尽量综合考虑自然资源的多元价值的实现,对自然资源开发和利用的时候,尽量综合利用、综合回收,实现多目标、多用途的开发利用;满足自然资源的自我调节能力为限度。

(二) 自然资源开发利用禁止性和限制性义务的确立

自然资源开发利用禁止性和限制性义务的确立,即自然资源利用上的禁限制度确立。自然资源利用禁限,是指为了保护环境资源的需要,依据环境资源自身特点,对开发和利用环境资源的时间、范围、工具、行为方式、对象等做出限制或禁止。一般而言,禁止是指一段时间内绝对地不准开发和利用;而限制一般是对开发和利用的数量、开发利用的区域、地段、开发利用的方法、措施、程度等的限制。

自然资源开发利用禁止和限制，首先要确立需要禁止和限制的自然资源客体范围：① 一是濒危的自然资源。这类自然资源的数量已经十分稀少，有的甚至濒临灭绝，从维护生物多样性出发，必须采取措施，禁止或限制这些资源的开发和利用；二是处于生长期的自然资源。受到生态规律的制约，自然资源的再生繁衍需要一定的周期，为了保证其生长周期的完整性，保护其再生能力，有必要对自然资源开发利用程度进行限制，以实现自然资源的可持续发展；三是处于环境敏感区的自然资源。这类自然资源因其所处的位置对环境的影响较大，具有重大的生态价值或审美价值，因此，为使当地的小环境整体不受影响，对它们的开发利用进行必要的禁止或者限制；四是具有重要科研价值的特种资源。这类资源一般包括特殊的地质、地貌、特殊的古迹、文物等，人类对它们尚不够了解，一旦遭到开发行为的破坏，则造成信息的永久性损失，因此需要采取谨慎的态度；五是具有多种用途的自然资源。在开发利用此类自然资源之时，需要对其开发利用的方法、工具和技术进行限制，以促使其综合利用、合理利用，而不至于造成浪费；六是国家基于环境公共利益的实现需要，对于特定资源的禁止和限制利用。

自然资源开发利用的禁止义务或限制性义务的规定，往往是出于保护某些濒危的自然资源，或为了顺应其自然再生的需要、保护其生态价值和未来价值的目的。主要的禁止或者限制方法可以采用以下方法：

1. 自然资源用途的禁止和限制。用途限制是最常见的限制方法。我国的土地用途管制制度，即是这种方法的运用。将自然资源按照科学方法进行分类，比较其经济价值、生态价值和社会价值的权重，然后加以分类利用，并设定各种用途之间的管制方法。这是实现自然资源价值最大化的最好方法。当然，这种方法的运用，需要在立法上确认自然资源的基本分类以及用途。此外，还需要与土地分类相结合，两者之间要协调一致，因为，自然资源大多依附于土地资源之上。

2. 自然资源利用工具的禁止和限制。利用工具的不同对自然资源影响是不同的，自然资源具有自身的生长规律。人类历史的发展，伴随生产工具的拓展。对于给自然资源成长带来毁灭性的、严重杀伤性的利用工具，应该禁止和限制使用。例如，在渔业资源利用过程中，需要禁止和限制对渔业资源生长具有严重破

---

① 吕忠梅主编. 环境法导论 [M]. 北京：北京大学出版社，2015：157.

坏性的电鱼、炸鱼等方法和工具的运用。

3. 自然资源利用方式的禁止和限制。

4. 自然资源利用时间的禁止和限制。对于自然资源具有时间生长规律的，需要尊重这种自然资源的时间规律。在自然孵化、幼儿成长的时间阶段，禁止和限制利用。例如渔业资源、海洋资源和野生动物等，都有时间规律性，在设定规制工具时需要充分考虑，是实现自然资源的可持续发展。

5. 自然资源利用区域的禁止和限制。区域限制主要指划出一定的区域，然后根据这个区域的自然资源特点，对社会活动加以禁止或者限制的方法。基于环境要素之间的关联性，不同环境要素之间组成的结构稳定性不同，导致了不同生态系统之间的脆弱性也不同。此时，个体性的保护，不足以实现对生态系统的保护。因此，划定一定的区域范围，进行专门保护就非常有必要。这种方法运用很广泛，比如自然资源保护区、国家森林公园等这些生态敏感区、脆弱区的规制方法，就是区域控制的方法运用。

6. 自然资源利用对象的禁止和限制。利用对象的禁止和限制，是最为常见的方法。对于不同的自然资源，对其不同的价值进行评估，以确定其开发利用程度。对于开发利用之后，损毁性很大甚至是永久性灭失的生态物种或者自然资源，可以采取禁止开发利用；对于开发利用之后，对生态系统影响很大，储量虽大但是属于不可再生资源或者资源总量短时间难以恢复的可再生资源，应该限制利用。

对于社会性义务的配置和设定，在具体的运用上，要注重区分两种不同的义务形态，即消极的义务和积极的义务。因为，两种义务形态在行为要求上、义务规范设定上以及义务内容上，都不相同。前者一般通过禁止或者限制物权人不得从事某种行为来达到保护环境的目的。一般而言，这些行为都是对环境有害的行为，这种通过限制或者禁止方法设定的义务方式，一般是间接义务；后者一般通过要求物权人作出一些有利于环境保护的行为，例如维护、维修、净化等环境友好行为。禁止或者限制物权人不得从事某种行为来达到保护环境的目的，这种通过激励行为人作出积极行为的义务方式，一般是直接义务。当然，积极义务中，既有直接性的、也有间接性的。直接性的积极义务，一般体现为要求环境物权人的行为对象，直接为环境或者环境要素。而间接的积极义务，一般体现为要求环境物权人作出对环境保护有利、但并非直接作用于环境和环境要素的行为。

环境物权人所承担的社会性义务,带有一定的强制性。这种强制性体现为环境物权人对社会性义务在一定范围内不可选择、不可协商。因此,社会性义务涉及环境物权人的权利限制问题,从公平角度出发,在设定义务的时候,要根据实际情形合理设计义务内容强制性程度问题。如果社会性义务内容强制性过高,甚至远远超出环境物权人的负担能力,那么,即使社会性义务设定的环境目标是严格的和高尚的,但是其导致的义务不可执行也会使得这种环境目标落空。而如果社会性义务内容强制性过低,甚至远远超出低于环境物权人的负担能力。那么,这种社会性义务承担难以达到环境物权规制的目的,因为其没有给环境物权人提供足够的行为激励。义务履行同样缺乏履行效率,因为,义务主体的违法成本很低,如此就达不到保护环境的目的。一般而言,在义务的设定上,要区分积极性义务和消极性义务的不同要求;对于前者,由于其要求环境物权主体做出某种生态环境保护直接行为,因此,其义务内容的强度相对较低。此外,由于环境物权主体范围很广泛,每一类主体的行为能力具有差异性,加以自然资源种类繁多、具有地域性和空间性的分布差异。这使得在法律上,很难对不同的环境物权主体进行统一的义务设定,而应该区分不同的组织形态、地域差异、行业性质等不同利益主体,进行不同的法律配置。消极义务的设置规则相对简单些。对于消极性义务,环境物权主体不需要作出积极行为,而主要是不作为。因此,消极性义务配置的要求,以科学证明对环境无害为例外。

(三) 修复性和恢复性义务设定

在环境物权的利用过程中,由于涉及对环境要素的开发、加工和利用,环境生态系统结构受到一定程度破坏。尤其是矿产资源的开发和利用,由于在同一土地范围之内,关联性的环境要素种类繁多,这很容易导致与之相关的生态系统的平衡能力遭受破坏。为了把环境损害降到最低,需要设置恢复性环境义务。这种恢复性环境义务的设置,旨在达到开发资源的同时,尽可能让自然资源随之增殖。环境物权人在开发使用自然资源时,会采取一系列的措施,更新、节约、养护、增殖、综合利用自然资源，这就是恢复性环境义务。① 可以针对不同类型的自然生态系统区域，尝试建立自然保护区，在保护区内，设定限制性和禁止性的法律义务，例如，恢复和整治已经受到污染和破坏的环境，禁止建设破坏和污染环境的设施，不得降低整体环境在精神上的美观舒适愉悦度。

（四）补偿性义务：环境损害补偿和生态补偿

环境物权行使过程中产生的外部性问题，还可以通过环境损害性补偿或者生态补偿进行填补，是进一步将外部性内部化。恢复性义务的设置，本身就是对生态损害、破坏的一种填补方法。在恢复性义务难以履行或者追究情况下，以通过环境损害补偿和生态补偿的方式进行环境损害填补，也是一条重要的规制路径。与引入政府规制相比，有时候，更好的方式或是设计一种责任规则——其对污染损害费用负担的分配要能够把问题"有效"地解决。②

生态性补偿，也叫生态效益补偿，是指实现调节性生态功能的持续供给和社会公平，国家对致使调节生态功能减损的自然资源特定开发利用者收费（税）以及对调节性生态功能的有意提供者、特别牺牲者的经济和非经济形式的补偿和弥补的法律行为。③ 它是环境物权行使造成社会性损害的一种间接性的规制方法。其本质是以保护和改善生态环境为目的，通过协调生态保护背后各方的相关经济利益，补偿相关利益主体，来激发人们保护生态环境的积极性。

生态补偿可以采用抑损性补偿和增益性补偿两种方式。抑损性补偿是对开发、利用自然资源使生态调节功能的开发者和利用者缴纳生态效益补偿。④ 增益性补偿是国家为了维护、增值生态调节功能，加强对生态环境保护，对经济利益受损付出代价者给予的补偿。在增益性补偿中，补偿实施主体是国家，补偿接受

---

① 《森林法》第 35 条规定："采伐林木的单位或者个人，必须按照采伐许可证规定的面积、株数、树种、期限完成更新造林任务，更新造林的面积和数量不得少于采伐的面积和株数。" 2003 年《中国的矿产资源政策白皮书》提出 "建立多元化的矿山环境保护投资机制，建立矿山环境保护和土地复垦履约保证金制度……对生产矿山，建立以矿山企业为主的环境治理投资机制。对新建矿山，由企业负担治理资金"。

② ［美］史蒂芬·布雷耶. 规制及其改革 [M]. 李洪雷、宋华琳、苏苗罕、钟瑞华译. 宋华琳校. 北京：北京大学出版社，2008：37.

③ 张爱年. 生态补偿法律制度研究 [M]. 北京：法律出版社，2008：51.

④ 张爱年. 生态补偿法律制度研究 [M]. 北京：法律出版社，2008：48-49.

主体是为调节性生态功能贡献者或者牺牲者。在抑损性补偿中，自然资源特定开利用者是补偿实施者，补偿接受者是国家或者其他社会主体。生态效益补偿是行政补偿行为、行政征收行为、行政合同行为三种法律行为的综合。在抑损性生态效益补偿中，国家对自然资源的合法开发利用者收取生态效益补偿费实际上是国家基于行政管理职能在环境保护领域所为的一种行政征收行为。增益性生态补偿是受益主体无法确定时进行的一种行政补偿行为。根据行政补偿的类型，我国国家层面的生态补偿有保护生态环境而对公益林区实施禁伐或限伐，给林农的经济带来损失而引起的森林生态效益补偿，对沙化地区农民的土地使用限制引起的补偿，对自然保护区周围居民的自然资源使用权限所引起的补偿等，这些都属于财产权限制特别牺牲的补偿。①

环境物权规制，从环境法治层面讲，是现代民主政治语境下的科学行政问题。从公共行政发展的历史进程看，在现代民主法治的推动下，传统的警察行政、管制行政模式的刚性规制方法，逐渐转变服务行政、给付行政模式的柔性规制方法。后者规制的目标，在于有效协调社会的多元化利益诉求。尤其是协调公共利益与个人利益之间的冲突。这是各个国家在公共领域治理上的机制转型，是公共行政的基本问题。而环境物权规制是环境社会公共利益的内在诉求的呈现，其无疑是行政规制的重要内容。环境物权规制机制的运行，离不开服务行政、给付行政的主题和语境，因此，如何通过较为平和的方式调和环境物权行使过程中公共利益和个人利益之间的冲突，关于环境公平的实现。生态补偿本质上是一种行政补偿方式。而行政补偿制度则集中体现了现代行政法这一核心问题。对环境物权之限制和约束，使得环境物权人构成了行政法所谓之"特别牺牲"。② 一方

---

① 张爱年. 生态补偿法律制度研究 [M]. 北京：法律出版社，2008：57-59.
② 特别牺牲说源于德国，系为著名公法学家奥托·麦耶提出。依据台湾学者公认之精要定义，特别牺牲说是指国家为公共利益行使特定公权力，并非一般性，针对一般人产生同样影响或限制，而是针对某些特定人，逾其社会责任所应忍受之范围而课予不平等之负担，使其须忍受特别的损失，基于平等原则，其损失应由共同经费来负担，亦即以租税等形式分配给全国人民分担之。也就是说，为了国家、社会和公共利益的需要，牺牲个人的利益是必要的，但公众受益的国家行为造成的损害不能由个人负担，而应由公众负担，所以，国家应该从公众的税收——国库中支付一定的补偿费用，以弥补受到特别侵害的个人的损失。参见李晓新. 论我国行政补偿制度构建的理论基础 [J]. 同济大学学报（社会科学版），2008（03）.

面，生态补偿形式的行政补偿，不是因为国家合法的行政行为损害而给予补偿，而是国家为了维护和促进公共利益，难免要限制个人或者组织的环境物权权利，然而特定个人或者组织为促进整体利益或是减轻整体部利益的做法，构成了特别牺牲，基于环境公平，理应得到损失填补；另一方面，这种补偿方式反映了法治国家对社会公平和正义的价值追求，平衡了公共利益与个人利益之间的关系。有时候，环境物权规制具有社会性和价值判断的合法性，它有时不是谁对谁错的问题，而是谁应该作出适当的牺牲以实现社会利益的问题。

四、自然资源物权终止义务

（一）自然资源物权终止规制

根据有关法律和自然资源单行立法的规定①，导致自然资源物权终止的原因一般包括以下几个方面：一是权利存续期届满或者申请续期未获得批准；二是权利主体自动放弃权利或权利主体资格消灭；三是自然资源物权被依法收回，包括基于公共利益以及国家安全收回，以及自然资源物权人本身违法行为收回两种情形。依法终止自然资源物权，本是法律规制运行的基本规则。但是，从生态环境保护角度，自然资源物权终止，仅仅是一个法律行为。环境物权规制所要关注的，不仅仅是物权终止的合法性、合理性问题，更需要关注物权终止后所引发的生态环境保护问题，以及之前自然资源权利行使过程中已经造成的环境损害问题。自然资源物权终止后，法律行为归于消灭，并不意味着权利人的环境保护义务归于消灭。作为规制机构，自然资源行政主管部门的环境规制过程也没有消灭。其中的生态损害或者环境破坏，需要加以修复、弥补，使得自然资源开发利用所引发的环境问题损害降到最低。此时，应视物权终止不同情形，配置不同的社会性义务，以降低环境损害。

具体而言，自然资源物权终止，应该妥善处理几个问题：一是自然资源物权

---

① 依据《行政许可法》第70条规定："有下列情形之一的，行政机关应当依法办理有关行政许可的注销手续：（一）行政许可有效期届满未延续的；（二）赋予公民特定资格的行政许可，该公民死亡或者丧失行为能力的；（三）法人或者其他组织依法终止的；（四）行政许可依法被撤销、撤回，或者行政许可证件依法被吊销的；（五）因不可抗力导致行政许可事项无法实施的；（六）法律、法规规定的应当注销行政许可的其他情形。"

因社会公共利益而终止的，物权人有获得相应补偿的权利。这是国家征收制度中一个基本准则。二是谨慎使用收回制度。目前，在我国，自然资源物权和自然资源行政许可凭证是一体的，即我国将行政许可合法性与自然资源物权合法性等同在自然资源利用过程中，自然资源物权人如果具备可以终止自然资源行政许可的违法情形，如果自然资源物权人的行政许可被自然资源行政主管部门收回或者终止，那么，也就意味着相关自然资源物权权利也随之被全部收回和终止。这种做法是值得斟酌的。行政许可只是自然资源物权的取得方式，自然资源物权一旦经许可，便取得私法物权的独立性。自然资源物权人因违法而被吊销行政许可证，并不代表其自然资源物权也随之消灭。站在法理的角度上，行政许可不同于属于负担行政行为的行政强制、行政处罚、行政征收等，它是依法准许相对人从事某种特定活动的一种受益行政行为。自然资源的行政许可过程，作为国家环境资源所有权代理人的政府机构，往往要求自然资源物权在通过行政许可取得自然资源物权之时，承担一定的限制性或者禁止性义务。如果自然资源物权人因为自身的违法行为，而导致之前的自然资源许可证被依法收回或者终止。那么，从行政法基本原理看，在法律上，即使是吊销自然资源物权人的自然资源许可证，自然资源行政主管部门的这种行为在行为性质上属于行政处罚行为，本质上是一种资格处罚。所谓资格处罚，无非是使得权利人失去从事某种行为的资格。就自然资源开发利用而言，是使自然资源物权人失去或者暂时失去从事自然资源开发和利用的权利。也就是说，自然资源行政许可是一种资格许可，吊销许可为一种资格处罚。主体资格消灭并不代表权利亦随之消灭。因为自然资源物权人的自然资源的一些权利，是通过支付市场价款所获得的权利。通过民事方法、市场对价获得的权利，从民法权利基本原理看，是私法性权利。因此，自然资源物权从本质上是私法性权利，具有权利独立性。自然资源物权人被吊销自然资源行政许可证，从法律行为内容分析，无非表明自然资源物权人的主体行为能力之消灭，但其权利能力依然存在。被消灭的，是自然资源的开发权利。自然资源物权人基于其物权人地位，还拥有私法性物权，该物权可以按照民事合同的规则进行转让。从环境物权规制视角看，这一规制的意义，在于环境规制尊重了环境物权私法权利，不但可以实现对自然资源权利人的监管，保证自然资源的优化配置，还可以使得自然资源物权人为了降低其转让权利损失，而置环境损害于不顾的后果。从环境损害填补来看，也使得权利人履行环境损害具有重要的经济基础。二是自然资源物权因物权人违法而被收回终止的，应视自然资源物权人违法性，配置环境修复和恢复之社会性义务。

（二）自然资源物权终止环境修复义务履行的制度强化

自然资源物权终止环境修复义务设定，基于物权人的履行意愿和能力问题，有两个重要的关联性制度需要很好地运用，以增强恢复性义务的履行能力。这两个制度为代履行制度和财务担保制度。

1. 代履行制度

在我国环境法律制度中出现的新型的制度形态中，代履行制度是其中耀眼的星。一些重要的法律制度，像《环境保护法》《行政强制法》等都对该制度做了规定。[1] 代履行制度增强了环境行政强制执行的手段，达到了环境治理的良好效果，并为第三方治理中的环境问题提供了法律根据。其重大意义在于，将义务人的行为义务更换为付费义务，因为减少环境行政机关和义务人间的矛盾和冲突，同时，对第三人参与环境污染治理的积极性的激发，环境行政的执行力的提升，作用不可小觑。可是，该制度如何才能适用于不同的自然资源开发中，还需要进一步的探究。当前，代履行制度在适用主体、范围、程序、收费准则、法律救济等规定上仍不明确，代履行的第三方治理主体有待成长。[2]

2. 财务担保制度

对于财务担保制度，学者们有不同的理解。有的学者认为，财务保证或者担保主要是指由潜在的环境侵权责任人（主要是污染性危险企业）提供一定的资金专门用于对受害人进行及时、有效的救助的制度，如提存金制度（或者称寄存担保制度）和企业互助基金制度（或者称公积金制度）等。[3] 而有的学者认为虽

---

[1] 2011 年通过的《中华人民共和国行政强制法》第 50 条规定："当事人不履行行政决定，其后果已经或者将危害交通安全、造成环境污染、破坏自然资源的，行政机关可以决定实施代履行，或者委托没有利害关系的第三人代履行。"该法第 51 条、第 52 条明确了代履行应当遵守的规定及其程序措施。这三个法条首次以基本法形式明确了我国环境行政代履行制度。

[2] 唐绍均、蒋云飞. 环境行政代履行制度：优势、困境与完善 [J]. 中州学刊，2016 (1).

[3] 王明远. 环境侵权救济法律制度 [M]. 北京：中国法制出版社，2001：145.

然该定义在一定程度上反映了财务保证制度的本质，但是并没有囊括财务保证制度的所有特征；应该称之为"财务保证制度"，它就是指环境侵权人之外的机构或部门，管理由潜在的环境责任人提供的专门资金，在发生环境侵权事件之后，由其代为履行或者承担责任的担保制度，保证向受到环境侵权损害的受害人进行及时、有效的赔偿，基本模式包括提存金、公积金和第三人财务保证。[1] 从法律性质上看，财务担保或者保证是债的担保形态。通过"第三人"介入、提供必要担保，提升了法律主体债的履行能力。债的担保由于第三者的介入，具有社会化特性。至于称之为"财务担保"或者"财务保证"，并无多大的区别，因为，就目前的法律实践形态来看，两者的外延比较接近：主要指提存金、公积金和第三人（主要是政府或者金融机构）三种形式。理论上，将这些制度作为增强企业恢复性环境义务的方法，并没有逻辑障碍，符合环境物权规制的内在诉求；实践中，西方国家也有成功的运作经验。[2] 但是，在我国如何结合实际的情况，推行此种制度，问题也不少。西方国家在环境侵害救济领域采用财务担保制度的前提是市场经济发展深入，法律上对企业所承担的侵权责任规定很严格，企业的社会责任意识和社会合作意识较强。而在我国，市场发展不成熟、企业刚进入平稳发展期。对企业的环境物权利用行为，应加以多大的外在限制，这是一个需要谨慎权重的环境法律政策问题。当然，一种机制的运行，可以是强制性，也可以是非强制性的。即使不能运用公共权力或者公共政策推行整体意义上的财务担保，但并不排除企业之间通过自愿方式建立起来的互助机制。如何通过行业协会的引导和推动，在企业之间建立互助、合作担保机制。这也需要政府的科学与合理引导。

---

[1] 李培良. 环境侵权损害赔偿社会化研究 [D]. 青岛：中国海洋大学，2007.
[2] 王明远. 环境侵权救济法律制度 [M]. 北京：中国法制出版社，2001：145-146.

结语：主要结论和展望

一、主要观点

1. 环境物权概念、结构和体系主要观点。民法意义上的"物权"概念只是提供了对物权规范、解读的"私法"视角和路径。它为环境问题的解决提供了私法维度的解决之道，其既有的目标、理念、原则和规范方法，对问题的调整必然存在局限性。这种局限性充分体现在私法视角的物权对环境问题解决的困境之上。从环境法视角，物权的方法也展现出它不同的一面。环境物权是社会性的私人物权，具有环境功能物权和环境要素物权的二元结构。民法视角和环境法视角物权概念差异源于民法的个体主义方法论和环境法的功能主义方法论。

（1）环境问题总是与人类利用环境和环境要素行为具有直接关联性。传统物权中非生态性决定了会导致环境问题。物权法理念和原则的非生态性导致的物之利用的非理性以及经济结构的非生态性。环境问题大多来自由于同一物之上的经济利用和生态利用之间的社会冲突。很大程度上，环境问题的产生可归因于社会财产和个人财产的不当利用。传统物权法因缺乏对环境问题关注而备受指责。传统物权法在应对环境问题过程中不断成长体现为"物权生态化"。我国《民法典》考虑了物权生态化的合理诉求，制定了很多有利于环境保护的物权规则，例如用益物权的生态功能性拓展、对资源型环境要素进行专门规范、生态相邻关系的内容和预留了制度创新和功能拓展的空间。物权生态化的实质是以可持续发展和生态伦理思想为指导，对传统的物权法律价值、物权观念、基本原则和相关法律基本制度和法律规则，进行完善或者重构的过程。但是，传统物权法应对环境问题乏力，部分原因在于其自身的不可克服的内在局限性，体现在物权法"以物之利用为中心"原则与环境保护之"谨慎利用原则"的冲突、物权法调整客体的静态性与作为环境之物的动态性之间的冲突、物权法调整客体的实在性与作为环境之物的功能性之间的冲突、物权调整客体的私权性与作为环境之物的公共性之间的冲突。

(2) 在传统物权法基础上进行"环境物权"的法学构建。这种构建方法是环境法的意义上的功能主义方法。但是离不开"物之归属和利用"这一命题。因此，对环境物权的法学建构，并非否认民法物权法对环境和环境要素的调整。只是克服民法视角过于注重对被分析个体要素的主观价值判断的问题，转变为注重个体以及个体之间关联结构所形成的功能。在环境法学意义上，环境物权具有自然科学基础和社会科学基础。前者表明环境物权指向的对象为"环境"，这种认识，对"环境物权"法律构造具有重要启示在于揭示了环境物权之二元性、表明环境要素物权不同于自然资源物权、表明物权要素之间存在天然冲突。后者表明环境物权指向的社会关系，表明环境物权的法律建构必须要重新认识"环境"进入社会关系结构的方式，要用物权法逻辑将"环境"通过物权体系的建构解决"环境"的所有、支配、占有和利用等问题。因此，本书所持的"环境物权"概念，为"环境和环境要素"之物权，具体指权利人针对环境以及环境要素进行占有、使用、收益和处分的一种权利形态。与传统物权一样，具有主体、内容和客体三要素。为了进一步认知"环境物权"这一概念，本书分析了其与环境权、传统物权之间的关系。环境物权与环境权两者性质不同，环境物权形态仅仅是环境权的形态之一。环境权是比环境物权更为上位的概念。环境物权与传统物权的价值理念不同、利益诉求不同，传统物权是实现环境物权的私法路径，传统物权对物之利益诉求，是物之经济利益。

(3) 环境物权的结构，是功能和要素二元结构的，环境物权由环境功能物权和环境要素物权构成。它们都符合法律概念构造利益具有正当性、利益内容确定明确和可辨别性两个基本条件，能通过法律语言进行精确表达。环境功能物权的利益指向是环境容量利用及其正当性，环境容量的可度量化使得环境功能物权利益规范化的具有可能性；而环境要素物权是建立在传统自然资源物权之上的物权形态。环境要素物权转化为自然资源物权，体现为物权法调整范围之扩大。传统的民法物权法对环境要素之调整，实际上是对自然资源的调整。

(4) 遵照传统物权法的学理体系的划分，环境物权体系可以分为所有权体系、用益物权体系和担保物权体系。环境物权体系包括功能性环境物权要素环境物权二元结构,因此也存在着二元结构中不同类型的所有权体系、用益物权体系和担保物权体系。从法理和科学技术性上,在私法意义上的物权法范围之中,难以建构功能性环境功能所有权形态。环境功能体现为一定空间和地域之范围,更多是在国家主权意义上。因此,环境物权实际指环境容量使用权。在环境要素物权体系中,并非所有的环境要素都可以在私法意义的物权法上明确其所有权形态。私法意义的所有权立法主要是指自然资源所有权。只有列入资源性的环境要素,才能通过私法方法进入物权体系。环境物权立法体系,目前在私法立法路径上,主要体现为土地和自然资源的物权形态。没有进入民法物权法体系中的环境物权形态,主要通过公法规制间接体现出其产权性质。在环境物权体系中,与传统物权体系最大不同之处,在于不同物权形态之间的关联性和相互影响。自然要素之间的普遍联系,使得一种环境要素物权的行使,必然对其他环境要素(物权)产生不同程度的影响。环境物权之间的这种相互影响,使得环境物权利用产生外部性问题,从而使得环境物权利用之规制,显得更为必要。

2. 环境物权规制理论分析的主要观点。从环境法视角看,环境物权是一种复合了私权和公权的权利。环境物权的客体的环境和环境要素,具有天然的公共性品格,这就意味着环境物权中隐含着公共利益的实现问题。因此,有必要对环境物权的权能进行更合理和科学的配置,以兼顾私人利益和公共利益、经济价值和生态价值。传统的物权限制、物权社会化的理论和实践,已经为环境物权的权能限制提供了丰富的理论资源和实践经验。环境公共利益为公共权力介入环境物权提供了合法性依据;而其介入的限度需要保证环境资源中经济利益的实现以及区域差异化发展要求。当然,公共权力对环境物权的介入,也是具有局限性的。物权限制和物权规制不同之处在于,限制为约束,规制在于寻求整体效能最大化。因此,要从规制理论出发,探讨环境物权实现的平衡方法。

(1)传统的物权限制、物权社会化的理论和实践,已经为环境物权的权能限制提供了丰富的理论资源和实践经验。物权限制包括主体、客体和权能限制三要素,物权限制的目的在于实现第三人利益或公共利益,限制方式主要分为公法限制和私法限制。通过所有权限制,物权由以所有权为中心、不受干预和不受限制的绝对权利,转变为以利用为中心、兼顾个人利益与社会公共利益的相对权利。物权限制形态体现为所有权社会化。物权社会化逻辑起点是民事主体享有充分的个人财产权利，在社会化路径上主要体现为对所有权进行直接公共限制以及确立他物权优先化的间接限制。物权社会化本质是为了直接实现社会利益而对绝对个体性物权进行适当限制。

（2）物权限制的理论依据有权利冲突理论、外部性理论、交易成本理论和权利禁止滥用理论。这些理论从不同视角，阐释了物权限制的必要性，从理论上解决了物权限制的合法性问题，为物权限制的立法提供了必要的理论支持。表明了物权限制本质上是协调不同权利之间的冲突问题、物权限制是以充分权能为前提、注重在一定的经济结构中考察物权限制问题以及物权限制是一种工具、机制和方法而不是目的。物权限制的维度主要为公法限制和私法限制。公法层面的物权限制，更多体现在公共权力对物权行使的干预；私法层面的限制，更多体现为基于当事人之间的意思自治的相互约束和权利不得滥用原则下的约束。公法限制又体现为财产征收、征用、直接管制的直接限制，以及通过规划、标准、许可等的间接限制。民法视角下物权社会化是"间接性物权社会化"，即主观上并非以环境利益诉求为立法逻辑起点，而是客观上起到环境保护的作用，难以摆脱其私人性、个体性限制的特征和"物权限制是为了更好地实现物权之利用"这一基本逻辑。

（3）环境物权与传统物权所体现的物权限制的目标诉求、限制机制和方法不同，源于环境物权调整之客体"这环境及环境要素"的特殊性，这种特殊性体现在客体要素具有公共性品格，承载着公共利益的诉求，这使得环境物权限制的理念、目标、机制和方法发生变化，理念上通过环境物权规制平衡生态利益和经济利益，目标上从物权限制到物权规制的转变，方法上体现为公共权力对环境物权的形成和形式具有重要影响。环境的公共性品格体现为环境的自然公共性、环境的社会公共性。其法律意义在于确立了环境法的社会法属性、决定了环境法的权利本位性质、确立了环境法治的法律综合调整机制，以及表明"环境功能"应该纳入法律规制。

（4）公共权力介入环境物权的逻辑前提在于环境公共利益的实现，这是物权规制的合法性基础。环境公共利益使得公共权力具有了介入环境物权结构的合法性逻辑。而公共权力介入环境物权的限度，需要体现环境物权规制的合理性。

人们利用环境，具有一定的合理性，也是社会存在和发展的必要前提。这构成了对公共权力介入环境物权的限制，也是防止公共权力滥用的必要限制。公共权力介入环境物权的限制主要影响的因素是环境物权客体之上的经济价值诉求、环境物权客体分布不均衡。从环境法角度看，不仅应当对影响环境利益增进和减损的行为进行规制，为维护环境公共利益作出制度安排，而且应当在不同主体、不同区域的"区分性"环境利益之间进行衡平。然而，从公共选择理论视角看，公共权力调整环境物权具有内在的局限性。公共权力在资源组织、初始资源配置、公共产品利用、外部性纠正等问题上具有很好的功能，但是公共权力的有限理性和公共权力异化决定了其局限性。

（5）相比于私法视角，在环境法视野下对物权限制问题具有不同的问题发现。民法意义上的物权限制为民法民事权利充分行使基础上禁止滥用原则的展开；而在环境法视角下，对于"物权限制"理解与民法视角理解有所差异，这种差异体现在物权限制目标、内容、路径上的差异。因此，从本质上，环境法视角的物权限制，可以表述为从限制到规制的转变。环境法视角下的公共权力对环境物权的干预、约束和规范，已经超出了民法一般意义上的"限制"内容，也超出了"物权社会化"的一般理解。"环境物权规制"一词可以大致表达本书所要研究问题和所要传达的观点。

3. 环境物权规制原则和路径的主要观点。环境物权规制必须具有既定的目标追求和基本原则的遵循，并契合一个国家当前的社会状态和法律框架，依照一定的逻辑，明确其规制应该遵循的路径和方向，正确选取物权规制的基本方法。本章主要讲环境法和民法一些基本原则在环境物权规制中的运用，并以此为基础分析环境物权规制应当遵循的目标、路径和采用的二元性规制方法结构。

（1）环境物权规制的基本原则表明对环境规制应该遵循的基本理念和基本方向。环境物权的规制，是通过对环境和环境要素在物权形成、物权行使过程中，通过公共权力介入形成的一种规范、制约和约束状态。其目的是追求"环境"这一物权客体之上的经济利益和生态利益的平衡，实现环境公共利益的诉求。风险预防原则中包含谨慎干预和积极预防的合理要素，对环境物权规制意义重大；生态优先原则要求环境物权的设定、权能行使和终止，必须估计环境影响，以绿色的方式行使环境物权。权利人在行使其物权时，一是负有保护环境和环境要素、节约环境资源的义务；二是注重构建对自然环境干预较少或者尽量不干预的物权利用方式，国家和政府尽可能对环境要素进行排查、评估，对土地用途进行科学分类，确定不能用于开发和利用的自然资源清单，不能开发利用的土地类型。环境公平原则要求国家所有权不应该成为侵害环境的物权形态，在保护和限制的平衡中实现对环境物权的规制，注重不同利益冲突的协调和取舍。权（力）利禁止滥用原则表明基于环境要素本身就具有社会公共性的生态利益，要注重公共性、社会性义务设定。在"权利"语境的时代背景下，以确认物权为基础，以环境和环境要素的国家所有权作为法律治理的切入点，构建二元协调的规制路径和方法。

（2）环境物权规制具有二元性：一是确认环境和环境要素的经济利益内容，并通过环境物权形态进行确认；二是对环境物权进行规制，以实现其中的生态利益。法律切入点为环境和环境要素的国家所有权，即基于环境的公共性，将环境和环境要素设定为公共产权，然后在不同的情形下，针对不同环境要素价值和功能，决定公共产权保留或者转为集体性产权或者私人性产权，并采用不同的公共规制方法。

在路径上，突出环境物权规制的二元结构：以二元要素划分为前提和基础，即区分环境功能和环境要素、区分环境要素和自然资源。区分稀缺性资源和非稀缺性资源、区分生存性环境要素和发展性环境要素；在环境物权的取得上为自由取得和行政许可二元规制，对于生存性资源，以自由取得为主，对于非生存性地利用环境或者环境要素，超越了个体生存意义的，主要采取行政许可方式；在调控机制上，刚性规制与柔性规制结合的二元结构，改变过去过于刚性的、单一的政府治理工具和机制，而提倡根据不同的事物的类型、考虑社会民众的多元诉求以及社会公共利益的需要来选择公共治理工具；注重权利确认和公法规制的二元结构；在义务设定上体现社会性义务的宏观规制和微观设定的二元结构，这种宏观义务设定体现在规划、生态红线控制、总量控制、特殊资源专门保护、生态功能区划分等方面，微观设定要实现在环境物权的开发利用过程中的全程控制，设定环境物权行使中环境和环境要素的动态保护义务。

4. 功能性环境物权规制主要观点。功能性环境物权以环境容量作为权利客体。它是一种非实体性的东西，不具有分割性和个体性。在一般法律意义上，只能根据公共信托理论，认定为公共性财产，并将之设定为公共性财产权利或者国家所有权。进入社会进行利用的是环境容量使用权。功能性环境物权的规制主要体现为环境容量使用权取得、行使和终止的过程规制。我国环境容量使用目前是基于行政许可行为的一种映射利益，还不是独立个体性产权形态。环境功能物权规制目标具有二元性，是独立的物权形态塑造和容量利用规制。关键性的途径是塑造一种实现环境容量使用效率的产权交易制度。

（1）功能性环境物权规制基本问题包括权利性质、权利行使特殊性、规制方法和规制要点。环境容量使用权具有作为物权权利的一般属性，是基于环境国家所有权衍生出来的权利，都是环境国家所有权利用性权能进入社会进行私人性利用的一种权利配置形态，一种"社会性私人权利"。环境容量使用权权利行使，在权利主体、客体利用、权利内容方面都具有与一般物权不同的特殊性。这种特殊性决定环境容量使用权规制路径和方法上，需要实现从浓度控制到总量控制的转变。在规制目标上，要解决环境容量分配和利用的公平性和效率性问题。环境物权规制实现资源有效配置、促成环境容量使用权私法性权利的生成。功能性环境物权规制贯穿于权利的生成和行使过程中，这种规制是二元结构的：一方面需要通过政府的公共权力干预，创造有利于形成环境容量使用权的制度性条件；二是对环境容量使用权进行合理外部规制，以将权利行使控制在有利于环境保护范围之内，防止权利滥用。规制环节包括环境容量总量控制、环境容量使用权初始分配和环境容量使用权的使用和交易。功能环境物权规制过程，实际上就是私人产权性质的环境容量使用权形成过程。从规制方法视角看，是环境污染规制机制的转换过程。这种政府干预相对于传统的环境管理方式，具有功能和方式上的重大区别。

（2）总量控制方法是否得以有效运用，在于环境容量的准确测定和评估。环境容量测定和评估的影响因素有主观因素和客观因素，即科学技术和社会评价，并由此发展出容量总量核算法和目标总量核算法两种环境容量确定方法。具体采用哪一种方法，决定于国家或者地区经济、社会和文化发展状态，以及社会目标等各种因素。就我国而言，环境容量确定存在问题主要有污染源监测基础薄弱、核算方式方法缺陷、总量核算的环境统计工作滞后以及地方政府和企业的自利行为导致总量确定偏差。我国环境容量总量确定规则构建，应该着重于体制创新和容量分配科学化。在管理体制上，在保留行政层级的基础上，可以实行国务院领导下的省级总量指标确定方式。统一环境统计职能，从省级到县区级环保部门设立专门的环境统计核查机构负责排污申报、数据汇总和总量审核。在分配机制上，应该综合容量方法和目标总量方法。后者建立在环境容量方法基础上，通过目标容量方法，实现更为严格的环境容量使用权规制。一般情况下，应该采用环境容量总量方法，特别控制区域则采用目标容量方法。

(3) 环境容量权利的初始分配要处理好效率和公平问题。环境容量使用权初始分配主要有无偿分配和有偿分配两大模式，有偿分配又可分为定价出售和公开拍卖。不同的环境容量使用权初始分配方法，具有各自的优劣性。无偿模式可能会造成环境容量使用权的争夺滥用的现象，并增加企业违法排污的道德风险；固定价格出售在排污权初始配置中可能会产生垄断价格、激励性不足和信息的不对称等问题；公开拍卖增加企业成本和偏离环境污染控制目标。在我国，环境容量使用权初始分配方面，无偿方式存在公平性问题；有偿分配方式定价的科学性和合理性非常难以把握，且常含有较大的主观成分，没有充分运用市场机制。因此，对于环境容量使用权初始分配模式的选择，必须调和物权公平和效率，并结合国家的经济发展目标和环境保护定位以及一个国家的社会状态。环境容量使用权初始分配规则的建构应该注重宏观总量分割以及分配模式的选择。总量的宏观分割要注重环境容量的用途配置的环境容量公益性预留以及环境容量的配额设定层级配置。为了避免地方政府环境容量确定的乱象，环境容量总量测定和评估应该由省级政府完成。同时，环境容量总量分配也应该从省级层面统一确定，而不能由各区县分散设定。环境容量使用权初始分配的微观配置，需要谨慎选择分配模式。采用何种模式需要结合当前我国的实际情况来定。从根本上应该实现以拍卖为主，其他方式为辅的初始分配方式。但是作为过渡和保持制度的连续性，应该以无偿方式为主，拍卖的有偿方式为辅。要通过政府公共权力的适当干预，促成拍卖机制所依赖的基础条件的形成，再过渡到以拍卖为主的初始分配方式。

(4) 我国的环境容量交易规制的重点，在于通过必要的规则，确认环境容量使用权的私法性权利，提供给交易主体必要的交易激励，并通过必要的政府规制工具促进市场形成。当前，我国环境容量使用权交易主要问题体现为定价不科学、交易不够活跃、交易要素不清晰等。环境容量使用权交易机制，需要一定的制度和技术条件。在制度上需要具有一定的竞争性市场的形成、环境物权的权利有基本的法律制度保障；技术上需要实现环境容量总量的科学测定以及对于排污标准的科学量化测定。就我国而言，已经具备一些基础性的有利条件，这些条件包括我国的社会发展目标调整有利于排污权交易实践、竞争性市场机制基本形成、社会现实存在交易的需求、具有排污权交易实施的技术基础以及建立排污权交易制度的现实基础。基于我国国情，应该确立政府主导的二级容量交易市场。在很长一段时间之内，政府主导的环境容量交易市场建立还是主要的方式。主要理由是需要政府干预影响公共性资源的分配、提供企业参与交易的激励以及形成市场交易外部性条件。但是这并非政府过度干预的理由。在排污权交易的二级市场中，应当以市场机制为主导，政府尽量退出和尽量避免干预市场交易。在我国，由于市场交易并不成熟，需要政府主导来推动市场机制的形成。政府的主要作用具体体现为搭建交易平台、排污量监测、交易主体准入审查、交易类型规制、交易额度核准、交易行为审批、市场价格调控、违法排污处罚。具体到环境容量交易规制要素之确立，这些要素应该包括交易主体规制、交易客体规制、交易平台规制和交易信息规制。交易之主体应限于排污企业之间，而不涉及政府、非排污社会组织和个人；环境容量使用权交易种类限定在大气环境容量使用权和水环境容量使用权交易两种类型，微观上排污企业环境容量使用权所交易的客体一般为企业富余的环境容量使用权，而不能为排污许可证上整体的环境容量使用权；交易平台（范围）建议借鉴股权交易模式采取集中交易的方式，建立统一的交易市场，确立交易的跨区域性，以增强环境容量使用权交易的流动性；但是这需要地方政府之间达成一致的协商，这是一个有相当难度的问题；交易信息规制确保环境容量使用权交易与实际排污量对应关系的确立，建立相应的信息规制系统。

5. 环境要素物权规制主要观点。环境要素物权以环境要素作为权利客体。通过空间分割或者土地范围分割，可以使其具有个体性和独立性。但环境要素的关联性则决定了环境要素物权具有公共性。因此在整体意义上，其产权性质一般为公共性财产，应该设定为国家所有权。基于环境要素的国家所有权，从技术、制度和社会利用目的出发，符合自然资源条件的，在一定条件下可以设定为自然资源进行经济利用。基于资源的稀缺性和公共性，进入社会进行经济利用的自然资源，需要通过特定的行政许可取得，自然资源权利形态为自然资源使用权。环境要素物权规制，主要体现为自然资源利用权的规制，贯穿于自然资源使用权取得、行使和终止的过程规制，以取得自然资源经济利益和生态利益之间的平衡。

（1）对于自然资源国家所有权的法律性质存在公法权利、私法权利和国家主权之说。本书认为，自然资源国家所有权意味着自然资源的公共性，这使得其开发利用面临更多的国家公共权力规制。国家所有权是自然资源物权公共权力规制的正当性来源。其本质上是环境和环境要素这些自然法意义上的"信托财产"在法律上的表达形式，政府通过"国家所有权"这种法律形式，获得了对公共信托财产——环境和环境要素的规制权力。这其中也包含了利用自然资源的正当性。

我国自然资源国家所有权存在主体虚位与抽象化、对自然资源利用权的不当限制和未能实现自然资源生态价值要求的种种问题。从环境物权规制角度看，不能把国家所有权视为经济利益价值基础之上传统的物权所有权形态，而环境公共利益的实现工具，是国家管理自然资源的正当性基础。在将国家所有权作为一种规制工具基础上，需要构建一套保证这种规制工具发挥效能的保证机制。

（2）自然资源物权规制总体思路是分类规制方法。自然资源可以根据各种方法划分为不同类型，较为重要的是公益性资源和经营性资源、稀缺性资源和非稀缺性资源的划分，这些分类都具有特定的立法意义。我国自然资源分类用途规制存在的主要问题包括自然资源和土地资源分离立法带来的问题以及我国土地分类管制问题。后者尤为关键。从自然资源保护和环境保护的角度来看我国的土地用途管制存在目的生态性诉求不足、对土地分类欠缺科学性和土地开发利用与生态利用张力较大的问题。完善途径在于土地用途分类管制基础上的自然资源分类规制。具体而言，需要进行目标调整，将自然资源要素纳入土地分类管制目标，在协调方向和程度上，土地生态价值的实现构成土地经济价值实现的前提性条件和瓶颈性约束。要促进土地用途类型的科学化，对于未利用地如何界定为"生态性用地"；在土地科学分类基础上进行公益性资产和经营性资产的自然资源分类用途规制。

（3）自然资源物权的取得规制方式主要是许可以及许可的市场化。关于自然资源利用权利法律性质为"社会性私权"。我国自然资源许可制度主要问题是规制无序与生态问题,具体体现为非理性许可导致自然资源过度开发和利用、对自然资源物权的非理性限制、自然资源的地方化和部门利益化。自然资源取许可制度重构需要引入生态性规制,规划和环境影响评价作为许可前置、区分自然资源形态设置许可、在行政许可中导入生态性义务,通过登记制度效力确认、私法性内容确认实现自然资源公法性私法物权的强化,并构建竞争性方式为主的自然资源许可方式。

(4) 自然资源开发利用规制主要通过社会性义务的确立和控制。社会性义务确立要尊重自然资源物权、注重宏观和微观义务的配置、注意社会性义务配置的边界以及注意区分不同的自然资源形态设置不同的社会性义务。自然资源开发利用社会性义务的宏观配置,主要是自然资源规划、详细控制性规划、自然资源生态红线设定、生态功能区划定,等等。自然资源开发利用社会性义务的微观确立,主要包括尊重自然资源生长规律、禁止性义务设定、限制性义务设定、生态恢复和修复义务设定、生态损害填补性或补偿性义务设定以及自然资源物权终止的义务设定等。

二、环境物权课题研究之展望

环境物权涉及环境和环境要素的利用所产生的问题。就"环境物权之利用"这一问题,几乎涉及所有学科。因此,从这一点上,本书的研究难以做到理论分析和实践考察的深邃,只能言之为框架式研究。旨在提供研究问题的一个基本思路和路径。其中一些观点,前人研究文献中已有涉及,只是未能进行系统性的整理和研究。尤其在物权领域,对于自然资源物权、排污权研究资料非常丰富,但是没有将环境要素、环境功能这一更为上位的概念加以明确。揭示环境功能物权和环境要素物权这一二元结构的环境物权体系,并从"公共性"的实现这个视角切入,有助于解读经济利益和环境利益冲突和平衡中的种种问题,有助于寻找利益冲突的平衡点。但是,这个过程是艰难的,因此,很多问题在本书中并没有涉及,尤其是微观的、专门的法律制度研究,以及对于当下中国经济发展中的空间格局规划问题、生态功能区问题、跨界环境利用开发问题,本书只是略微关注,纳入研究框架而已。对于私人性和公共性这对范畴的问题研究,一直是环境法关注的焦点。私人性问题涉及个体性环境权和环境物权问题，公共性问题，涉及集体性环境权利和环境物权实现问题，这也是重构当今环境法治制度的切入点，期待今后做更深的研究和看到更多的成果。

参 考 文 献

一、中文著作

[1] 王曦. 国际环境法 [M]. 北京：法律出版社，1998.

[2] 徐祥民主编. 环境与资源保护法学 [M]. 北京：科学出版社，2008.

[3] 吕忠梅. 环境法新视野 [M]. 北京：中国政法大学出版社，2000.

[4] 冷罗生. 日本公害诉讼理论与案例评析 [M]. 北京：商务印书馆，2005.

[5] 汪劲. 环境法学 [M]. 北京：北京大学出版社，2011.

[6] 张震. 作为基本权利的环境权研究 [M]. 北京：法律出版社，2010.

[7] 王文革. 环境知情权保护立法研究 [M]. 北京：中国法制出版社，2012.

[8] 王社坤. 环境利用权研究 [M]. 北京：中国环境出版社，2013.

[9] 吴卫星. 环境权研究：从法学的视角 [M]. 北京：法律出版社，2007.

[10] 侯怀霞. 私法上的环境权及其救济问题研究 [M]. 上海：复旦大学出版社，2011.

[11] 周训芳. 环境权论 [M]. 北京：法律出版社，2003.

[12] 吕忠梅主编. 环境法导论 [M]. 3 版. 北京：北京大学出版社，2015.

[13] 吕忠梅等. 长江水资源保护立法研究 [M]. 武汉：武汉大学出版社，2006.

[14] 吕忠梅. 环境法学 [M]. 北京：法律出版社，2004.

[15] 陈文. 生态物权研究 [D]. 黑龙江大学博士论文，2011.

[16] 黄锡生. 自然资源物权法律制度研究 [M]. 重庆：重庆大学出版社，2012.

[17] [美] 丹尼尔·H. 科尔. 污染与财产权：环境保护的所有权制度比较研究 [M]. 北京：北京大学出版社，2009.

[18] 赵俊. 环境公共权力论 [M]. 北京：法律出版社，2009.

[19] 金海统. 资源权论 [M]. 北京：法律出版社，2010.

[20] 邱秋. 中国自然资源国家所有权制度研究 [M]. 北京：北京科学出版社，2011.

[21] 黄锡生. 水权制度研究 [M]. 北京：科学出版社，2005.

[22] 叶俊荣. 环境政策与法律 [M]. 北京：中国政法大学出版社，2003.

[23] 周珂. 环境法 [M]. 北京：中国人民大学出版社，2005.

[24] 汪劲. 环境法律的解释：问题与方法 [M]. 北京：人民法院出版社，2006.

[25] 湛中乐. 法治国家与行政法治 [M]. 北京：中国政法大学出版社，2002.

[26] 吴卫星. 环境权研究 [M]. 北京：法律出版社，2007.

[27] 曹明德. 生态法新论 [M]. 北京：人民出版社，2007.

[28] 曲格平主编. 能源环境可持续发展研究 [M]. 北京：中国环境科学出版社，2003.

[29] 王社坤. 环境利用权研究 [M]. 北京：中国环境出版社，2013.

[30] 姚圣. 政治关联、地方利益与环境业绩——基于生存权保障的研究视角 [M]. 北京：中国矿业大学出版社，2014.

[31] 桑东莉. 可持续发展与中国自然资源物权制度之变革 [M]. 北京：科学出版社，2006.

[32] 吕忠梅. 沟通与协调之途：论公民环境权的民法保护 [M]. 北京：中国人民大学出版社，2005.

[33] 黄萍. 自然资源使用权制度研究 [M]. 上海：上海社会科学院出版社，2013.

[34] 张景华. 经济增长中的自然资源效应研究 [M]. 北京：中国社会科学出版社，2014.

[35] 刘树德. 自然资源权体系及实施机制研究：基于生态整体主义视角 [M]. 北京：法律出版社，2016.

[36] 劳承玉. 自然资源开发与区域经济发展 [M]. 北京：中国经济出版社，2010.

[37] 过建春. 自然资源与环境经济学 [M]. 北京：中国林业出版社，2007.

[38] 张梓太. 自然资源法学 [M]. 北京：北京大学出版社，2016.

[39] 巩固. 环境伦理学的法学批判：对中国环境法学研究路径的思考 [M]. 北京：法律出版社，2015.

[40] 屈振辉. 伦理学视域中的现代环境法 [M]. 北京：中南大学出版社，2015.

[41] 李文华等. 生态系统服务功能价值评估的理论、方法与应用 [M]. 北京：中国人民大学出版社，2008.

[42] 林海平. 环境产权交易论 [M]. 北京：社会科学文献出版社，2012.

[43] 张文显. 法理学 [M]. 北京：高等教育出版社，2011.

[44] 马俊驹，余延满. 民法原论 [M]. 北京：法律出版社，2005.

[45] 崔建远. 准物权研究 [M]. 北京：法律出版社，2003.

[46] 史尚宽. 物权法论 [M]. 北京：中国政法大学出版社，2000.

[47] 王利明. 物权法论 [M]. 北京：中国政法大学出版社，1998.

[48] 梁慧星，陈华彬. 物权法 [M]. 北京：法律出版社，2005.

[49] 王泽鉴. 民法总则 [M]. 北京：中国政法大学出版社，2001.

[50] 谢在全. 民法物权论 [M]. 北京：中国政法大学出版社，1999.

[51] 郭广辉，王利军. 我国所有权制度的变迁与重构 [M]. 北京：中国检察出版社，2005.

[52] 魏振瀛主编. 民法 [M]. 4版. 北京：北京大学出版社，2010.

[53] [德] 鲍尔·施蒂尔纳. 德国物权法（上册）[M]. 张双根译. 北京：法律出版社，2004.

[54] 蔡守秋. 人与自然关系中的伦理与法（上卷）[M]. 长沙：湖南大学出版社，2009.

[55] 苏永钦. 民事立法与公私法的接轨 [M]. 北京：北京大学出版社，2005.

[56] 肖泽晟. 公物法研究 [M]. 北京：法律出版社，2009.

[57] 沈岿. 公法变迁与合法性 [M]. 北京：法律出版社，2010.

[58] 胡建淼. 走向法治强国 [M]. 北京：法律出版社，2016.

[59] 臧传琴. 政府规制——理论与实践 [M]. 北京：经济管理出版社，2014.

[60] 付鹤鸣. 法律正义论 [M]. 北京：商务印书馆，2009.

[61] 蔡守秋. 人与自然关系中的伦理与法（下卷）[M]. 长沙：湖南大学出版社，2009.

[62] [日] 大须贺明. 生存权论 [M]. 林浩译. 北京：法律出版社，2001.

[63] [英] 吉米·边沁. 立法理论 [M]. 李贵方等译. 北京：中国人民公安大学出版社，2004.

[64] 高其才. 法社会学 [M]. 北京：北京师范大学出版社，2013.

[65] 付子堂. 法社会学新阶 [M]. 北京：中国人民大学出版社，2014.

[66] 文军. 法社会学理论：跨学科视野 [M]. 北京：中国政法大学出版社，2016.

[67] 陈泉生，张梓太. 宪法与行政法的生态化 [M]. 北京：法律出版社，2001.

[68] [美] 乔治·弗雷德里克森著. 公共行政的精神 [M]. 张成福等译. 北京：中国人民大学出版社，2003.

[69] 胡建淼. 行政法学 [M]. 北京：法律出版社，2015.

[70] 王俊豪主编. 管制经济学原理 [M]. 北京：高等教育出版社，2007.

[71] 卢现祥. 新制度经济学（修订版）[M]. 北京：中国发展出版社，2003.

[72] [英] 安东尼·奥格斯. 规制：法律形式与经济学理论 [M]. 梅英译. 北京：中国人民大学出版社，2008.

[73] 许云霄. 公共选择理论 [M]. 北京：北京大学出版社，2006.

[74] [美] 戈登·塔洛克. 寻租：对寻租活动的经济学分析 [M]. 李政军译. 成都：西南财经大学出版社，1999.

[75] [美] 史蒂芬·布雷耶. 规制及其改革 [M]. 李洪雷，宋华琳，苏苗罕，钟瑞华译. 北京：北京大学出版社，2008.

[76] [德] 哈特穆特. 毛雷尔行政法学总论 [M]. 高家伟译. 北京：法律出版社，2000.

[77] [日] 盐野宏. 行政法总论 [M]. 北京：北京大学出版社，2008.

[78] 杨建顺. 行政规制与权利保障 [M]. 北京：中国人民大学出版社，2007.

[79] 杜芳芳. 从行政控制到专业引导 [M]. 北京：中国社会科学出版社，2014.

[80] 余晖. 管制与自律 [M]. 杭州：浙江大学出版社，2008.

[81] 刘志欣. 中央与地方行政权力配置研究——以建设项目环境影响评价审批权为例 [M]. 上海：上海交通大学出版社，2014.

[82] [美] 珍妮特·V. 登哈特，罗伯特·B. 登哈特著. 新公共服务 [M]. 北

京：中国人民大学出版社，2004．

[83] 邓海峰．排污权：一种基于私法语环境下的解读［M］．北京：北京大学出版社，2001．

[84] 沈满洪．排污权监管机制研究［M］．北京：中国环境出版社，2014．

[85] 吴健．排污权交易：环境容量管理制度创新［M］．北京：中国人民大学出版社，2005．

[86] 宋国君．排污权交易［M］．北京：化学工业出版社，2004．

[87] 王小龙．排污权交易研究——一个环境法学的视角［M］．北京：法律出版社，2008．

[88] ［瑞典］托马斯·思德纳．环境与自然资源管理的政策工具［M］．张蔚文，黄祖辉译．上海：上海人民出版社，2005．

二、中文期刊论文

[1] 王伟．保护优先原则：一个亟待厘清的概念［J］．法学杂志，2015（12）．

[2] 邓海峰．环境容量的准物权化及其权利构成［J］．中国法学，2005（04）．

[3] 吴亚平．论环境权是一种物权［J］．河北法学，2006（06）．

[4] 吴卫星．我国环境权理论研究三十年之回顾、反思与前瞻［J］．法学评论，2014（05）．

[5] 彭运朋．环境权辨伪［J］．中国地质大学学报（社会科学版），2011（03）．

[6] 巩固．环境权热的冷思考——对环境权重要性的疑问［J］．华东政法大学学报，2009（04）．

[7] 吴卫星．环境权可司法性的法理与实证［J］．法律科学（西北政法学院学报），2007（06）．

[8] 文正邦，曹明德．生态文明建设的法哲学思考——生态法治构建刍议［J］．东方法学，2013（06）．

[9] 吴卫星．环境权内容之辨析［J］．法学评论，2005（02）．

[10] 吕忠梅．环境权力与权利的重构——论民法与环境法的沟通和协调［J］．法律科学，2000（05）．

[11] 竺效．论中国环境法基本原则的立法发展与再发展［J］．华东政法大学学

报，2014（03）.

[12] 吕忠梅. 中国需要环境基本法［J］. 法商研究，2004（06）.

[13] 朱谦. 反思环境法的权利基础——对环境权主流观点的一种担忧［J］. 江苏社会科学，2007（02）.

[14] 陈海嵩. 国家环境保护义务的溯源与展开［J］. 法学研究，2014（03）.

[15] 汪劲. 中国环境法治失灵的因素分析——析执政因素对我国环境法治的影响［J］. 上海交通大学学报（哲学社会科学版），2012（01）.

[16] 蔡守秋. 从环境权到国家环境保护义务和环境公益诉讼［J］. 现代法学，2013（06）.

[17] 孙笑侠. 论法律与社会利益——对市场经济中公平问题的另一种思考［J］. 中国法学，1995（04）.

[18] 史玉成. 环境利益、环境权利与环境权力的分层建构——基于法益分析方法的思考［J］. 法商研究，2013（05）.

[19] 黄中显. 环境物权的法律构建基础［J］. 法制与经济，2014（07）.

[20] 楚道文. 物权的生态化研究［J］. 政法论丛，2008（01）.

[21] 王超，姜瑞云. 环境容量的民法进程［J］. 河北法学，2010（09）.

[22] 石佳友. 物权法中环境保护之考量［J］. 法学，2008（03）.

[23] 邹萍. 论公权力对私权利的保护［J］. 知识经济，2011（09）.

[24] 在公权力与私权利之间寻找平衡点［J］. 政府法制，2009（30）.

[25] 周珂，侯佳儒. 环境法学与民法学的范式整合［J］. 河海大学学报（哲学社会科学版），2007（02）.

[26] 孙佑海. 物权法与环境保护［J］. 环境保护，2007（10）.

[27] 黄中显. 环境法视野下的物权法社会化进程［J］. 学术论坛，2015（06）.

[28] 孙佑海. 改革开放以来我国环境立法的基本经验和存在的问题［J］. 中国地质大学学报（社会科学版），2008（04）.

[29] 王树义，周迪. 生态文明建设与环境法治［J］. 中国高校社会科学，2014（02）.

[30] 王曦. 论规范和制约有关环境的政府决策之必要性［J］. 法学评论，2013（02）.

[31] 吕忠梅. 监管环境监管者：立法缺失及制度构建 [J]. 法商研究, 2009 (05).

[32] 董正爱. 社会转型发展中生态秩序的法律构造——基于利益博弈与工具理性的结构分析与反思 [J]. 法学评论, 2012 (05).

[33] 于飞. "法益"概念再辨析——德国侵权法的视角 [J]. 政法论坛, 2012 (04).

[34] 阳东辰. 公共性控制：政府环境责任的省察与实现路径 [J]. 现代法学, 2011 (02).

[35] 黄锡生, 任洪涛. 生态利益公平分享的法律制度探析 [J]. 内蒙古社会科学（汉文版）, 2013 (04).

[36] 黄中显. 环境物权的法律构建基础 [J]. 法制与经济, 2014 (07).

[37] 刘超. 自然资源国家所有权的制度反思与权能重构 [J]. 中国地质大学学报（社会科学版）, 2014 (02).

[38] 吕忠梅. 论生态文明建设的综合决策法律机制 [J]. 中国法学, 2014 (03).

[39] 乌特·萨科瑟夫琪, 喻文光. 通过环境媒介保护的健康保护——空气和水污染防治 [J]. 行政法学研究, 2015 (04).

[40] 王小钢. 以环境公共利益为保护目标的环境权利理论——从"环境损害"到"对环境本身的损害" [J]. 法制与社会发展, 2011 (02).

[41] 陈丹旭. 中国社会公权力理论内涵的分析 [J]. 法制与社会, 2014 (28).

[42] 王曦. 当前我国环境法制建设亟需解决的三大问题 [J]. 法学评论, 2008 (04).

[43] 刘超. 环境法律与环境政策的抵牾与交融——以环境侵权救济为视角 [J]. 现代法学, 2009 (01).

[44] 王春磊. 我国环境法对环境利益消极保护及其反思 [J]. 暨南学报（哲学社会科学版）, 2013 (06).

[45] 严法善, 刘会齐. 社会主义市场经济的环境利益 [J]. 复旦学报（社会科学版）, 2008 (03).

[46] 吕忠梅. 《环境保护法》的前世今生 [J]. 政法论丛, 2014 (05).

[47] 马波. 政府环境责任考核指标体系探析 [J]. 河北法学, 2014 (12).

[48] 吴鹏. 生态修复法制初探——基于生态文明社会建设的需要 [J]. 河北法学, 2013 (05).

[49] 晋海. 我国基层政府环境监管失范的体制根源与对策要点 [J]. 法学评论, 2012 (03).

[50] 王曦, 邓旸. 从"统一监督管理"到"综合协调"——《中华人民共和国环境保护法》第7条评析 [J]. 吉林大学社会科学学报, 2011 (06).

[51] 蔡守秋. 论政府环境责任的缺陷与健全 [J]. 河北法学, 2008 (03).

[52] 阳东辰. 公共性控制：政府环境责任的省察与实现路径 [J]. 现代法学, 2011 (02).

[53] 邓海峰. 海洋环境容量的物权化及其权利构成 [J]. 政法论坛, 2013 (02).

[54] 王树义, 刘静. 美国自然资源损害赔偿制度探析 [J]. 法学评论, 2009 (01).

[55] 吕忠梅. 关于物权法的"绿色"思考 [J]. 中国法学, 2000 (05).

[56] 邓海峰. 环境容量的准物权化及其权利构成 [J]. 中国法学, 2005 (04).

[57] 任雪萍, 黄志斌. 环境管理中政府干预的经济制度安排及有效性分析 [J]. 学术界, 2008 (04).

[58] 彭本利. 我国排污权交易地方立法之实证分析及其完善 [J]. 法学评论, 2013 (01).

[59] 李寿德. 排污权交易市场秩序的特征、功能与制度安排 [J]. 上海交通大学学报（哲学社会科学版）, 2006 (02).

[60] 金海统. 自然资源使用权：一个反思性的检讨 [J]. 法律科学（西北政法大学学报）, 2009 (02).

[61] 税兵. 从"事实之物"到"民法之物"——海域物权的形成机理及规范解读 [J]. 法商研究, 2008 (05).

[62] 徐平. 森林资源物权的双重性与公共权力的介入 [J]. 政法论坛, 2008 (01).

[63] 金海统. 自然资源使用权：一个反思性的检讨 [J]. 法律科学（西北政法

大学学报），2009（02）．

[64] 吕忠梅．论环境使用权交易制度 [J]．政法论坛，2000（04）．

[65] 陈海嵩．国家环境保护义务的溯源与展开 [J]．法学研究，2014（03）．

[66] 王旭．论自然资源国家所有权的宪法规制功能 [J]．中国法学，2013（06）．

[67] 张翔．海洋的"公物"属性与海域用益物权的制度构建 [J]．法律科学（西北政法大学学报），2012（06）．

[68] 徐涤宇．环境观念的变迁和物权制度的重构 [J]．法学，2003（09）．

[69] 杜健勋．从权利到利益：一个环境法基本概念的法律框架 [J]．上海交通大学学报（哲学社会科学版），2012（04）．

[70] 曹明德，徐以祥．中国民法法典化与生态保护 [J]．现代法学，2003（04）．

[71] 李志文，马金星．我国海域物权生态化新探——理念、实践和进路 [J]．武汉大学学报（哲学社会科学版），2013（02）．

[72] 朱静，王靖飞，田在峰，陈新永．海洋环境容量研究进展及计算方法概述 [J]．水科学与工程技术，2009（04）．

[73] 龙颖贤，陈隽，韩保新．环北部湾经济区近岸海域环境容量研究 [J]．中山大学学报（自然科学版），2014（01）．

[74] 徐祥民．论我国环境法中的总行为控制制度 [J]．社会科学文摘，2016（02）．

[75] 胡静．环境法本体论范畴研究 [J]．中国政法大学学报，2013（01）．

[76] 姜涛．生态文明建设法治化应处理好五个关系 [J]．金陵法律评论，2015（02）．

[77] 陈文．论生态文明与法治文明共建背景下的生态保护立法模式 [J]．河北法学，2013（11）．

[78] 王清军．排污权法律属性研究 [J]．武汉大学学报（哲学社会科学版），2010（05）．

[79] 邓海峰，罗丽．排污权制度论纲 [J]．法律科学（西北政法学院学报），2007（06）．

[80] 林群丰,梁岩妍.排污权市场的制度缺陷与完善——以交易成本为分析框架[J].华南理工大学学报(社会科学版),2015(06).

[81] 雷鑫,刘益灯.排污权的法域归属探析[J].湖南大学学报(社会科学版),2010(04).

[82] 王清军.我国排污权初始分配的问题与对策[J].法学评论,2012(01).

[83] 晋海,张洪燕.论排污权初始分配程序规则的建构[J].华东交通大学学报,2013(02).

[84] 王清军.公平与效率视野下排污权初始分配[J].社会主义研究,2012(04).

[85] 钭晓东.论环境法律责任机制的重整[J].法学评论,2012(01).

[86] 蒋涌,詹旭刚.排污权交易制度的国际比较与吸收[J].资源节约与环保,2016(01).

[87] 樊成,潘凤湘.我国二氧化硫排污权交易制度内涵及实践[J].求索,2013(02).

[88] 何燕.我国排污权交易制度的不足与完善[J].湘潭大学学报(哲学社会科学版),2007(05).

[89] 林高松,李适宇,江峰.河流允许排污量公平分配的多准则决策方法[J].环境科学学报,2007(03).

[90] 林群丰,梁岩妍.排污权市场的制度缺陷与完善——以交易成本为分析框架[J].华南理工大学学报(社会科学版),2015(06).

[91] 沈满洪,谢慧明,周楠.排污权制度改革的"浙江模式"[J].中共浙江省委党校学报,2013(06).

[92] 蒋亚娟,胡传朋.中国排污权交易制度的发展困境破解[J].人民论坛,2012(20).

[93] 魏圣香,王慧.美国排污权交易机制的得失及其镜鉴[J].中国地质大学学报(社会科学版),2013(06).

[94] 雷鑫,刘益灯.排污权的法域归属探析[J].湖南大学学报(社会科学版),2010(04).

[95] 胡民.排污权定价的影子价格模型分析[J].价格月刊,2007(02).

[96] 林云华. 排污权影子价格模型的分析及启示 [J]. 环境科学与管理, 2009 (02).

[97] 赵子健, 顾缵琪, 顾海英. 中国排放权交易的机制选择与制约因素 [J]. 上海交通大学学报（哲学社会科学版）, 2016 (01).

[98] 夏秀渊. 论我国排污权交易存在的问题及破解思路 [J]. 价格理论与实践, 2014 (08).

[99] 蔡玉. 排污权交易制度的法律问题研究 [J]. 法制与社会, 2014 (30).

[100] 张杏. 排污权的物权属性分析 [J]. 前沿, 2013 (18).

[101] 樊成, 潘凤湘. 我国二氧化硫排污权交易制度内涵及实践 [J]. 求索, 2013 (02).

[102] 盛新鹏. 排污权交易的理论综述 [J]. 价格月刊, 2011 (04).

[103] 宋晓丹. 排污权交易中的政府权力制度约束 [J], 2011 (03).

[104] 宋长生, 顾敏敏. 河北省实施排污权交易制度的现状及改进策略探析 [J]. 河北师范大学学报（哲学社会科学版）, 2011 (03).

[105] 韩洪云, 胡应得. 浙江省企业排污权交易参与意愿的影响因素研究 [J]. 中国环境科学, 2011 (03).

[106] 戴忧, 闵庆文, 杨素娟. 太湖流域排污权交易的实践与立法问题探析 [J]. 资源科学, 2011 (02).

[107] 罗国宏, 谢永珍. 基于做市商制度的排污权市场交易研究 [J]. 山东大学学报（哲学社会科学版）, 2014 (04).

[108] 徐燕. 排污权交易对纺织业国际竞争力的影响——基于浙江绍兴实践经验的分析 [J]. 浙江社会科学, 2015 (03).

[109] 胡民. 排污权交易中的特征及价格形成机制 [J]. 价格理论与实践, 2007 (11).

[110] 王宇雯. 实物期权视角下排污权定价策略研究——基于环境成本的初始分配分析框架 [J]. 价格理论与实践, 2007 (10).

三、网页文章

[1] 宋亚芬. 环保部官员：我国排污权交易试点七年 喜忧参半 [EB/OL].

http：//biyelunwen.yjbys.com/cankaowenxian/428590.html，2014-9-4/2014-10-2.

[2] 王晓易．排污权交易"试水"近十年叫好不叫座［EB/OL］．http：//news.163.com/16/0615/04/BPIURL3V00014AEE.html，2016-6-15/2016-6-20.

[3] HN666．环境保护部谈推进排污权有偿使用和交易试点工作［EB/OL］．http：//futures.hexun.com/2014-09-04/168198988.html，2014-9-4/2014-9-29.

[4] 舒锐．自然资源国家保有须更具操作性［EB/OL］．http：//news.163.com/14/1031/03/A9RRO19U00014AED.html，2014-10-31/2014-10-31.

[5] 方烨．我国探索编制自然资源资产负债表［EB/OL］．http：//j.news.163.com/docs/99/2014102308/A97SVBPD9001VBPE.html#jnewsartkeyword，2014-10-23/2014-10-30.

[6] 杨华云．曹明德：政府应从环境公共事件中反思决策［EB/OL］．http：//news.qq.com/a/20120816/001675_1.htm，2012-8-16/2012-12-8.

[7] 曹明德：生态法治是建设生态文明根本保障［EB/OL］．http：//news.sina.com.cn/green/2013-10-24/113128520290.shtml，2013-10-24/2013-10-30.

[8] 李璐璐．徐祥民：各自为政使得海洋管理愈严，破坏越严重［EB/OL］．http：//www.cbskc.cn/news/haiyang/125286.html，2014-7-11/2014-7-20.

[9] 高秦伟．社会自我规制与行政法的任务［EB/OL］．http：//news.sina.com.cn/o/2016-02-24/doc-ifxprupc9903407.shtml，2016-2-24/2016-2-25.

[10] 王心禾．行政规制：该管不缺位，不该管不伸手［EB/OL］．http：//www.21ccom.net/plus/view.php?aid=95820&ALL=1，2013-10-23/2013-10-23.

[11] 华政．黄先雄：司法与行政互动之规制［EB/OL］．http：//news.xinhuanet.com/legal/2016-06/15/c_129062336.htm，2016-6-15/2016-6-17.

后　　记

本书是我主持的教育部人文社会科学研究青年基金项目"环境物权的公法逻辑——以公共权力对环境物权品格之形塑为视角"（项目批准编号：11YJC820039）最终研究成果。首先由衷感谢教育部社会科学司批准本研究项目立项并提供充裕的研究经费，这对我甚至任何一位学术研究者而言，是一种莫大的肯定和帮助、鞭策和鼓励。

法治语境下社会治理的基础和制度逻辑，是我一直以来感兴趣的问题。社会治理的基础应该是权利。法治语境下社会治理的制度逻辑，必然是权利生成和展开的过程。因环境和环境要素的"公共性"品格，环境问题成为公共性问题，从而与公共权力有天然的联系。说起对环境物权问题感兴趣，是深受导师吕忠梅老师《沟通与协调：论公民环境权的民法保护》那本经典论著的影响，这本书是我反复阅读和琢磨的。吕老师关于环境保护的"沟通与协调"理念，对我影响深远。攻读博士之前，我主要从事经济法的教学和研究工作，我倾向于就把经济法理解为"私人（民事）经济关系中社会公共利益实现"法律机制。后来，吕老师说经济法和环境法的基础理论是相通的，我深以为然。博士论文期间，我当时曾有一个想法，是从物权、合同和侵权各选一个课题进行研究，探索"私人（民事）经济关系中环境公共利益实现"。后来我选择以"环境侵权救济社会化"为题作为博士论文题目，在侵权法领域探索私法领域的公法之治问题。毕业后，当时正值自然保护地、功能区规划、国土空间规划等问题探索和争论时期，我觉得这些问题，其实正是物权利用过程中环境公共利益问题，值得很好研究，也与我想在物权法领域探索公法之治想法契合。这是当时申报教育部课题的想法，也没想到一申报就得到了立项。我既惊喜，又有些"恐慌"，感觉这个命题研究难度太大。但想想尽力就好。

后 记

本书的设想，是努力揭示环境资源的多元化价值和功能，从环境资源的生态性论证其"公共性"特性。以"公共性"为逻辑基点，揭示环境物权和行政公共权力之间关联性。在此基础上，详细探讨公共权力在自然资源物权界定、权能分配、物权交易等开发利用过程中的角色和功能，揭示行政公共权力在其中的运行原理、运行机制、运行规则，对其合理性和合法性进行重新界定和阐释，划定公共权力对环境物权实现过程中干预的基本边界和原则。进而，最终揭示行政公共权力对环境物权的形塑。最后，回归民法基本理论，在民法既有的框架下，构建合理的环境物权制度。目标相对清晰，但从目前完成的研究结果来看，只能说搭建了一个基本框架而已。但不管如何，本书沉淀了我对环境问题中私权和公权互动关系的一些思考，比如论证了环境物权包括环境功能物权和环境要素物权的二元结构，论证了行政公共权力对环境物权影响的内在逻辑和二元结构实现路径，论证了自然资源开发利用的宏观规制和微观规制的二元结构。这些论点和论证，虽然在逻辑的周延性和严谨性方面，还有很多不完善之处，在法律制度设计上也不够深入。这算是对环境物权和公共权力之间关系的一种法律原理和法律机制框架的勾勒。但是我还是希望通过本书给相关原理和制度研究带来一些有用的思考和借鉴。尤其对当前民法中物权的利用规制，以及国家公园建设、自然资源保护、重点生态功能区保护等问题的制度设计，有所裨益。

这些年，我重点关注自然资源的立法保护问题，也参与不少地方人大和政府涉及自然资源保护的地方性法规和规章、政策性文件立法草案起草、立法后评估、立法论证以及政策制定论证等工作。在此过程中，本课题研究过程中形成的理论框架、法律制度设计和路径构建等学术观点，得以运用其中，也得到了各级立法机关和政府部门的肯定。

本书是几年前的课题结项最终成果。起初，对于出版意愿不甚强烈，因为回头看看，发现其中的思考，还存在很大的局限性，这也是本书迟迟没有计划提交出版之故。理论架构和重新思考的过程，是艰难和让人容易沮丧的。即使持续思考和研究下去，也不必然会有让人满意的结果。因此，呈现在读者面前的，仍然是课题结项之时的书稿原貌，修改之处，主要是结合现在的法律法规和政策性文件进行了适当修改以及对一些论述的逻辑性进行了修正，让书稿在资料和逻辑形式上至少能"与时俱进"。此书出版，一方面，是作为课题研究和学术道路上一个驿站，一个再出发的起点；另一方面，也希望能够得到同仁们的批评指正，因为环境法的"公共性"实现问题，我觉得是一个永恒的话题。正如博登海默所言"正义有着一张普洛透斯似的脸，变幻无常，可随时呈现不同形状并具有极不相同的面貌"。环境法的"公共性"实现问题，就是一个正义不断展开和实现的过程，需要一直探索和讨论。

感谢课题组所有成员，大家在课题论证、资料收集、调研活动等诸多方面高度协调合作，为我能顺利完成本课题研究的最终研究成果提供了大力支持和帮助。

感谢广西民族大学法学院提供支持，使得本书得以顺利出版。更感谢法学院的领导和同事们一直的关心、支持和帮助，使我在繁忙的行政工作中能保持对学术的持续观察和研究。

本书一系列阶段性成果已经发表在一些期刊上，例如《环境法视野下的物权法社会化进程》（《学术论坛》2015年第6期）《论功能性环境物权的法律构建》（《广西民族大学学报》2015年第5期）等。非常感谢这些杂志社和编辑老师们，感谢他们对我论文的肯定以及提出的宝贵修改意见。

感谢武汉大学出版社的田红恩先生，本书的出版得到了编辑的鼎力相助。他认真细致的修改使得本书得以顺利出版。

感谢我指导的几位硕士研究生张磊、刘秋彤、梁洋、温志等同学为本课题所进行的资料收集、课题资料整理和书稿校对工作。

感谢在本课题研究过程中以及在我学术生涯中，给我关心、帮助和支持的所有人，他们在不同领域、以不同方式、通过不同的途径，激励我在人生道路上不断认知自我、完善自我和超越自我。

最后，感谢我的家人。我家人为我选择学术研究这条道路默默付出了很多。